近代茨城地域史研究会◉編

近世近代移行期の歴史意識・思想・由緒

岩田書院

目　次

本書の課題と構成

佐々木　寛司

はじめに

近代茨城地域史研究会は、茨城地域ならびにその周辺をフィールドとして研究に携わる地元の地域史研究者や、茨城大学の学生、大学院生を中心に、一九九七年の設立以来今日にいたるまで、細々ながら研究会活動を進めてきた。その成果として、これまでに『茨城の明治維新』（文眞堂、一九九九年）、『国民国家形成期の地域社会―近代茨城地域史の諸相―』（岩田書院、二〇〇四年）を刊行した。本書はそれらに続く三冊目の論集になる。なお、姉妹編的なものとして多くの近代茨城地域史研究会員が参加した『近代日本の地域史的展開―思想・政治・経済―』（岩田書院、二〇一四年）もある。

本書が対象とする時代は、明治維新という変革期を挟んで、近世から近代へと体制が移行する過渡期が中心である。時代の転換期には、旧いものと新しいものとが混在し、社会状況はカオス的な様相を帯びており、複雑な状況を呈している。そのような時代局面のなかで葛藤する人々によって織りなされる新たな動きが交錯する。

さらに、過渡期がほぼ終焉し新しい時代の姿がみえはじめてくると、その時代の転換点のもつ歴史的な意味をあらためて考察するような動きもはじまる。明治二〇年代以降に明治維新に関する論議が活発化するのは、その証左であろう。

右のような時代状況に接近するにあたって、歴史意識・政治思想・情報等々に素材を求めつつ、茨城地域を中心に論じたのが本書第一編である。本編は「茨城の歴史と明治維新」を統一テーマとして二〇一三年一一月に開催されたシンポジウムの報告に加筆した原稿五本に、新稿二本(飯塚論文、桐原論文＝シンポ報告とは内容が異なる)を加えたものからなる。第二編では、解体しつつある身分制社会における「由緒」の在り方とそれに対する意識、その取り込みと発露についての具体的な実相を解明したものである。この編は先のシンポジウムでは取り上げられなかった当該原稿二本を配することで、本書の掲げる近世近代移行期研究のさらなる膨らみを企図したものである。

シンポジウムの内容については後に触れるとして、まずは本書に収載されている論文の概要を記しておきたい。

第一編　歴史意識・思想・情報

門馬健「徳川斉昭の名誉回復をめぐる動向」

本稿では、徳川斉昭の名誉回復を巡る生前の「御慎解」、死後の「御雪冤」の二度にわたる運動を材料に、水戸藩士の残した史料から、幕末期における当該藩士の政治周旋方法の素描と意識、幕府・朝廷など諸勢力における斉昭名誉回復の意味が検討されている。その結果、斉昭の名誉回復運動の背景には、いずれの時も、藩内統制の確保やある種の政治的主導権を強固にする意識など、純粋な名誉回復とは異なる意図が働いていたとの考え方を提示した。

慎解運動については、水戸藩士鈴木大の日記を駆使し、学問ネットワークを政治周旋のネットワークに発展させたことや、その際の周旋方法と人脈が後年の藩内危機の際に機能したとする。雪冤運動については、井伊直弼・安藤信正らの政治からの反動が斉昭贈官の原動力となったことを論じ、朝廷勢力、幕府、薩摩藩などそれぞれの思惑が錯綜するなかで推し進められた先例なき台使代拝と贈官だったとした。

いずれの運動も実効性を伴ったのは水戸藩首脳による周旋ではなく、他藩士との通路を持つ水戸藩の中下級藩士らの周旋だったことに本稿は着目している。斉昭存命中に展開した、井伊政権下で失脚した老中間部詮勝家中との周旋は失敗した一方で、成功をみたのは、井伊政権への反発で展開した文久二年春以降の政局に登場した、松平慶永と松平容保らの家臣を媒介にした周旋だった。こうした結果を踏まえて、著者は以下のように結論づける。斉昭の名誉回復は、極めて政治的な問題として幕府や朝廷勢力に扱われ、政情変化により成否が決したのであった、と。

飯塚　彬「明治二〇年代初頭　地方青年の政治活動—民権運動家・森隆介と雑誌『常総之青年』を中心にして—」

著者は、明治二〇年代の地方青年有志（民権派）による雑誌の発行や結社の結成を取り上げ、国会開設前夜に彼等の存在やその活動の展開にいかなる意味があったのか、という観点から具体的な考察を加えている。

ここに云う明治二〇年代とは、一〇年代の全国的な国会開設請願運動や民権結社組織を通して高揚した自由民権運動の諸勢力が再編され、再結集する時期である（三大事件建白運動、または大同団結運動）。この時期に展開された地方青年有志の雑誌の発行や結社の結成は、明治一〇年代の自由民権運動のなかで豪農や士族が中心となった活動、あるいは「自由党激化事件」に参加していった者達の志向とも異なっていた。

そうした背景や事象を明らかにするため、本稿では常総地域（特に茨城県）の有志を啓発対象とした雑誌『常総之青年』と、同誌において代表的な担い手であった茨城県出身の森隆介（民権運動家、茨城県会議員を経て自由党系代議士、対外硬派）と木内伊之助（同誌初代編集者、後に『大阪毎日新聞』主筆）に注目する。『常総之青年』は、雑誌『国民之友』（徳富猪一郎主宰の民友社）における「平民主義」と類似した思想を提唱していた。そのなかで特に、彼等による「青年」という言葉に込められた意味に注目をした結果、民権派ならではの政治的に特化した平民主義の存在が浮き彫りになったと指摘し、加えてこのような考察は、民権運動の明治二〇年代までにおける連続性を考察する上で示唆を与えるものであり、なおかつ「青年」を自称、もしくは創出した民権派の存在から彼等個人が民権運動自体の変化や衰退に捉われず、新たな潮流を受け止め活動を続けていた事例として着目すべきであると指摘する。

林 真美「明治知識人の思想と行動―野口勝一と旧水戸藩の勤王功績調査―」

本稿は、明治十六年（一八八三）に上京してから三十八年（一九〇五）に没するまで、農商務省への出仕や衆議院議員の職務の傍ら『維新史料』や『水戸義烈両公伝』の出版を手がけた茨城県出身の野口勝一に注目する。そして野口と彼を取り巻く在京旧水戸藩関係者が、同藩の歴史意識形成の中心的役割を担ったとして、彰修館および保勲会を取り上げ、野口の日記を基本史料としつつ、明治維新史像の創造をめぐる歴史意識研究の一事例として提示した。

明治一〇年代後葉における野口の歴史意識の特色は、正史とは名ばかりの諛史を編む藩閥政府への反発として「野史」を志向する反面、失墜した旧水戸藩の威信と尊厳を復権するため、批判対象である藩閥政府の権威に依るという矛盾を孕んでいた点にある。在京旧水戸藩関係者のコミュニティである交同会は、旧藩政思想が未だ消えず、他藩人との交流を忌む水戸人の排他的な気質を危惧した野口にとってよりどころと呼ぶべき存在であった、と著者は論じる。

宮内省の意向を受けて創立された彰修館も、徳川斉昭の事蹟に関する材料蒐集という本分だけではなく、同郷人を強く結びつけることに一役買ったのかもしれない。しかし、同郷人だけで構成された聿修館から離れ、他藩出身者と立ち上げた保勲会における日清戦争を「国家」の歴史とする『奉公偉績戦記』や『奉公偉績画巻』の編纂事業は、野口が「諛史―野史」の対立を克服する端緒になったと結論づけた。

清水恵美子「岡倉覚三の明治維新観―世紀転換期における「日本」の語り―」

近代日本に新たな美術のうねりを生みだし、現代社会においても示唆に富む言説を残した芸術思想家岡倉覚三（天心）は、明治維新をいかに捉え、日本の近代化をどのように受け止めていたのだろうか。著者は、岡倉の三冊の英文著作『東洋の理想』『日本の覚醒』『茶の本』に通底する明治維新観の特徴を剔抉し、以下の三点に要約する。㈠明治維新を、復古と革新の「二重の同化」と捉え、ヨーロッパにおけるルネサンスに匹敵する一大社会変革であったと位置づけた。㈡外圧のみが維新の契機ではなく、変革は日本内部の三つの思想学派から導かれたとして、維新の内的必然性を説いた。このとき神道が読みかえられ、天皇制イデオロギー的支柱の創出にしたがい、中国やインドの理想が排除されていく動きが生じたことを指摘した。㈢明治維新を成し遂げた原動力は「古きものを犠牲にすることなく、新しきものを採択」することを可能とした「わが国の東方的性格」にあると説いた。さらに「東西文明の類似性」のゆえに、日本は西欧から多くのものを摂取しながら、その伝統を保持することができた。

著者によれば、このような維新観は岡倉独自のもので、三冊の英文著作と同時期に発表した論稿「現代日本美術についての覚書き」や「「美術院」または日本美術の新しい古派」における日本美術院の紹介にも共通してみられるものであるとし、岡倉の明治維新観は、彼の美術に関わる生涯の活動と密接に繋がり形成されたと結論づけた。

桐原健真「会沢正志斎と「水戸学」の系譜―幕末から戦後まで―」

本稿の著者は、会沢正志斎に対する評価の変遷を時代背景のなかで跡づけつつ、おおよそ以下のように論じる。会沢は、尊攘派の鎮激分裂や鎖国論の放棄(「時務策」一八六二〈文久二〉年)といった晩年の言動のために、尊攘激派を「正論派」と呼ぶような文脈においては語り難い存在となった。しかし水戸行幸啓(一八九〇年)での祭粢料下賜や翌年の贈位は、会沢に一定の名誉回復をもたらした。だが東湖や激派の精神的な継承者を自任する水戸人士の多くにとって、会沢は明らかに傍流であった、と。

こうした評価は一九二〇年代に変化する。すなわち旧来の国民道徳論的な水戸学とは異なる「新水戸学」が模索されるなか、「時務策」に代表される積極的な国家改造論者として会沢が想起され、そのイメージは「新しい国体論」が唱えられる一九三〇年代にも引き継がれた。そして一九四〇年代には、『新論』の著者である会沢は、高度国防国家の建設のためのイデオローグとして描かれ、ついに「水戸学の大成者」と称されるに至る。

かくて確立した「維新の経典」の著者にして「水戸学の大成者」としての会沢像は、戦後の後期水戸学研究の方向性をも規定した。すなわち、敗戦を経て、天皇制国家の支配原理の分析が求められた結果、その一つの源泉と考えられた会沢思想の研究が進められたが、その際に中心となったのは『新論』であり、彼の思想全体が検討されることは少なかったのである。

その時代で様々に想起されてきたことを検証した著者によれば、それは多くの場合、明治国家という結果から歴史を遡及しようとするものであったと論断する。それゆえ、国民国家の形成を無条件に結論とせず、その生きた時代や環境をふまえて会沢を再検討することがいま求められている、と会沢研究の新地平を提示している。

木戸之都子「史料紹介　茨城大学図書館所蔵古文書にみる幕末維新期の水戸藩」

本稿では、茨城大学図書館所蔵の古文書、古記録の紹介を通じて、幕末期水戸藩領などに来航した異国船に対する藩庁、藩士、町人、村人の反応の実際と、その情報伝達ルートを明らかにしようと試みている。

一「文政七年のイギリス船大津浜上陸事件」では、「菅文庫」会沢正志斎「庚申諳夷大津上陸記事」を取り上げ、会沢がイギリス人捕鯨乗組員の筆談役を担った結果、異国に対してどのような考えに至ったかを、また「鶴田家文書」の書付から異国船に関して村人はどのような情報に興味があったのかを紹介している。二「嘉永六年ペリー来航以降の情勢と水戸藩や町人の対応」では、情報収集の状況を水戸藩下級武士青山延寿が記した日記と、水戸上町町年寄の日記「大高氏記録」から、当時の緊迫した情勢を紹介した。

さらに、三「安政期の水戸藩の異国船との関わりと幕末の不安な社会情勢」では、水戸城下町年寄大高家が記した日記を含む「大高氏記録」には、当該情報が伝わっていった様子や外国との条約締結後の不安な社会情勢が窺えることを指摘し、四「その他の異国船関連史料」では、水戸藩以外の菅文庫所蔵の外国応接関係史料を参考に紹介しつつ、彰考館員だった頃から菅政友が外国応接関係に強い関心があったことを推察している。

こうして、幕末の異国船来航に関する情報が、学者、文化人との交流、触、達などの公的手段、水戸藩家中や藩庁からの情報、商品流通ルートによる商人や運送業者らによる伝聞等々が、水戸藩士や町人の日記などからみてとれた。しかし、村方文書(主に中崎家文書と鶴田家文書)には、当該情報が断簡としては含まれていても情報ルートなどを解明することができなかったので、今後さらに調査する必要がある、との課題を設定している。

第二編　由緒意識とその行動

皆川昌三「近世後期在郷商人の由緒的結合と活動—水戸藩領の土地証文解析と郷士格取得の経緯を通して—」

本稿は、水戸藩領太田村（現、常陸太田市）の在郷商人である羽部家に残された土地売買証文の分析を通して、その土地取引の特異性から、取引の背景にある在郷の町場である太田村の構造的特徴と変遷を明らかにしている。すなわち、その土地証文の示す取引は、「年貢上納差詰」と常套的文言を売買理由としているが、実態は土地売買に名を借りた商人間の信用的資金の貸借であり、土地の担保価値をはるかに超える金額で取引がなされ、営業継続を前提とする特殊な証文が作成されていた。その取引はしばしば地縁血縁を媒介とした特権的で、かつ、その由緒を佐竹旧臣家に置き「郷士格」を得てゆく在郷商人間でなされた。

その中核家である羽部家に蓄積された高利貸資本が中小在郷商人に融資され、「万卸業」から「小売業」中心の業態へと転換が計られ、彼らの商人資本的蓄積が近代に入り、地場資本へと転化し、太田村を更なる発展へと導いてゆく。本稿はその歴史的変革を動的に描いている。

天野真志「秋田藩佐竹家中長瀬氏系図の成立と旧領常陸—幕末・明治期の由緒探求と同苗間交流—」

秋田藩士長瀬家には、高麗国初代国王東明王こと鄒牟の後胤「頭霧唎耶陸王」より始まる壮大な系図が伝来し、「長背」の姓を名乗る由緒が形成される。本稿では、この長瀬氏系図の成立過程を通して、秋田移封以降、由緒を喪失した佐竹家中による由緒探求の経過とその意義について、次のように検討されている。

長瀬氏系図が成立する契機は、旧領常陸国における由緒探求の志向性であった。常陸国田中内村長瀬太惣治との由緒照合を通し、秋田藩士長瀬直温は自家の由緒を再検討し、気吹舎平田家の協力を得て冒頭の長瀬氏系図を創出する。その後直温は、長瀬氏系図を軸に諸方の同苗諸家との交流を開始し、やがてその交流は肥後国熊本藩におよぶ広域的な同族関係を構築するに至る。

直温の子直清は、父が構築した同族関係を完結させるべく、常陸国における長瀬氏の重要拠点入野村との関係を志向する。直清は、同村長瀬倉蔵からの通信を契機に、倉蔵家との本末関係の締結を要請し、明治四〇年代に至り長瀬氏一族は、常陸国を拠点に長瀬氏系図に基づいた本末関係を構築する。

長瀬氏系図をめぐる由緒の共有化は、同苗関係により喚起される強固な同族意識を象徴する。特に長瀬氏では、佐竹旧領常陸国との関わりを希求する佐竹家中の意識も影響し、由緒の整合化を前提とした関係の構築が認められる。著者によれば、右のような同族意識の背景には、常陸国と佐竹家中との間で内在的に共有される親近性が想定され、さらに、こうした家中の欲求を満たす存在として気吹舎平田家が登場することは、当該期に国学が求められた社会的役割を示す事例として注目される、とした。

ところで、本書第一編の基礎となったのは、二〇一三年一一月一六日に開催された茨城大学人文学部が主催する第九回地域史シンポジウムである。この地域史シンポジウムは、地方国立大学の役割の一つとして要請されている地域との連携を深める企画の一環である。毎年一回、地域史の今日的課題を意識しつつ、人文学部の歴史・文化遺産コース担当教員や大学院生・学部生らが協力して進められてきた。このたびのシンポジウムは、近代茨城地域史研究会との共催の下に「明治維新と茨城の歴史」をテーマとして開催されたものである。シンポジウム終了後、その統括組織である人文学部の地域連携委員会に提出された報告書に概要が記されているので、ここにそれを添付することで、シンポジウムの紹介に代えたい。

茨城大学人文学部主催　第9回地域史シンポジウム二〇一三成果報告書

1　統一テーマ「明治維新と茨城の歴史」

日本史上の大きな変革期である明治維新。この変革を承けて「茨城」という地域はいかなる動きをみせたのか!

地域史の視点からこの問題に立ち向かう。

2　日時・開催場所

二〇一三年一一月一六日(土)　一三〜一七時(受付一二時三〇分〜)

茨城大学水戸キャンパス人文学部　講義棟10番教室

3　共催　近代茨城地域史研究会

後援　茨城県立歴史館／茨城県教育委員会／茨城新聞社／五浦美術文化研究所

4　プログラム

学部長挨拶　伏見厚次郎(人文学部長)

基調講演

明治維新史研究の今と茨城の明治維新—一九世紀の地域史　佐々木寛司(茨城大学副学長)

個別報告(1〜7)

斉昭の名誉回復をめぐる動向―中下級藩士ネットワークと政局　門馬　健（富岡町役場）
カオスと知識人―水戸藩におけるインテリゲンジャの形成　菅谷　務（前茨城大学講師）
茨城県における士族授産　桐原　邦夫（元歴史館史料室長）
史料紹介　茨城大学図書館所蔵古文書にみる幕末維新期の水戸藩　木戸之都子（茨城大学助手）
水戸藩の記憶―語り部としての野口勝一　林　真美（古河市役所）
岡倉覚三の明治維新観　清水恵美子（茨城大学講師）
連続と断絶―水戸学と維新のあいだ　桐原　健真（金城学院大学准教授）
質疑応答　司会：安ケ平絵梨（茨城大学大学院）

5　学術的な成果

茨城の幕末・維新を語る切り口は、天狗と諸生との対立を通して語られることが多かったが、このシンポジウムではさまざまな角度から茨城の明治維新を照射し、これまでに知られていなかった史実を紹介し、また新しい視点からの歴史的評価も提示できた。学術的には大きな成果があり、シンポジウム終了後には、このシンポジウムの報告を一冊の研究書にまとめる方針が決まった。

シンポジウムには、茨城県内の他に関東府県（東京、千葉、栃木、群馬）や福島県、広島、兵庫、京都、奈良等遠方からの参加者があり、また、東京の出版社3社による書籍販売もあり、研究の面からこのたびのシンポジウムが注目されていたことがうかがえる。

6　地域貢献における成果

近年における茨城地域史の進展を背景とした各報告は、これまでの茨城の歴史に新たな知見を加えることができ、地域の方々の歴史への関心を呼び起こすことができた(アンケート参照)。アンケートによると、全体的に出席者からのシンポジウム評価は高く、来年度への期待の声もあり、地域貢献という面からも成果は大であった。

7　教育的成果

例年、このシンポジウムは歴史・文化遺産コースの教育の一環として、コースの教員、院生、学部生が一丸となってその企画、準備、運営にあたってきた。本年度も同様に進められ学生の主体的な企画参加、運営の潜在的能力が遺憾なく発揮され、教育的にも大きな意味をもった。

8　来場者数　一〇五名

二〇一三年一一月一九日

文責　歴史・文化遺産コース　佐々木寛司

なお、シンポジウム報告者は、すべて近代茨城地域史研究会の会員であることを、申し添えておく。

＊

本書の刊行にあたっては、前二書に引き続き岩田書院にお引き受けいただいた。

編集実務は本会会員の木戸之都子ならびに門馬健の協力を仰いだ。

シンポジウム開催からずいぶんと月日が経ってしまった。末筆ながら、本書の刊行が遅れたことを関係者の方々にお詫びしたい。

第一編　歴史意識・思想・情報

徳川斉昭の名誉回復をめぐる動向

門　馬　健

はじめに

幕末期における徳川斉昭の名誉回復を巡る動きは、大きく分けて三度の興隆をみせた。一度目は、弘化元年（一八四四）に斉昭が幕府から謹慎を命ぜられた折、水戸藩士らが「雪冤」と称して謹慎解除や将軍との対顔などを求めて起こした一連の内願行動がそれである。(1)二度目は安政五年（一八五八）、井伊直弼政権により斉昭が急度慎を命じられ、万延元年（一八六〇）八月十五日に死去するまで、水戸藩士などが「御慎解」を求めて周旋活動に出たものである。最後の三度目は、文久二年（一八六二）の斉昭の三回忌を前に、同藩士らが「御雪冤」を求めて幕政などに働きかけた名誉回復運動であった。

本稿では、安政五年以降の二度目（以後、「慎解運動」）と三度目（以後、「雪冤運動」）の藩士の動向や周旋活動を名誉回復運動と総称して検討材料としたい。一度目の弘化元年五月以来の運動を除いたのは、同年十一月に幕府が斉昭の謹慎を解き、さらには嘉永六年（一八五三）に斉昭が幕府の海防参与に登用され、政治的な復権を果したと評価できることによる。そしてそれは、幕府が能動的に斉昭の政治家としての名誉を回復させたと捉えられるためである。

なお、「慎解運動」と「雪冤運動」という呼称は、当時の水戸藩士が、それぞれの時期と性格が異なることを踏まえて「御慎解」と「御雪冤」とを史料上で概ね使い分けているところから、筆者が便宜的に用いているものである。「慎解」は、「慎みを解く」という緩やかな表現であり、慎みを受けたことを真っ向から否定するまでの勢いはない。一方で「雪冤」は、言葉に込められた感情は「慎解」よりもはるかに強いものがある。「冤を雪ぐ」、すなわち、斉昭が受けた処遇は冤罪によるものであり、斉昭を罰している主体＝幕府こそ過ちを犯しているという姿勢である。

慎解と雪冤という言葉の使い分けの背景には、斉昭の生・死、水戸藩が置かれた立場、幕府との関係の善・悪が色濃く反映されたと窺える。言葉の強弱、背景の差は、慎解運動と雪冤運動それぞれの目的の差となって表れていくのである。

これらの前提の上で本稿では、徳川斉昭の名誉回復を求める二度の運動の概観を通じて水戸藩士が採った周旋方法（構造）と藩士意識を検討する。特に、斉昭死後に展開した雪冤運動の目的を考えたい。また、鈴木大・住谷信順・原忠成を例に水戸藩士の周旋構造の素描を通じて、両運動で機能した周旋ネットワーク像を明らかにする。さらには、斉昭死後の名誉回復（贈官）をめぐる幕府と朝廷の思惑に関する一試論を提示し、斉昭謹慎～死去～贈官という視角から当該時期の政治状況を概観したい。

一　「鈴木大日記」に見る「御慎解」運動

1　慎解運動の開始

安政五年（一八五八）七月五日、幕府は通商条約調印の問題で不時登城を行った斉昭を急度慎、同八月二十七日には国元永蟄居に処した。斉昭は万延元年（一八六〇）八月十五日に死去したが、永蟄居の解除は斉昭の死が公表された同二十七日であった。

安政五年の譴責から斉昭の死去までの間、水戸藩上層部は太田資始ら老中衆への慎解働きかけを試みる。その活動を下支えしたのが鈴木大を始めとする在府藩士であった。本節では鈴木の交友範囲から見える慎解運動に焦点をあて、水戸藩士による周旋方法を明らかにしたい。

鈴木が最も積極的に慎解運動を繰り広げたのは、安政五年秋から翌六年の初夏にかけてである。鈴木が在国の水戸藩士豊田天功の命により政治情報の収集に尽力し、その情報入手ルートが昌平黌の人脈を中心としたことは奈良勝司氏が明らかにした通りだが(2)、鈴木が政治的周旋のために頼った人材は、鯖江藩士大郷巻三や会津藩士南摩綱紀・藤森順庵ら多岐にわたった(3)。鈴木は大郷らを通じた政治周旋で斉昭の慎解を目指すが、他藩士を巻き込んだ運動をより強く展開させたのは、水戸藩主慶篤の声が幕政に届かない状況を悟ったためであった。

斉昭が急度慎を命ぜられて以降、慶篤を筆頭に水戸藩上層部は慎解を求めて動き出した。具体的にはまず、連枝の高松・守山・常陸府中の三藩主に太田老中らへの周旋を依頼した。しかし井伊大老を補弼し、戊午降勅を問題視する高松藩主の松平頼胤に「御慎解等之義尽力いたし呉候様歎願いたし候」ところ、「水府ニてハ頼ム事ト〔斗〕り頼、公辺より御達ハ何も不守候間指支候(4)」と冷や水を浴びせられるなど、芳しい成果は得られない。さらに「成程朔日御登も無之候てハ御あても無之(5)」と、慶篤の登城がなされていないことで、鈴木らを含む在府藩士は水戸藩として直接的に幕閣を説得するルートを喪失していたと判断したとみられる。そのため、複数のルートで幕閣に働きかける必要性がより強まり、鈴木を含む水戸藩士らは他藩士らとの接触を始めていった。

連枝による幕閣工作が行き詰まった在府水戸藩士らは、「掛川侯（太田＝引用者）ハ兼て善良之様ニも承り、間部も此迄ハ人物之様承り仕候」との感触を踏まえ、「両人（太田・間部＝同）少々飲込《のみこ》ミ候ハヾ、又井伊之暴とてもとふか凌キ候事も出来可申歟抔」との期待を込めて、「掛川藩懇意之者へ面会様子試み可申、且又間部之方も下り不申内一策施」すことを企てた(6)。水戸藩首脳は安政六年六月、太田老中に対し斉昭の慎解と慶篤の登城許可を求める嘆願書を上呈した。この時期、水戸藩側が「間部も近頃ハ太田ニ被押候事と相見」ていたことも影響していると思われるが、政権中枢に通路を設けようとの試みであった(7)。実際に太田老中は井伊大老に対し斉昭慎解への理解を求めたようだが、大老の強硬な反対を受け、周旋は失敗に終わった(8)。太田老中を介した慎解周旋の挫折を受け、二の矢となったのが間部を介した慎解であった(9)。

2　鈴木―大郷ラインの形成と周旋

鈴木が積極的に周旋を行った時期において、最も頻繁に接触をもった人物として大郷巻三が挙げられる。鯖江藩士の大郷は、藩主の間部詮勝の重用を受けた人物だが、鈴木との関係は昌平黌での学問的なつながりが端緒であった(10)。鈴木が情報収集と慎解周旋を兼ねて大郷と接触を始めたのは安政五年十月ごろと考えられる(11)。大郷は、「老公を南禍之様ニ被存候間、其義ハ私義（大郷＝引用者）既ニ主人（間部＝同）へも呈書」しており(12)、斉昭慎解に関して鈴木と指向性が一致したため、同年暮れごろには鈴木の有力な周旋対象となっていた。

同十二月、鈴木は大郷に「公（慶篤＝引用者）御登営、　老公（斉昭＝同）御慎解之義等歎願いたし度」旨を相談した(13)。慶篤の登城は、水戸藩の主張を正式ルートで幕閣に届けることに加え、斉昭の慎解を訴える最も近いルートを開拓するために必要だった。大郷は「当公御登　城之義ハ左様六ヶ敷義ニハ有之候間敷」との感触を告げたものの、「一体太田備州殿御登　城を御勧メ申上候節、余り御好みも不被為在候御様子ニ対、其後御勧メも不申上候歟ニ伺候」と、慶篤の登城が実現しない理由に、慶篤本人の意思が影響していることを指摘した。斉昭慎解については、「主人此方ニ居候ハヾ直ニ承り指上候事も出来候得共、留守ニて指支候」と伝え、間部が通商条約の勅許獲得という重大な使命のために上京中で、閣内に話を通すことができないが、近々「慥成処」を通じて閣内への周旋を約束した。[14]『大日記』によれば、「為人善良」[15]と評する大郷との接触はこれ以後、頻繁に繰り返され、両者が密な関係を築いていた様子が窺える。大郷の主人である間部は攘夷の延期を認める勅許を引き出すなど、京都において一定の成果を得て江戸に戻ったこともあり、幕閣内の周旋対象者としては有力な位置にあったのは慥かであった。

大郷は実際、江戸に戻った間部に対して「御話洒之席或ハ席等ニて不残申聞」かせるなど入説し、鈴木の依頼に応えようとした。そして鈴木には「至極都合も宜敷候間、御安心可被下」とその感触を伝え、「公御登城と老公御慎解と一度ニハちと六ケ敷、先ツ御登　城有之、其後ニて御慎解と申御順歟と存候」[16]と、鈴木らが目指す慎解の実現に向けた善後策について、老中である藩主間部の見解を踏まえた状況整理を示した。

事実、この時期の鈴木の日記には「国中之事情実ニ切迫ニ御座候間、何卒不日ニ御宥免之御沙汰御座候様、奉至願候」とあり[17]、慶篤・斉昭の処遇を巡り水戸藩内では相当の焦りを持っていた様子が窺える。右は「此ハ明日大郷へ遣し間部へ指出候也」と記された文面の一部であり、実際に間部老中を通じた周旋内容を示すものである。これによれば、最優先の問題として鈴木や一部の水戸藩上層部が認識していたのは、藩内の分裂状況と急進的な藩士・領民らの暴発であり、それを抑制する機能として斉昭らの慎解を求めている。

間部老中を介した閣内への周旋に向け、水戸藩側用人美濃部又五郎が鈴木に対し「大郷へ下つくろい之義宜敷願度」と期待したこと[18]、そして幕府への不信を強め、暴発の危険を孕んだ水戸藩領内の状況を踏まえれば[19]、大郷が持つ周旋ルートは、鈴木のみならず水戸藩にとって重要な政治周旋ルートとして期待されていたといえるだろう。

一方で大郷は、鈴木の意を酌んだ周旋を行い慎解を遂げるには、鈴木―大郷の直接のやり取りを減らす必要があると申し出た。大郷は「水府之御方へ御目ニ掛り候抔申事尤も　幕府之忌ム所」との認識から[20]、より確実な周旋を重ねるために、鈴木に対し他の一書生と同じように振る舞うことや、会津藩士の南摩綱紀を仲介役とした接触を望むなど、自身や鈴木の状況に鑑みて周到な準備の必要性を訴えた[21]。大郷の言葉には、第三者から見た水戸藩と幕府の関係が端的に表されているといえよう。

結果的に、大郷を通じた鈴木の周旋は、間部老中の失脚などにより失敗に終わった。そして状況が変わることなく万延元年春に桜田事件が生じ、同年夏には斉昭が急死し、慎解運動は成功を収めずに収束していった。

しかし、以後展開される鈴木の政治的周旋行動は、この大郷との経験が大きく生きたといえる。鈴木が昌平黌時代の人脈、すなわち学問ネットワークを入り口としたのは奈良氏の指摘の通りだが、鈴木は独自にその交際範囲を広げていった。本項では、それが斉昭慎解を目指した政治周旋に発展したことを明らかにしたが、慎解運動で交通を持った会津藩士南摩綱紀とのつながりは、文久元年（一八六一）に浮上する水戸領への出兵問題において、重要な機能を果たす結果となった[22]。

後に論じる原忠成らの雪冤運動にも通じる事象だが、そもそも他藩士同士の結合が公に許されなかった近世社会において、学問を通じた交流は唯一黙認される特殊性を有したが、その学問ネットワーク自体、幕末期において政治ネットワーク化を遂げる土壌を育てる機能を担ったといえる。鈴木による慎解運動は斉昭の謹慎解除という本志を遂げなかったものの、当初の学問ネットワークよりも広範な交際範囲を獲得したことで、後年の政治周旋の展開につながったのであった。

最後に、蛇足ながら鈴木にとっての「慎解」の意味を考えたい。

本項後半で触れたように、安政六年の初夏の時点では既に、鈴木たちが問題視していたのは勅諚返納の是非という次元ではなく、急進派の暴発抑止と斉昭らの慎解を通じた水戸藩―幕府間の関係改善だったと考えられる。鈴木が急進的な行動を続ける高橋多一郎・金子孫二郎らを「両公をも省ミ不申候様被存候」存在だと評した通り、鈴木は急進的勢力の存在を水戸藩にとっての負の要素と見ていた。拡大解釈すれば、鈴木が「慎解」に期待したこととは、一義的には斉昭の名誉回復の意味を持ちつつも、副次的効果として藩内の急進的勢力の暴発を抑えるために必要な措置であり、幕府におもねらない前提で、目指すところは幕府と水戸藩の関係改善だったと考えられるのである。

二　斉昭死後の情勢と贈官

1　斉昭の死と慎解運動の衰退

万延元年（一八六〇）八月十五日、斉昭は生前の名誉回復を見ずに急逝し、水戸藩士にとって「全ク大病ニ付無余儀御緩メに相成候計」(23)という状況で同二十七日、死去が公表された。鈴木の日記は、安政六年（一八五九）七～十二月、同七年二月と同三月の大半が欠落しており、間部老中が失脚した前後の鈴木の動向は不明である。しかし、現存している万延元年閏三月以降の記述を見る限り、鈴木は斉昭慎解に関して積極的な周旋行動を起こしていない。一つは、有力な周旋対象であった間部が幕府中枢から外れたことなどが理由に想定される。一方で、桜田事件以後の水戸藩と幕府との対立関係の深刻化は、斉昭死後にはさらに顕著となり、斉昭の名誉回復行動の停止を余儀なくされたことも併せて指摘できる。

安政五年の斉昭謹慎や戊午降勅の以後、水戸藩と幕府の関係は悪化の一途をたどり、水戸藩内でも激しい意見対立が続いたことは周知の通りである。そして、斉昭の死後、特に文久元年（一八六一）には、武力衝突の寸前に至るほど両者の関係は深刻な状態にあった。

両者の対立上、最大の問題だったのは戊午降勅の返納問題である。幕府を経由せず、水戸藩に直接下された勅諚は、幕府の外交姿勢を批判し、斉昭を始めとする水戸藩の姿勢を賞するものであった。幕府が看過できなかったのは水戸藩を含む複数藩に直接降された点であり、幕府にとって朝廷支配上の重大な問題と認識されたのである。

かつて別稿で指摘したが[24]、この戊午降勅の返納問題に加え、（第一次）東禅寺事件が引き金となり、久世・安藤の両老中らを始めとする幕閣は、文久元年夏、尾張・紀伊の両藩に水戸藩領への出兵を命じることを内定した。その際、出兵の回避に尽力したのが松平容保以下会津藩士らであった。

これらの過程において、鈴木の「日記」によれば、藩主慶篤以下水戸藩上層部および「鎮派」と目される水戸藩士らは、領内出兵の阻止や急進的行動を続ける水戸藩関係者の沈静化に注力せざるを得ない状況に追いやられていた[25]。それらにより、政治周旋としての斉昭の名誉回復運動が展開できる状況になかったことは指摘できよう。

その後、水戸藩士らが斉昭の名誉回復周旋に再度着手できるようになったのは、坂下事件の半年ほど後の文久二年夏に至って、である。この半年の間には、和宮降嫁による大赦が行われ、世上の空気としても、慶喜や慶永ら旧一橋派の面々が政治的な復権を遂げつつある状況が生まれていた[26]。そして再度の斉昭の名誉回復の機運が高まるころには、「御慎解」の言葉は「御雪冤」と言い換えられ、贈官を求める運動に変化していったのであった。

2　斉昭贈官の流れと位置づけ

右記を受け本項では、斉昭贈官の流れと諸勢力の動向を概観したい。結論からいえば、斉昭贈官は彼の死から二年あまり後の文久二年閏八月五日に実現した。この史実からは左記以外にもいくつかの論点を提示できるが、本項では主に以下の二点を考えたい。

まず、贈官経緯の問題である。諸研究によると、近世における武家官位叙任権は将軍が掌握しており、それは文久二年時点でも同様であった(27)。すなわち、武家官位の叙任は、将軍の奏請に応じる形で、天皇側が行うものであった。その上で淺井良亮氏は、武家官位の昇進には「高い政治性を帯びる」と指摘する(28)。これらに則れば、斉昭贈官の画策主体を検討することで、同時期の幕府・朝廷および水戸藩をめぐる政治状況の一端が示されよう。

続いて、贈官の意味である。斉昭の贈官公表は予定の日程から延期されて実現を見た。延期の理由も踏まえて、文久二年の夏という時期に贈官がなされた意味を考えたい。

なお、本項中では特に断らない限り、年号は文久二年とする。

⑴斉昭贈官に向けた動き

斉昭の死後から二年ほどが経過した文久二年六月ごろになると、斉昭贈官の話題が京都や江戸で周旋活動を繰り広げる藩士らの間で出始める。管見の範囲ではあるが、長州藩士桂小五郎の書簡や(29)、水戸藩士の上書などが代表的である。桂書簡は在国長州藩士に向けて江戸などの情勢を書き送ったもの、上書は水戸藩士下野遠明と宮本信守が連名で認め、当時江戸に滞在し一橋慶喜と松平慶永の幕府役職就任を幕府に対して要求していた勅使大原重徳に宛てたものだった(30)。本項では、主に上書を取り上げたい。

上書では以下の三点を指摘し、「真の慎解」を求めた。第一に、井伊大老により謹慎させられて慶喜・慶永らが四月以降に慎解し政治復帰していること、第二に、戊午の降勅画策などにより謹慎していた鷹司政通・輔熙や近衛忠熙らが既に慎解、あるいは参朝を赦されていること、第三に、同じく謹慎を余儀なくされ既に没していた三条実万の名誉回復が済んでいることである。

下野・宮本の意識としては、井伊政権により処罰を受けた面々が、世情や和宮降嫁の大赦により名誉回復を図られたなか、斉昭のみ「全ク大病ニ付無余儀御緩メ」されたに過ぎず、「真の慎解と申には無之相果」たため、「御褒詞之義、偏ニ奉渇望」ったのだった。

このころの大原は、対幕交渉を優位に進めるために、幕府への姿勢は硬く、攻撃的姿勢を意識的に強めていた。それは、京都所司代人事の撤回を求めるなど具体行動にも表れている。大原は大老井伊直弼―老中安藤信正路線の政治的残滓の徹底排除を求めた人物であり、こういった側面からも、大原が下野らの建言に耳を貸す可能性が充分に想定できたことが上書の背景にあると考えられる。

しかし上書を受けた大原は、即座に行動に出たわけではない。このとき、勅使として在府していた大原の最大の任務は慶喜・慶永の幕府中枢入りであった(31)。斉昭の謹慎を批判した戊午の勅諚の内容に鑑みても(32)、仮に斉昭の名誉回復を重要視すれば、建前上はそれを優先しても不自然ではない。京都側にとって、慶喜らの速やかな登用は斉昭贈官・意思の継述以前の重大事であった。

⑵朝廷勢力と斉昭贈官

七月に入り、朝廷側と島津久光らの周旋が奏功して、慶喜の将軍後見職と慶永の政事総裁職就任が決定すると、議奏・伝奏を含めた公家たちが斉昭贈官に動き出した。そもそも公家との血縁関係を持つ斉昭は、外交面での政治的指向性などからも、生前・死後を問わず朝廷側の高評を得ていた(33)。朝廷側、特に学習院を拠点としていた公家勢力は、大原勅使による幕府交渉で慶喜・慶永の要職就任問題が治定したことで(34)、斉昭贈官に向け行動をシフトさせたのである。

佐々木克氏によると久光は八月十九日、慶喜や慶永に対し斉昭贈官を条文に含む二四か条の国是建言を示した[35]。佐々木氏はこの建言素案は前月七～八月にかけてまとめられたとの推論を展開しているが、その時点で斉昭贈官の項目が含まれていたのかは定かではない。他方で、贈官公表から一か月ほど遡る七月下旬に入ると、久光や毛利慶親・定広父子に周旋活動を依頼してきた公家たちが斉昭贈官に向け動きを活発化させる。

七月二十七日、議奏中山忠能は慶親を学習院に呼び、慶親か定広のいずれかが江戸に赴いて、「皇国御為」周旋を命じた[36]。ここで周旋の具体的内容として斉昭贈官が告げられたのかは推測の域を脱しないが、八月二日には中山ら議奏・伝奏らが定広に対し、斉昭贈官のために在府中の久光とともに大原を助け、幕府に働きかけることを改めて命じている[37]。これに合わせるように、久光に近い近衛忠房は七月二十七日付けの久光宛て書簡において、「水府故前黄門・尾前黄門気毒ニ被　思召候ニ付、水故黄門ハ贈官、尾前中ハ昇進被　仰付度」と書き送り、定広と協力することを依頼した[38]。すなわち、遅くとも七月二十七日までには、朝廷として幕府に対し斉昭贈官を命じる意思決定がなされていたことが分かる。

朝廷の公式な意思として、贈官議論を確立すべく動いたのは、中山を始め嵯峨実愛など多数の堂上だったと考えられる。後日、中山が長州藩士に語ったところでは「御周旋之義に付ては、両役御面会を仕、全以御内々と中儀は無之」く、朝廷としての公的な考えだったことを強調している。その公的な見解は、①三条実万への右大臣贈官が済んでおり「忠魂」が慰められていること、②斉昭は「出格之儀」であり大納言を贈りたい「思食」であること、③戊午の降勅に際して生じた井伊直弼らによる弾圧などで死した藩士らの鎮魂が必要であること、④慶篤には斉昭の遺志を継いで「為皇国可有丹誠」するよう幕府から申し伝えること、を中心に告げられた[39]。

その意味としては、①は斉昭贈官への条件が整ったこと、②は孝明天皇の意思で斉昭に大納言を贈る希望があること、を表しており、③は井伊政権下で幕府が行った水戸藩士らの処罰への批判、④に至っては、斉昭の行いこそ天皇の意思に沿ったものであり受け継がれるべき姿勢だと、幕府が認めること、すなわち、斉昭を処罰したこと自体を幕府が自己否定することを求めている。

西南諸藩を始めとする各藩の政治周旋を受け、有志大名らによる幕政運営の実現を念頭に、対外問題を含めた幕政の方針を朝廷側の意思通りに展開させる上で、中山や大原ら有力公家たちが最優先課題と意識していたのが慶喜・慶永の幕府要職就任だった。加えて、安政の大獄に少しでも関与したと見なされた京都所司代の更迭および着任拒否などを総合すると、公家たちの斉昭への好評による名誉回復願望があったことを差し引いても、斉昭贈官は、朝廷側が幕政に対する政治的発言力をより強めようと試み続けた一連の政治活動の一環で実現したものだったと理解できるだろう。(40)

(3)贈官をめぐる幕府の動向

他方で、斉昭の贈官に対し幕府が如何様な動きをしたのか、ここでは水戸藩士の史料を中心に検討したい。結論から言えば、幕府は独自に斉昭への贈官方針を内定していた。しかし三条実万の贈官発表などを受け、斉昭贈官の発表は一旦は延期され閏八月五日の公表に至った。この間、幕府は別な名誉回復の方法として、将軍の名代の斉昭墓前への派遣と焼香を決定した。(41)幕府が独自の動きとして斉昭墓前への代拝を決定した背景には、斉昭贈官を求める京都側の動きをつかんでいたことや、佐々木氏の指摘の如く、(42)井伊政権および安政の大獄以来の幕府への世上の批判を緩和する意図などが考えられる。

後に具体的な検討を行うが、水戸藩側として雪冤運動を実効的に展開していたのは、原忠成や住谷信順らである。(43)この原・住谷を支えていたのが、ともに藩主や老公が幕政中枢に入り込んでいた会津藩の秋月悌次郎と越前藩の中根雪江らであった。

水戸藩士らが収集した斉昭贈官に関する情報のうち、主なものは表の通りである。(44)

斉昭贈官に関連する流れ（文久二年）

月日	情報収集者・記録者	情報源	事項	区分	典拠
8月1日	鈴木大	原田ら	①執政からの願い出は困難。②越前に確認すると、26日に三回忌を以て「云々之事」。	雪冤*	鈴木大日記
8月5日	住谷信順	秋月悌次郎（会津藩）	①贈官は27日に決着。②三回忌までには公表の模様。	贈官	住谷信順日記
8月6日	鈴木大	原田、佐野、藤田、菊地のいずれか	贈官は15日前後に表発の見通し。	贈官	鈴木大日記
8月9日	豊田天功	鈴木大カ	①将軍から斉昭墓前への代香の旨あり。②追々さらなる慶事（贈官）を期待。	代拝	壬戌新聞
8月9日	中根雪江	—	①代拝の件、本日通達。②幕府は代拝を決定。③慶永も閣内で周旋。④水戸藩士らの周旋が影響。	代拝	再夢紀事

8月10日	鈴木大	藤田	①斉昭三回忌に側衆の新見伊勢守が代拝。 ②「異常之御処置」という認識。 ③これに続き、「御雪冤(贈官)一事夫々表発」を期待。	代拝	鈴木大日記
8月11日	住谷信順	梶信基カ 宮本信守	①上使は代拝。 ②贈官は27日に決定していたが故障あり。 ③心配しないようにと秋月、中根から。 ④故障とは三条実万への贈官。	代拝 贈官	住谷信順日記
8月13日	鈴木大	市川・原田のいずれか	①戊午以来の処罰者を赦す件。 ②大赦は雪冤後の方が良いとの認識。 ③御雪冤(贈官)は26日までに公表の模様。	贈官	鈴木大日記
8月13日	原忠成↓ 秋月悌次郎		①贈官内定が振り合い変わり、代拝になったことへの了解。 ②代拝は参府対顔と同様で幕府との関係改善に前進。 ③贈官延引でも構わないが、必ず贈官実現を。 ④贈官発表は台使発足前までにしてほしい。 ⑤安藤老中下での幕政同様不信が残っている。 ⑥武田耕雲斎らの宥免も合わせて実現を。 ⑦斉昭謹慎は国冤。	代拝 贈官	原忠成書翰
8月15日	斉昭三回忌				
8月18日	鈴木大	噂カ	贈官の申し触れあり。	贈官	鈴木大日記
8月19日	住谷信順	木幡(長州)	大原の言 ①贈官は一橋・慶永に申し含んだ。 ②一橋・慶永の登用が決定し一段落。	贈官	住谷信順日記

			③贈官は上京して尽力するつもり。		
8月21日	鈴木大	不明	①毛利定広が18日に着府、勅諚を持参。 ②斉昭は大納言、長岡勢は大赦の勅命を持参。	贈官	鈴木大日記
8月22日	鈴木大	原忠成カ	①贈官は本日までに公表予定だったが定広が贈官の勅諚を持参したため幕府内で議論が出た。 ②問題は勅諚に従うという見え方、持参が定広。公表が遅れる見込み。	贈官	鈴木大日記
8月23日	鈴木大	村田・金田のいずれかカ	①定広は18日、贈官と安島帯刀らの恩赦の勅書持参。 ②公辺で「調最中」だったところへ持参。 ③20日夕方から幕府内で議論。此度は受けず、返して其上で公辺思召で公表すべきとの議論。 ④贈官は時間がかかりそうとの感触。	贈官	鈴木大日記
8月24日	鈴木大	村田・原田・岡本のいずれかカ	①贈官は26日までに決まって欲しい。 ②贈官の頼みの綱は慶永との認識。	贈官	鈴木大日記
8月26日	公表上での斉昭三回忌(斉昭死去の公表は万延元年8月27日付)				
8月26日	松平慶永→茂昭(国元)	―	①斉昭への贈官と長岡勢大赦の勅書を定広が持参。 ②慶永は勅書に従い贈官依頼を行うことを言上。 ③慶喜が長岡勢の大赦を否定し難しい状況に。	贈官	松平春嶽未公刊書簡集
8月28日	住谷信順	不明	①斉昭の意思を慶篤が継ぐよう、幕府から命じることは相違なく行われるべき。 ②長岡勢の結派は行うべきではないとの見解。	贈官	住谷信順日記

			③秋月も呆れきっている。④義公贈官の際のことを調べるよう発せられる見通し。⑤三条実万贈官は8月9日公表。同日ごろに斉昭贈官の旨が関東に到達カ。		
閏8月1日	住谷信順	下野遠明（原忠成書状持参）	①定広は24日登城し、勅書を提出。②贈官が微妙に。閣老からも話が出ていたが、対応可否は不明。③慶永は引き籠もりの模様。慶永と慶喜で意見を合わせ、延引ならば策を練ってほしい。	贈官	住谷信順日記
閏8月3日	鈴木大	出仕時（昨日着、御国状抜き書）	新見伊勢守の代拝は26日に済み、27日は弘道館に止宿、28日出立。	代拝	鈴木大日記
閏8月5日	鈴木大	出仕時	斉昭の従二位大納言が公表。	贈官	鈴木大日記

＊贈官か代拝か不明。

まず、共通認識として、斉昭の死去が公表された万延元年八月二十七日からちょうど二年後、表向き上の三回忌に合わせて贈官が実現すると想定している。そして、実際の三回忌である八月十五日前後には贈官決定の公表がなされるものとみている。これらは、会津藩の秋月、越前藩の中根に由来する住谷・原らの情報と、会津藩を含む諸藩の学者ネットワークおよび藩内鎮派との共有情報に依拠する鈴木の記録で符合している。江戸の水戸藩邸内の共通認識と考えて差し支えないだろう。

しかし、京都における贈官関連の動きが生じたとの情報が幕閣にもたらされたことで、右記の様相にいくつか変化が生じた。一つは、八月九日に三条実万への贈官が朝廷より発表されたことである。戊午降勅に奔走した実万への贈官は、井伊直弼・安藤信正らの政治路線からの揺り戻し的な意味合いを持ち、その意味では斉昭の名誉回復を目指す潮流と同様のものだった。それ故、幕府が前後して斉昭贈官の決定を公表することは、安政五年から文久二年初旬までの幕政に対する反省の表明に止まらず、幕府が朝廷に従属的な印象を世間に与えかねなかったため、敬遠されたと考えられる。

もう一点は、斉昭贈官の勅書を奉じた毛利定広が江戸に向け離京したことである。定広に対する公家側の動きは前述の通りである。すでに斉昭贈官を内定していた幕府側としては、朝廷側の命に従って、あるいは朝廷側に促されて斉昭贈官を決定・公表した形に周囲から見られ兼ねないことを嫌ったと評価できる。実際、水戸藩側はそう捉えていた。安政五年以来の確執が深刻化し、文久元年には幕府による水戸藩出兵計画が実行に移される状況に至るなど、幕府と水戸藩との信頼関係は崩壊していた。その幕府が実万贈官により斉昭贈官の公表を一旦延期していただけに、水戸藩内において、斉昭贈官の実現をめぐり混乱が生じる可能性は容易に想定ができた。それ故、秋月は原・住谷に混乱を抑えるための邸内調整を求めたのであった。

これらの混乱を抑える調整機能を果たしたのが、斉昭の墓前への将軍台使の派遣である。台使の派遣は、実万贈官の公表日である八月九日に発表された。そして、そもそも幕府が贈官を予定していた八月二十六日、台使が斉昭墓前で焼香した。贈官日程などを綿密に検討していた幕府だけに、実万贈官と斉昭墓前への台使派遣の公表日が偶然の一致とは捉えにくい。幕府は表向きは朝廷側の言いなりにならない形で面目を保ちつつ、一方で朝廷の意を酌まざるを得ない状況下において、斉昭の名誉回復方策を探るなかで、水戸藩の混乱・暴発を掛念して台使派遣公表に至ったと考えられるのである。

三　水戸藩士による雪冤運動の展開と意識

1　水戸藩士による雪冤運動

前節で明らかにしたように、斉昭贈官は幕府・朝廷を始めとした様々な勢力がそれぞれの思惑によって推し進めたものであった。本項では、斉昭贈官をめぐる水戸藩における雪冤運動の展開について検討する。

水戸藩士が「斉昭の名誉回復」のために何らかの行動を起こし、目的を果たすためには、いくつかの周旋方法が想定される。一つ目は、斉昭の名誉回復を藩論として確立し、公式・非公式問わず、藩主や藩上層部が行動を起こすよう藩内で働きかけること。二つ目は、宮本・下野のごとく、有力廷臣や朝廷勢力に働きかけること。三つ目は、幕府内で発言力のある人物およびその家中を巻き込み、閣内決定を図ること――などである。

管見の範囲ではあるが、右記の三つの方法のうち、二つ目の方法は宮本・下野以後、実現につながる目立った直接的な動きはない。一つ目に関しては、前節1項のごとく、勅諚返納問題や東禅寺事件、桜田・坂下両事件、幕府による水戸藩出兵問題などの諸問題から、水戸藩上層部が幕府に対して効果的な周旋が行える状況ではなかった。鈴木大の「烈公様御雪冤一事執政より御願出も六ヶ敷御模様」という認識(45)は、そういった問題が背景にある。それ故、雪冤運動では、水戸藩士たちによる現実的な周旋活動として、三つ目の方法―幕府内に大きな発言力を持つ人物への接触―が慎解運動時における鈴木と同様に選択肢の一つとして採用されたのであった。

本項では、雪冤運動を展開した水戸藩士として、原忠成と住谷信順の事例を検討したい。この両者は、坂下事件の画策に関わっていたものの処罰は受けず、文久二年(一八六二)の夏においても政治周旋は可能な状況にあった。原は

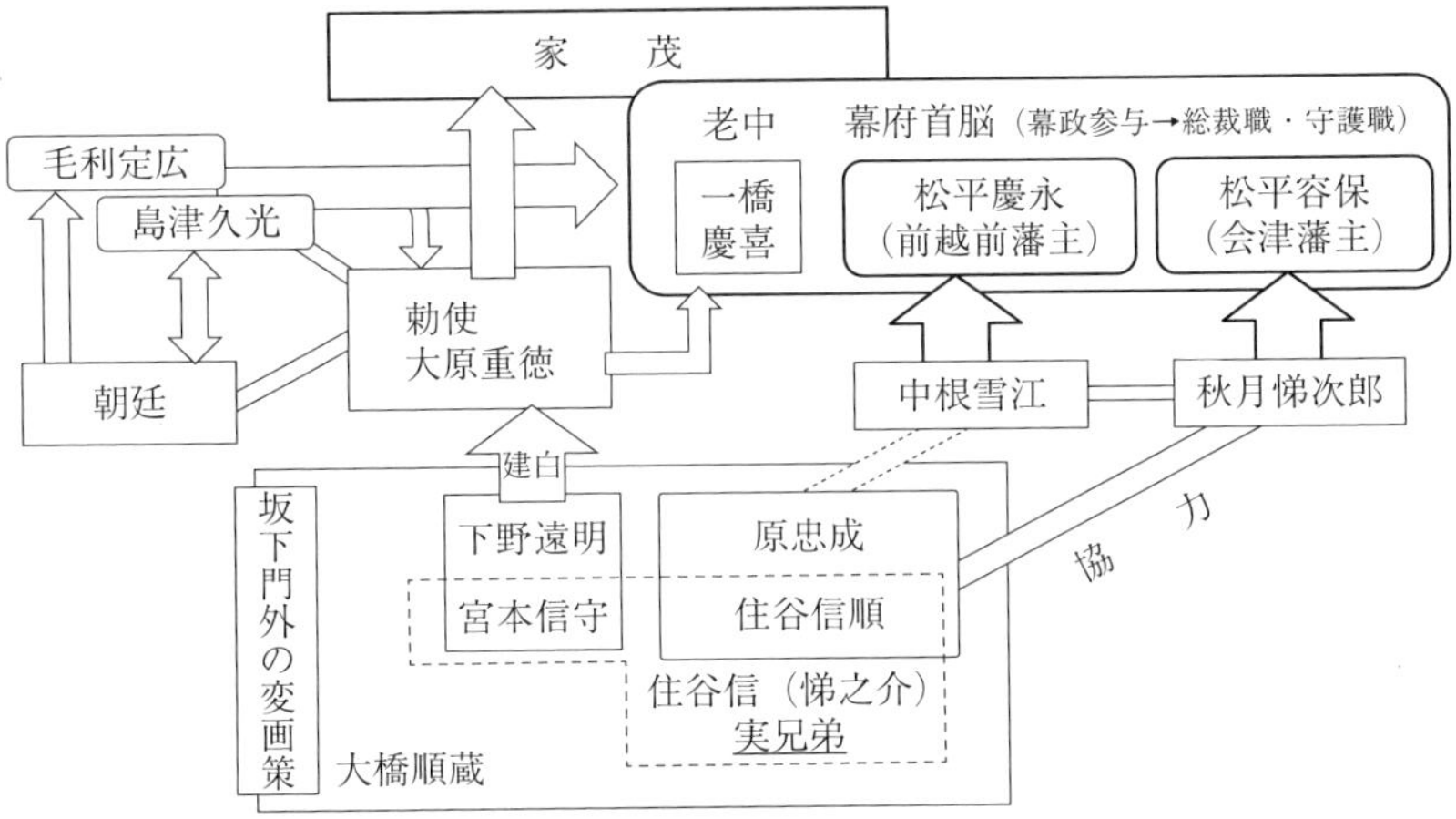

雪冤運動時の周旋構造（文久２年６～閏８月）

その後、慶喜の右腕として上京し、会津藩の秋月らと同様に京都政局で活躍した人物、住谷は翌年に藩主・慶篤に従って上京し京都警衛指揮役を拝命するなど、水戸藩の京都政局における重要人物である。

前掲表の通り、原・住谷の両名は贈官および将軍代拝の情報は、主に会津藩の秋月から入手していたことが分かる。そして秋月の背後には、越前藩の前藩主・慶永の側近である中根雪江が控え、周旋行動をともにしていた。斉昭贈官＝御雪冤が実現性を帯びた政治のキーワードとして諸史料に登場し始めた文久二年八月時点において、慶永は政事総裁職を受諾しており、朝廷を始め幅広い期待を集めていた。会津藩主の松平容保は御用部屋への出入りを命ぜられ、老中らとともに幕政に参画し、京都守護職（当初は京都所司代）の拝命を迫られる状況にあった。また慶永は旧一橋派として斉昭と行動をともにした斉昭シンパであり、容保は水戸藩側の事情にたびたび理解を示し、寛大な行動を採るべきと幕府に周旋を重ねた実績がある。原や住谷にとって、いずれの人物も幕府内での水戸藩に関する発言において、期待を持てる条件が整っていたといえるだろう(46)。

原・住谷を中心に雪冤運動に携わった人物の相関関係を表したのが上図である。勅使・大原に建言を出した宮本は住谷と兄弟であり、下野・原を含めて坂下事件の画策に携わったいた。彼らと協力関係にあったのが会津藩の秋月[47]、越前藩の中根である。原・住谷と秋月は雪冤運動が起こる以前より知己で[48]、秋月は越前藩の横井平四郎と以前から交流があり、斉昭贈官が持ち上がる前後の文久二年七月には、容保の京都守護職就任問題の過程で中根とも交わるようになっていた[49]。

既述の通り、宮本・下野らからの贈官の訴えは大原に一旦預けられた。しかし八月半ばを過ぎても「御贈官ノ義ハ上京ノ上尽力」とのごとき大原の反応を受け[50]、もう一つの周旋ルートである会津・越前ラインを併用して解決を図ったのであった。そして、慶永が「水戸前公御贈官御遺志御継続之事恩赦一条等勅書、今度松平長門守持参指上候、是以御取行ひの義中上候」と国元に書き送り[51]、中根が「水府有志之者より　公へ内願之義も有之　公にも不大方御周旋被為在」としているところからも[52]、原・住谷らが、秋月・中根を介して慶永に働きかけたことが一定の実効性を示したといえよう。斉昭贈官の実現は、毛利定広を江戸に遣わした堂上らや久光の要求と、幕閣内の自律的な贈官意思の双方が大きな推進力となったものの、政情に鑑みれば、会津藩・越前藩の協力者を介して幕府内の意思決定を図った原・住谷らの周旋の行動は小さいものではない。文久二年から三年にかけて、秋月や原・住谷らが相次いで上京し、それぞれの人脈を生かしながら京都政局で展開した政治活動は、斉昭贈官を含めた周旋やそれまでのネットワークづくり―昌平黌を媒介にした学問ネットワークから一歩進んだ政治ネットワーク化―が影響したといえるだろう。

2　御雪冤をめぐる水戸藩士の意識

これまで雪冤運動の構造や贈官過程などをみてきたが、当の水戸藩士らは「御雪冤」に対していかなる意識を持っていたのか。また、贈官過程においていかなる意識で周旋を展開したのか。本項ではそれらを検討したい。

「御雪冤」を果たす過程には、①将軍台使の墓前焼香と、②従二位大納言贈官の、二つの要素があった。二節2項で明らかにした通り、将軍台使の墓前焼香は贈官が延期したことで処置された。すなわち、「御雪冤」としてそもそも想定されたのは贈官であって、台使の派遣ではなかった。

台使代拝の情報が水戸藩邸内に流れると、当然のことながら歓迎の声が諸方面で上がった。鈴木大は「此ハ異常之御処置」とし、原は「墳前へ　台使被成下候儀ハ誠ニ出格之御次第ニて当家先例も無之、全く特恩ヲ以て被仰出候御儀」であり、「往年之　御疑念悉皆相晴れ候事ニ付、一藩之本意も相達し」たと喜んだ。(53)(54) しかし両者とも代拝だけでは不十分と認識しており、特に原は、代拝によって贈官の延期は差し支えないものの、贈官を「台使発途前改て御沙汰被下」るよう秋月に念を押している。

原の認識では、台使代拝は「参府　御対顔蒙　仰候も同様之筋」であり、将軍家と水戸徳川家の間の疑念を晴らす、いわば過去の精算で、贈官は「後世迄之錦繡相加候」として将来に残る栄誉であった。そしてそもそも斉昭の謹慎は「国冤」、すなわち水戸藩が背負った冤罪であり、前出の宮本・下野の建言のごとく、御褒詞・贈官がなければ「真の慎解と申には無之」という認識であった。いずれにせよ「只々三回忌迄ニは何とか厚キ　御沙汰」、すなわち贈官公表が必要だったのである。

原が贈官の公表を求めたのにはいくつかの理由がある。水戸藩内はこの時点においても、安政五年（一八五八）以来の分裂状況を続けていた。特に過激分子の暴発危険性は拭ぐえておらず、水戸城下は「意気込頗る切迫」であった。(55) 彼らの暴発を抑える意味でも斉昭の名誉回復が求められたのだった。

そしてもう一点は、幕閣への不信である。右の通り、水戸藩内において、贈官はもはや必須事項であった。しかし、「是迄　公辺御模様度々相かわり何事も御表発ニ不相成内は安堵仕兼候」ため、台使代拝までに公表がなければ贈官実現を信じられないとの意識である。加えて、朝廷側より要求のあった「幕府が慶篤に対し斉昭の遺志を継ぐよう命じる」ことの実現と、武田耕雲斎ら被処罰者の宥免の二点である。

これらは朝廷側の斉昭贈官の要求とともに江戸にもたらされたが、幕府が朝廷側からの斉昭贈官要求を受けて贈官公表を延期し台使代拝を幕府が公表した経緯や、幕閣への水戸藩士らの不信から、贈官の公表がなされなければ最後の二点の課題も解決を見ないのではないかという疑念が湧き起こっていたのであった。

この時点の原たちにとって、斉昭贈官は、単に前藩主の名誉回復に止まらず、水戸藩全体の「面目」躍如のために必要であり、さらには「（斉昭の＝引用者）先志、（慶篤に＝同）致継述文教武備被致世話、　公辺御羽翼ニ罷成候様屹度御沙汰」させる展開に導くためにも欠かせないとの認識であった。

おわりに

斉昭の名誉回復をめぐる試みは、斉昭の生前・死後を問わず、水戸藩としての公式な働きかけに比べ、藩士レベルの周旋活動がより実効的であった。慎解運動における家中以外の鈴木の人脈は、殆ど昌平黌などの学問ネットワークを基礎としていたが、雪冤運動の核となった原と秋月のつながりも、そもそもは昌平黌であった。すなわち、両運動における他藩士同士の人脈構造は、学問ネットワークを基礎に各者の政治指向性に応じて政治ネットワーク化を遂げた事例だったと言えよう。そして彼らが周旋の対象者としたのは、当然のことながら時局の有力者であり、安政～万延期（一八五四～六一）と文久期（一八六一～六四）で周旋対象の性格が見事に変質していること自体に、政局の転換そのものを映し出しているといっても過言ではない。今回は鈴木・原・住谷を主に取り上げたが、それ以外の水戸藩内勢力の動向、特に勅諚返納問題や領内屯集をめぐる問題の検討については別稿を期したい。

他方で、久光建言のごとく斉昭の贈官が政治交渉の材料として取り上げられたことは、井伊大老によって斉昭が譴責を蒙ったことと直接的にコミットする。安政の大獄に発展する政治抗争の過程で生まれた斉昭謹慎は、政略による「贈官」という形で雪がれた。これは、安政五～文久元年という勅諚返納問題・水戸領内出兵問題に象徴的な幕府と水戸藩との対立期を経て、旧一橋派の慎解により慶喜や慶永が幕政の要職に就き、井伊大老と対立した面々の復権が遂げられた政情変化そのものと言える。

先に検討したように、斉昭死後の名誉回復は、主に久光を頂く薩摩藩とそれを支持する朝廷勢力のなすところが大きなものだったが、水戸藩上層部は斉昭贈官を契機に政治的浮上や積極的な国事周旋、藩内混乱の鎮静、藩論の統一につなげるまでには至らなかった。その意味で、政治への参加資格を得るという明確な目的のもとに試みられた島津久光への推任叙(56)とは様相を異にするものであった。

毛利定広がもたらした朝命には、慶篤に対して斉昭の遺志を継いで国事周旋に励むことを幕府から命じるよう記されていた。しかし慶篤は積極的に国政に携わる姿勢を見せたとは言いがたく、戊午降勅に関しての勅諚返納派への処罰と、返納反対派への名誉回復を行ったに過ぎなかった。それはすなわち、朝幕関係の改善や対外問題への介入など、朝廷側が望んでいた政治行動までへの展開には至らなかったことは指摘できるだろう。しかしながら、本稿では当該期の慶篤および水戸藩上層部の思考を詳らかにし、彼らの動向の具体検討を加えるには至らなかった。今後の課題である。

註

（1）　畑尚子「姉小路と徳川斉昭　内願の構図について」（『茨城県史研究』九四、二〇一〇年）は弘化元年の運動について、大奥を介した内願運動という側面から詳細な分析を加えている。このほか、斉昭の名誉回復を主題とした学術研究は、管見の限り見当たらないが、本稿で扱う鈴木大に関しては主に、奈良勝司①「幕末の情報活動と水戸「鎮派」ネットワーク―鈴木大を中心に―」(『茨城県史研究』九四)、同②「幕末情報の編集と廻覧―豊田天功編「国事記」「新聞」を素材に―」(明治維新史学会編『明治維新と史料学』吉川弘文館、二〇一〇年)などが成果として出されている。また、奈良氏らにより、鈴木大や豊田天功を含む幕末期水戸藩内における政治情報の収集や政治状況との関わりの分析は「二〇一〇年度萌芽的プロジェクト研究『後期水戸学史料研究会』研究報告　水戸藩と幕末の政治情報」(『立命館言語文化研究』二三―三、二〇一二年。論文三本、研究ノート二本)という形で報告されている。

(2)　鈴木の情報活動を詳らかにした成果として第一に、註(1)の奈良氏①論文があげられる。奈良氏は、鈴木が情報収集に勤しんだ背景を藩内情勢などから明らかにし、着任直後の鈴木が前任者の人脈を基に昌平黌人脈を介した新規ルートで情報収集を行ったとする。

(3)　『内閣文庫所蔵史籍叢刊　第一一巻　鈴木大日記』(汲古書院、一九八一年、以下『大日記』)には、日々の面会相手や内外藩士らとの書翰の往復内容などが詳細に記されており、鈴木の交友・周旋関係者が記録として残されている。なお、鈴木の日記は一部が欠落しているものの原本は国立公文書館に所蔵されている。

(4)　『大日記』安政五年十一月八日条。この情報は原市之進がもたらした。

(5)　『大日記』安政五年十二月十日条。この情報は、茅根伊予之介がもたらした。

(6)　『大日記』安政五年十二月十日条。鈴木と茅根の相談によるもので、「邸内之御模様」を踏まえての結論だった。

(7)　『大日記』安政六年五月八日条。

(8)　『大日本維新史料稿本』安政六年六月十三日条の「国事記」(一〇三〇～一〇五九)。本稿で使用した『大日本維新史料

稿本』（東京大学史料編纂所蔵）は、Ｗｅｂ上での閲覧が可能であり、マイクロフィルムのリール番号・コマ番号ではなく、史料が記されている条文の年月日を付した。当該ページのＵＲＬは「東京大学史料編纂所データベース選択画面」http://www.hi.u-tokyo.ac.jp/ships/shipscontroller である。

（9）『大日記』には、周旋対象を太田老中から間部老中に変更する状況が詳しく記されている。鈴木は「小生も乍不及太田、間部等へ手を入、追々入説等も仕候」（安政六年五月二十八日条）と、太田・間部両老中家臣との情報交換・慎解周旋を担ったと自認する。周旋に失敗した太田老中から間部老中に対象を切り替えるにあたり、太田側に「失敬之躰」に当たらないための申し訳を綿密に検討するなど（『大日記』安政六年六月三十日条）、有力者をピンポイントに当たる周旋方針が描き出せる。

（10）『大日記』に記された日々の面会・文通相手は、時期により大きく異なる。水戸藩内では久木直次郎・住谷寅之介・安島帯刀・鮎沢伊太夫・茅根伊予之介・原市之進を始め他にも多くの藩士の名前があがる。藩外では、藤森恭助・鹽谷甲蔵・羽倉外記など学問ネットワークでのつながりのほか、政治周旋で密な関わりとなる鯖江藩士大郷巻蔵、掛川藩士牧田貞右衛門、会津藩士南摩綱紀らがいる。なお、鈴木が情報収集を始めた際の人脈については前出の奈良氏①論文が詳しい。

（11）『大日記』安政五年十月十二日条には「過日大郷宅へ様子見ながら参り見候」とある。この時期から、日記上に大郷の名前が出始める。『大日記』を精査すると、鈴木は安政五年十月から翌六年六月までの間に、少なくとも三〇回以上にわたり大郷と接触を持っていたことがわかる。

（12）『大日記』安政五年十二月十二日条。

（13）『大日記』安政五年十二月十一日条。

(14)『大日記』安政五年十二月十二日条。

(15)『大日記』安政六年四月九日条。

(16)『大日記』安政六年五月十四日条。

(17)『大日記』安政六年六月十六日条。鈴木は大郷に「中納言殿登　城御指留　前中納言殿慎之儀ニ付、此度家老共より奉歎願候義も御座候通り、国中之事情実ニ切迫ニ御座候間、何卒不日ニ御宥免之御沙汰御座候様、奉至願候、(略)国元動揺之義ニ付てハ昨年中より度々御沙汰も被為在候事故、此度国元之者共大勢罷登候ニ付てハ、(略)取鎮め候上、奉願筋(筈)ニ御座候処、国元之者共、切迫ニ存詰め罷在候事(略)」との文面を呈し、水戸藩関係者の暴発抑制の必要性を訴えている。

(18)『大日記』安政六年六月三十日条。側用人の美濃部は「此度ハ執政又間部へ出候てハ如何と申候者も有之候処、誰も間部ハ懼れ居り候間、大郷へ下つくろい之義宜敷願度」と鈴木に期待していた。

(19)「両公歎願切迫之余り士民出府可仕処を所々へ指留置候事」とのごとき状況だった(『大日記』安政六年五月十七日条)。

(20)『大日記』安政五年十二月十二日条。

(21)大郷が仲介役候補にあげたのは、会津藩士南摩綱紀だった(『大日記』安政六年三月十六日条)。南摩の帰国により実際に「仲人」が機能することはなかったが、文久元年の幕府による水戸藩出兵の危機の際には、南摩を含む鈴木―会津藩士ラインの周旋により、幕府側と水戸藩の戦闘は回避された(拙稿「京都守護職の創設前史―会津藩主の幕政進出と水戸藩―」(佐々木寛司編『近代日本の地域史的展開　政治・文化・経済』岩田書院、二〇一四年)。

(22)拙稿前掲註(21)参照。

(23)「水藩下野隼次郎宮本辰之介ヨリ大原勅使ヘノ建言」『鹿児島県史料　玉里島津家史料』一巻(鹿児島県、一九九二年)

四八四頁。

(24) 拙稿前掲註(21)参照。

(25) 拙稿前掲註(21)参照。

(26) 佐々木克『幕末政治と薩摩藩』（吉川弘文館、二〇〇四年）八五頁。

(27) 幕末期を含む武家官位に関する論考として、箱石大「幕末期武家官位制の改変」（『日本歴史』五七七、一九九六年）、浅井良亮「幕末武家官位試論―武家官位叙任をめぐる政治力学―」（『鷹陵史学』三六、二〇一〇年）、堀新「近世武家官位試論」（深谷克己・堀新編『展望日本歴史一三　近世国家』東京堂出版、二〇〇〇年、初出『歴史学研究』七〇三、一九九七年）などがある。本稿はこれらの成果に多くを学んでいる。

(28) 浅井前掲註(27)論文。

(29) 『木戸孝允文書』（日本史籍協会、一九二九年）一六五～一六八頁。

(30) 前掲註(23)に同じ。下野は原忠成や住谷信順らとともに坂下事件を画策した人物。宮本は住谷の実弟で、彼らは幕府の外交・内政両面への反発を軸とした政治指向性を媒介に、桂など考えの近い他藩士との交流を密にし、急進的な思考・行動に至ることもあった。

(31) 佐々木前掲註(26)書、九二頁。

(32) 勅諚では斉昭の謹慎を「何等の罪状に候哉難被計候」と批判している。『水戸藩史料』（上編坤、吉川弘文館、一九七〇年）一一三九頁。

(33) 家近良樹『幕末維新の個性一　徳川慶喜』（吉川弘文館、二〇〇四年）二一～三一頁に詳しい。家近氏は、斉昭が公家らに対し積極的に外交情報を提供していたことなどから京都側の斉昭高評の像を導いている。

(34)『史籍雑纂』巻一(東京大学出版会、一九七七年)九二～九三頁。中山忠能が長州藩家老の浦靫負に特に指示したのは、慶喜の将軍後見職、慶永の大老就任だった。さらに、これら実現のために薩摩藩と協力し大原勅使を補佐するよう依頼している。

(35) 佐々木前掲註(26)書、八九～九四頁。

(36)『史籍雑纂』巻一、九九頁。

(37) 定広は翌三日に京都を出立し十九日に着府、翌二十日には島津久光・大原重徳と急ぎ面会して勅諚の趣旨を伝達した。「世子奉勅東下記」(『史籍雑纂』巻一、一〇六～一一〇頁)によると、長州藩側は「十八日頃参着の積御座候、然処於京都御沙汰之旨義有之に付、参着の上は大原左衛門督様、幷島津三郎様へも罷越致面談度、(略)長門守参着仕候は、、御礼未申上内に而も、罷越度」と、最優先で久光・大原に面会する必要性を幕府に申し出、許されている。また、大原と久光の出立が迫っていたことから、定広着府を待たずに両者の出府がないよう朝廷側に呈書して念押ししていた。併せて中山忠能も八月六日、大原宛に「八月三日発足ニテ松平長門守下向　右御用之次第も有之候ニ付、於江戸一応御面談ニ相成候様との　御沙汰ニテ(略)何卒宜御取計」(『中山忠能履歴資料』巻三、東京大学出版会、一九七三年、四五七頁)るよう書状を送り、定広と大原・久光両者の面会を達成すべく諸方面から働きかけていた。

(38)「七月二十七日近衛忠房書翰」『鹿児島県史料　忠義公史料』巻二(鹿児島県、一九七五年)一八一頁。

(39)『史籍雑纂』巻一、一〇一頁。

(40) この間に巻き起こった久光推任叙の問題は、慶喜・慶永の幕政中枢入りと同様に直接的な政治介入を狙うものだった。一方で斉昭贈官には、慶篤や水戸側による幕政への直接介入や朝命を受けての政治周旋といった展開を公家たちが見据えていない、あるいは期待している様子は見えない。なお久光推任叙については、淺井氏前掲論文により位置づけが既になされている。

（41）「原忠成書簡秋月悌次郎宛文久二年八月十三日」（東京大学史料編纂所蔵、「維新史料引継本」Ⅱへ―三〇七―一）には、「本月八日華翰相達（略）先寡君江御贈官可被成下旨、一応御評決ニ罷成候儀、過日被仰下候趣も御座候処、其後　公辺御ふり合相かわり、転法輪殿御見合ニ准じ墳前へ以　台使御備物可被成下御治定ニ相成候ニ付ては、右御贈官無之儀等聊不満相抱不申候様、壮年之徒へも得と可喩旨御懇到之御書中、縷々奉感佩候」とあり、台使派遣が贈官延期により生じたことを明かしている。

（42）佐々木前掲註（26）書、九二頁。

（43）鈴木は雪冤運動を肯定的に捉えていたものの、自身の人脈には幕府中枢に影響を与え得る存在がなかったことなどから、情報収集に徹していたとみられる。

（44）表は、『大日記』、「住谷信順日記」（東京大学史料編纂所蔵、「維新史料引継本」Ⅱほ―一二六―E）、「原忠成書簡」（同Ⅱへ―三〇七―一・二、一〇～一五）、『再夢紀事』（東京大学出版会、一九七四年）、『松平春嶽未公刊書簡集』（思文閣出版、一九九一年）などから作成。

（45）『大日記』文久二年八月一日条。

（46）容保の水戸藩評については、前掲拙稿で検討した。「再夢紀事」によると、慶永は勅書に従い、贈官を実現させるよう幕閣を促したものの、慶喜が長岡勢の大赦を良しとしなかったために、スムースに運ばなかったことがわかる。

（47）秋月は水戸藩側の周旋を積極的に行っていた節がある。松平慶永の「心覚」（『松平春嶽全集』巻四、原書房、一九七三年、一四二頁）の文久二年八月ごろと思われる記事に「水戸家鳥居瀬兵衛呈書一封差出、但松平肥後守家来秋月貞次郎、横井先生宅江罷越申立差出、此書付先生より請取」とある。封書の内容は不明だが、時期と宛先を考慮すれば、斉昭贈官に関するものである可能性が高いと考えられる。

(48)　文久元年には、秋月は原と面会し幕府による水戸領内出兵回避を試みていた(山川浩『京都守護職始末』千代田印刷所、一九一二年、四～五頁)ほか、坂下事件直後には既に住谷と秋月の交流があった(『住谷信順日記』文久二年二月四日条)。

(49)　中根は七月下旬、「会津藩秋月悌次郎方へ来り、当御時体会俟も廗議に参与之儀ニ付、家臣共ニおゐても交誼を結ひ、懇意に申合セ度趣申出」たと記録しており、両者の本格的な交流が京都守護職就任過程において生じたことが分かる(『再夢記事』一六九頁)。

(50)　「住谷信順日記」文久二年八月十九日条。大原の姿勢を「叡慮之通一橋越前も出来タレハ一ト先帰洛言上致候」ものだったとしている。

(51)　『松平春嶽未公刊書簡集』一七～一八頁。

(52)　『再夢紀事』一八一頁。

(53)　『大日記』文久二年八月十日条。

(54)　前掲註(41)「原忠成書簡」。以下、本項内において特に断らない場合は同書簡による。

(55)　「原忠成書翰　文久二年閏八月十日　秋月胤永宛」(東京大学史料編纂所蔵「維新史料引継本Ⅱへ三〇七―一〇」。

(56)　淺井前掲註(27)論文。

【附記】　本稿は、二〇一三年(平成二五)十一月に茨城大学で開かれた人文学部シンポジウム「明治維新と茨城の歴史」の拙報告「斉昭の名誉回復をめぐる動向―中下級藩士ネットワークと政局―」をもとに、大幅に加筆し二〇一五年十月に脱稿、提出していたものである。本書は諸事情で今日まで刊行を待たねばならなかったが、その間に奈良勝司氏が「「戊午の密勅」降下後の水戸徳川家と情報周旋―太田・間部両家への手入れを中心に―」（『茨城県史研究』一〇〇、茨城県立歴史館、二〇一六年）として、鈴木大の周旋活動と「戊午の密勅」降下後の水戸藩内の意思決定過程を丹念にたどった成果を示された。

奈良氏は、鈴木の水戸藩内における位置など基礎情報をまとめた上で、政治周旋のスタンス、周旋の目的と「密勅」を巡る藩内各派の政治指向性および周旋の具体的方法、周旋対象との関係形成などを明らかにした。また、「学問という「場」」を活用し「身分や大名家の枠を超えて交流」できたことで、「出自も所属も違う同志が秘密の提携を維持」し、鈴木の周旋活動が機能したと指摘し、鈴木の「人的ネットワーク」像を提示した。

本稿は右論文の成果を踏まえないまま筆を終えたものだが、右の奈良論文は本稿と共通の史料を用い、分析対象も多分に重複し学ぶべきところが多い。諸氏におかれては右奈良論文を併せて一読願いたい。

明治二〇年代初頭 地方青年の政治活動
―民権運動家・森隆介と雑誌『常総之青年』を中心にして―

飯塚　彬

はじめに

本稿では、明治二〇年代初頭の地方青年有志（特に民権派）による雑誌の発行や結社の結成を取り上げる。国会開設前夜の時期に彼等の存在や活動の展開にいかなる意味があったのか、という観点から考察するものである。

明治二〇年代とは本稿に則していうと、明治七年（一八七四）の板垣退助や後藤象二郎等による民撰議院設立建白提出に端を発し、明治一〇年代の全国的な国会開設請願運動や民権結社組織を通して高揚した自由民権運動の諸勢力が再編され、再結集する時期である（三大事件建白運動、または大同団結運動）。この時期に展開された地方青年有志の雑誌発行や結社の結成は、明治一〇年代の自由民権運動の中で豪農や士族が中心となった活動、またはその中で「自由党激化事件」に参加していった者達の志向とも異なっていた。それは総体的に「『国民之友』等を愛誦し、政治的方面への志向性が強く、心的エネルギーが外向的」と言われる明治二〇年代の青年像と関係しているのだろうか[1]。

そこに至るまでの背景や時代状況を明らかにする上で本稿では、上記の時期に常総地域の有志を啓発対象として、民権派によって発行されていた雑誌『常総之青年』と、同誌の代表格、民権運動家の森隆介《たかすけ》（監修）・木内伊之助《いのすけ》（初代編集者）を取り上げる。

『常総之青年』は、雑誌『国民之友』（徳富蘇峰主宰の民友社）における「平民主義」と類似した思想を提唱していた。同誌発行から廃刊までの流れ、また発行者側の意図、購読者層の分析を通じて雑誌の同時期の位置付けを探ることで、民権運動～明治二〇年代初頭時期の平民主義と民権派が意図した「青年」像に着目したい。

特に政治的志向が強かったと思われる森は、大同団結運動の分裂後（後述）において、非政社派の一人として活動した人物であるが、その中で平民主義を現実の政治上に影響を有せしめるために独自に発展させ、初期議会期における民党の一員となるべく地方政治家の養成へと、活用しようとしていたと思われる。それはいかなる手法、志向の下になされたものであったのか。

本稿ではこうした問題関心に基づくため、対象時期としては明治一〇年代の民権運動高揚期から、明治二〇年代初頭の国会開設まで通覧するかたちで論を進めていく。

まずは序論として、自由民権運動および、明治期における政治的な青年像（青年雑誌含め）、主要考察地域とする茨城県の地域性についての研究状況を確認した上で本稿の問題意識を明確にしたい。

明治一〇年代に各地の民権家が中心となって結成された民権結社は国会開設請願運動や独自の演説活動、学習活動（新聞縦覧所の設置、談話会・懇親会の開催）の媒体となり、自由民権運動の全国的な広がりを支えた。それを舞台として政治活動を行う民権運動家という存在に着目し、近世～近代移行期の社会秩序の再構築を目指した民権運動、としての研究（松沢裕作氏）、またそこで同時に発達したメディア（雑誌や新聞発行）の側面から民権運動の意義を論じる研究もある（稲田雅洋氏）[2]。しかし、そうした研究も、明治一〇年代の民権運動高揚期に集中している。『常総之青年』にも見られるように「新思想」をもつとされた青年による雑誌の発行や結社の結成は、そうした民権結社とも、明治一〇年代の民権運動とも同系列に位置付けられないと筆者は考える。

そこで重要なのは「青年」の存在である。明治（特に二〇年代初頭）における青年像は、天保年間生まれの明治維新を推進した元勲世代「天保ノ老人」達の残した思想的課題と向き合う存在、「天保ノ老人」にかわる新たな時代の担い手、等と定義され論じられる。同時代でそれを先駆けしたのは徳富の明治一〇年代の著作や『国民之友』で喧伝された平民主義であり、「武士意識」を体現した士族との対比で、あらゆる分野で「進歩的活動」の先頭をいく者達、という二元論・世代論から生み出された。

そのため、同時代だけでなく、近年の研究においてもしばしば世代間の象徴、新たな時代の担い手として広範に用いられ、民権運動を一つの時代軸にすえて「天保ノ老人」との埋めがたいという「思想的断絶」も追究されている（飯田鼎氏）[3]。

そうした「青年」の内実分析は、明治期において現出した青年像を徳富の平民主義のそれを中心に二段階に分類した色川大吉氏の研究をはじめ、明治二〇年代を中心とした政治的動向や思想面の研究領域で既に重視されている（近年では中野目徹氏・田嶋一氏）[4]。そこには勿論、本稿の対象時期である大同団結運動時における彼等の存在を知識階級として重視する研究もある（河西英通氏）[5]。ただ、多くは「明治の青年」の定義や青年層の位置付けが明確になされているわけではなく、平民主義の研究からも独立し、多様な青年像が論じられている。

また、それと併行して、徳富の平民主義の影響を受けて全国で発行されていた「青年雑誌」の研究も行われてきた。明治二〇年代における言論界を大きくリードした『国民之友』や『日本人』（政教社）によって、新聞とは違う雑誌の特殊性（書き手、想定する読み手によって大きくその意図を変える「評論」的役割）が際立っていたため、それを強調するようにしてこの時期の雑誌研究は進展した。

多くの結社や「青年」が、雑誌を発行し自身の意見を政治に生かそうとする「雑誌の世の中」という事象を主導した『国民之友』を目の当たりとし、それを模倣しつつ潮流に乗ろうとした者達、またはそれを意識しつつも「地域の自生的な潮流」の中で独自に有志を募り雑誌を発行し、活動を展開した者達など、多様な層がいた（有山輝雄氏・木村直恵氏[6]）。

本稿では木村氏が定義するように「進歩の担い手」という徳富のそれに代表される青年に憧れ、「青年的言説」を発信し続ける舞台[7]としての青年雑誌の位置付けに沿いつつ、明治一〇年代、民権運動家として活動をしていた者達の多くが雑誌や結社を発行・組織して活動していた点（今西一氏・松崎稔氏[8]）に重点を置きたい。

特にその中で、松崎氏によれば「自由民権思想に共感する若者たちの間の「青年」にも「進歩の担い手」という付加価値は大きく浸透しており、明治二〇年代の青年結社（と機関誌）にその色彩は濃いという[9]。こうした結社および、そこから発信されるメディア（本稿では雑誌）からは、明治二〇年代初頭の民権運動の潮流と「青年」の関係性が示唆できる。

また、民権運動研究に連なる初期議会期の研究でも、明治一〇年代から初期議会までを通覧し、明治維新期だけでなく初期議会期における民権運動の関係性を論じようとする研究、学界動向（中元崇智氏・真辺美佐氏）がある中、その関係性は深められるべきである[10]。

筆者のこうした意識は、明治末～大正期の政治家や政党（犬養毅等の立憲国民党）、諸団体による「青年の組織化[11]」と、それに伴う政治参画の意識や地域問題の主体となる動きを加速させていく大正期の政治的な青年像を重視する研究に比して等閑にされる部分が多い「明治の青年」の存在を再発見することにも繋がると考える。

ここで、地域の側から論じる。本稿で主な対象地域とする茨城県は、水戸藩内部の政争余波から、明治期も民権運動には否定的な旧士族が県北では多く、その分、県西南部の豪農民権を主体として発達した民権運動形態がより取り上げられる傾向にある。[12] そうした研究も、松方デフレや激化事件（加波山事件）を経て勢力の多くが衰退し、運動は一時終息するという理解である。その中で、なぜ森のように「平民主義」を青年雑誌にて唱道し、それを元に初期議会期へと移行しようとする民権運動家が生じてきたのか。同地域を論じる民権運動研究は、明治一〇年代の民権運動や激化事件に研究が集中し、上記の疑問も持たず、明治二〇年代、初期議会期へと移行していく民権派をそうした問題意識で論じた研究も管見の限りない。

『常総之青年』は、明治二一年七月一〇日から、明治二三年六月二二日にかけて、茨城県真壁郡下妻町（現下妻市）の常総青年社という結社から全二〇号が発行された。同誌は、「地方には珍しく且頗母敷好雑誌」「純粋の平民主義」、また「平民主義なり、自由を愛する者也」として、同時期の新聞で紹介されているが、[13] それ以上に、民権派が中心となった同誌は、『国民之友』が主導した「雑誌の世の中」を意識しつつも、[14] その志向は政治的に特化したものであった。

民権派にとってこの時期は、後藤象二郎主導による大同団結運動の全国的な高揚に則して活動を活発化させている頃である。その最中で発行された同誌は、模倣と共に独自性が見えてくる興味深いものである。民権派が、民権運動と平民主義という潮流をどのように「青年雑誌」の中で捉え、明治二〇年代初頭において活動を展開したのかという点を明らかにできる史料である。

同結社を「監督」した森隆介（茨城県出身、民権運動家、茨城県会議員、自由党系代議士）は、大井憲太郎のもとにおける大同団結運動時の非政社派、初期議会期における自由党関東派、内地雑居反対を中心とした対外硬派の一人として捉えられるのみで、彼を主体に活動や思想（平民主義の受容および『常総之青年』）に丹念に踏み込んだ研究は少ない。[15]

後に『大阪毎日新聞』の主筆として言論界で活躍する木内伊之助（森と同郷、茨城県出身）については、活動自体、取り上げられることがない。

以上を踏まえて、本稿では明治一〇年代の自由党激化諸事件を経て衰退していったという民権運動家の評価を改めて考え、民権運動の明治二〇年代への連続性を意識する。平民主義の中で生み出された「青年」像に焦点をあて、そうした別の潮流を民権運動家が特定地域でどのように受け止めたのか、そして、政治活動はし得たのか、という点を考察する。

一　民権運動家としての森の活動

森は、安政三年（一八五六）一〇月一〇日、現在の下妻市宗道《そうどう》付近（旧茨城県豊田郡本宗道村。鬼怒川と小貝川の間に所在）に出生する。森家は鬼怒川筋にて栄えた「三大河岸」の一つ、宗道河岸（の中河岸）にて江戸時代の慶安年間より廻船問屋を営み、幕末には村の名主、勧農取締掛を務めた豪商であった(16)。しかし、彼はこうした家業を継ぐことはなく明治七年（一八七四）の民撰議院設立建白を支持し、「巨万の富」を民権運動のために「蕩尽」したという。その理由については明確ではないが、交流のあった新聞記者の回想談によると、晩年、森（家）は政治活動に資金を費やしてしまったために不遇であったという(17)。

彼は、明治一二年四月に豊田郡域の豪農出身の民権運動家を母体とし、民権結社「同舟社《どうしゅうしゃ》」を設立する。演説活動を行うとともに同年八月には「相ヒ救済」しあい、「人事ノ進歩ニ於テ必要ナル事業」を行うという「規則」(18)に則り、明治一〇年代初頭の全国的なコレラの蔓延が起こったのに際し、貧人に施薬をなすための診療所を本宗道村内に設立している。同診療所は同舟社が集会条例（翌年四月公布）で解散後も続き、長く地域に根付いた。

森は同社幹事として、県内の主要民権結社を糾合しての国会開設請願運動「筑波山の会」（明治一三年一月）を主催し、「一地方、一局部に止まらず、全県下八〇余万人民の結合」を目指した関東圏域の請願のための有志組織「茨城県連合会」「関東同志会」の発足に繋げた。実際にこうした会合の中で起草された建白は、太政官や元老院に受理はされず立ち消えとなるが「毎町村戸長は勿論、普通人民に至るまで漏らさず歴訪」したという[19]。彼は、民権運動の同地域の高揚を支えた結社の中心人物として、県内の研究では必ず取り上げられる存在である。

集会条例公布後は「真壁近傍諸郡下総諸郡」にその勢力範囲を広げ、同舟社の規則であった「妄動雑話」の禁止をさらに徹底し、演説だけでなく、県令主体の地方県会のあり方を問う議定機関（社内の最高意思決定の総会は「大会」と呼ばれた）を有した二〇〇〇名余りの大規模結社「常総共立社」（同年八月以降）の運営にあたった[20]。

翌明治一四年には出京し、少数の民権運動家と『東洋自由新聞』（社長は西園寺公望）発刊に携わり、東京浅草の自由党結党式に茨城県代表で参加し、関東圏域における民権運動を主導する一人として、中央でも名が知られるようになる。

明治一五年から一七年にかけて、集会条例の改正や新聞紙条例の改正にみる政府の民権運動弾圧、松方デフレなどがもとで、主勢力であった豪農層は衰退していく。こうした現状打破や政府への反発から、関東圏で「決死党」（もしくは「決死派」）と呼ばれる「政党の首領を劫か」す過激派が形成される。演説会や新聞による言論が低調となる反面で、腕力鼓舞の示威活動（「運動会」などと呼称）と民権運動家の結びつきが強まっていく[21]。

森は、明治一六年段階ではそうした者達と行動を共にしたことがわかるが[22]、その翌年以降目立った演説活動はみせず、それに反し「登高自卑」志向のもと「同郡有志」と学術懇親会を開催しはじめる（「大ニ同志ヲ会合スルノ議」[23]）。そ

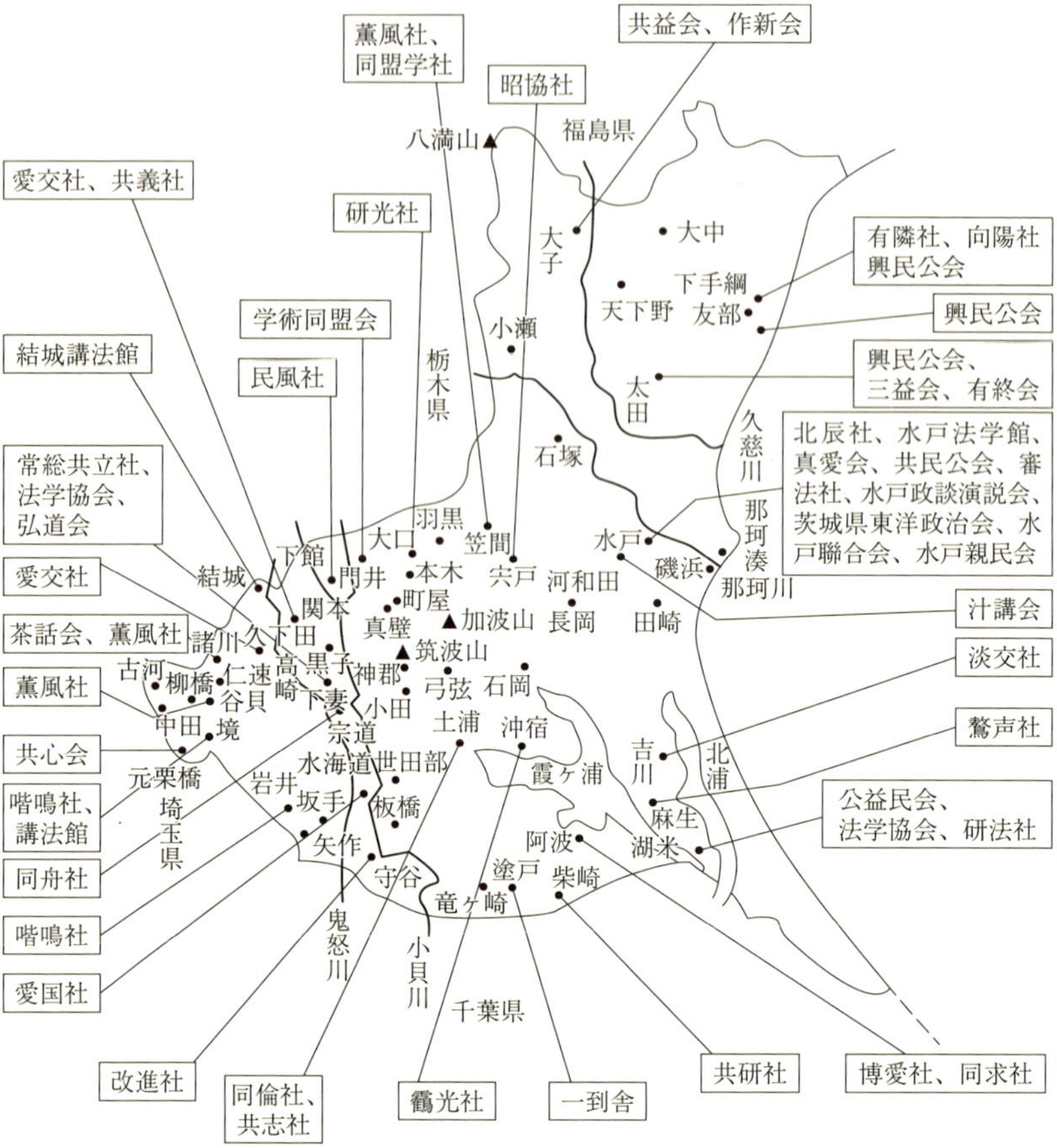

茨城県内の民権結社組織図（最盛期　明治12〜14年）
『茨城の思想』（茨城新聞社、1998年）より転載

こでは、同志(民権運動家)を批判する言葉がある。彼は開催趣旨を述べる「大ニ同志ヲ会合スルノ議」にて「民間政党ノ如キ、我国家ノ為メニ西奔東走勉メサル者ナキニアラズ」、「民権自由ノ事ニ尽力セン」として、自分達がすすめてきた民権運動を肯定しつつも、現在ではその民間政党の者達が「其云フ所、其行フ所、往々相反シ」、「信ヲ置クニ足ラ」ない存在となっていることを批判している。

彼が批判する民間政党が何をさすのか、明確ではないが、この前後の激化事件参加者や、民権運動家から警察巡査などになり体制側に移行していく自由党員を皮肉っているとも考えられる。森は同時期に「民権意の如く振わざる」ことを嘆きはじめていたという(24)。彼は「大ニ同志ヲ会合スルノ議」で、殖産興業や条約改正という政治的動向を把握し、「生活ノ安楽」や「真正ノ進歩」「不気景」という言葉を使っているが、少なくともそれは、激化諸事件の主張にたびたびみられた「圧制政府顚覆」に集約されるものではなかったといえる。

「圧制政府顚覆」「血雨ヲ注ギテ専制政府ヲ倒」すという腕力主義のもと、激化事件に参加した民権運動家の活動も同時期非常に活発であったが(25)、それを彼は否定的に観察していたのである。また、彼が望む「我国ノ進歩」、克服すべき「不気景」は、まず「郷里」に向けられており、民権運動家としての政治活動と並行して、殖産興業や「生活ノ安楽」を念頭において活動していたことも十分に考える必要があるだろう。

二　県会議員時代の森とその志向

森が茨城県会議員となるのは、激化事件が頻発し自由党も解党(明治一七年〔一八八四〕一〇月)された翌年の明治一八年であり、明治二一年まで務めている(明治一八年第八回通常県会―明治二二年二月の臨時県会まで)。この時期に彼は、県内の農業に関する施策に積極的に関わろうとする。

それが判明するのが、まず明治一八年一二月一〇日の通常県会期中における建議「農学校設立之議」である。ここで彼は、「西洋文明ノ学術ト我国ノ経験トヲ取捨折衷シ、殖産興業ニ従事スル実学生ヲ養成スル」ことが重要として、県内に農学校設立を切望している。理由は「独リ農業ニ至テハ、依然トシテ旧態ニ安シ数百年前ノ陋習ヲ墨守」しているためであるとし、「生活ノ根本タル農事改良ヲ不問ニ於カルルハ嘆息極マリナキ次第」という彼なりの危機感が根底にあった(26)。

この翌明治一九年には、『常総農事要論』(以下、『要論』)を自費出版している。同書は、殖産興業政策の推進および、それによる農村復興のための「適切ナル方案」(巻頭「緒言」より)を思考する書であった。「僅々数反の田圃」を耕すにすぎない現今農家の「零細式農業」に警鐘をならし、そのための打開策として利便性や集合力を重視して「数百区ノ田圃」を一気に耕せるための管理者を有した「農業会社」を設立しての大規模農業を構想する(27)。

結局、建議は農業発達の側面と、地方税で支弁してまでの設立を疑問視する「賛否両論」があったが、会期中に却下された。『要論』や県会での建議が農業発達に直結したかは不明であり、『要論』や建議文でたびたび、彼が主張する「西洋」式の農業導入というのは実体がみえないとして、「ヨーロッパ農業書」の焼き直し的なもの、という批判もなされている(28)。

ただ、『要論』が少部数ながら出版され、出回ったと思われる同時期に、田畑改革や養蚕復興のための施策を、かつての民権運動家を県政に起用しつつ実行していた県知事安田定則がいたが、彼を筆頭とした県政とは別に、『要論』は、「下からの、民間在野の側からの、農業改革案としての性格」を持つとの指摘もある(29)。ここに注目したい。

森の建議文には、「殖富ノ道」に本来欠かせないはずの農業が「数百年前ノ陋習ヲ墨守」しているのは、「農事改良」に積極的な「有為ノ士」が不足しているからとして、農業を生業とする地方有志者の創出を求めているようにとれる箇所がある。また、『要論』では「我地方ノ天恵ノ良土」を生かせていない者達は、同時に「保守ノ主義」「新規ニ移ルヲ嫌」う傾向にあるとした。ここからみるに、彼が謳っているのは農業の担い手の重視である。(30)

茨城県内は、明治一三年以降の民権運動の全国的な高揚に伴い結成された民権結社組織数は高知県に次いで多く、県内の民権派新聞による喧伝とはいえ、「陸続」に論客を輩出する「茨城ノ高知」と形容されるほどであった。(31)それを特に担ったのは茨城県西南部の民権結社であり、前述の如く同舟社はその中心にあった。そのため、森のこうした農業復興および農民層の重視には、政治熱が盛んであったことも含め、民権運動家としての政治的な素地があることを思わせる。

しかしそれだけではなく、彼等の中から「有為ノ士」が輩出されることを期待し、前掲史料「大ニ同志ヲ会合スルノ議」でも明記されている通り、殖産興業などの政治動向を紹介しつつ「生活ノ安楽」を一人一人に意識させようとしたのは、まさに地方政治家としての役割も自覚し始めていたからに他ならない。

こうした森の志向が評価されたと断言はできないが、彼が県会議員として「地方一流の人物」として、その実家の財力のみで認められていたわけではなかったため、地方の貧農にまで目を向けようとする彼の志向は、一定の評価を得ていたといえる。(32)

彼の行動は、激化事件参加者や「決死派」として反政府の志向を持ち続けた民権運動家達で括られがちな同時期の関東圏域を考える上で、示唆を与える。

三　『常総の青年』『常総之青年』発行とその過程

前節でみたような、森の農業とその担い手重視の県会等での活動は、「常総ノ青年」の台頭を願い、彼等によって展開されるべき平民主義が提唱され、森も「賛成員」として発起人となった真壁郡下妻町所在の結社、常総青年会発行の『常総の青年』(明治二〇年(一八八七)一二月一五日創刊)にも影響を与えたと思われる。実際、農民の存在は民権運動再興潮流の中で再度、重視されていく。

たとえば、「常総ノ政党」と題した同誌社説では、同舟社によって担われてきた「常総」(特に茨城県西南部)地域の民権運動が回顧されており、同地域において遊説活動や国会開設の請願を担ったのは「皆同舟社の社員」だという。そこからみると、ここで表現される「青年」とは、豪農民権を主体とし、活発であった同地の民権運動を根底においている。民権運動を担ったと自認する民権運動家や、その最大の支援者としての豪農出身の地方名望家を紹介することで、その後の活動に含みを持たせているのである。こうした文脈の中で、「常総ノ青年」は「藩閥ノ臭気」に屈せず「天下ノ大勢」の平民主義をもとにして「党派」をなし、最終的に「鷙桿ナル薩人」らにとってかわるべきと訴える(33)。また、「禁酒論」という社説も掲載され、明治一〇年代に多くの青年有志が飲酒によって「壮士」化した事実を重く捉え、今後の時勢を生きる者達にむけて、飲酒がもつ危険性を説く(34)。これは、かつての民権運動の一形態(士族中心の壮士達による腕力鼓舞の示威活動)を一転して批判しているともいえる。運動形態の違いは、新聞も激化事件を引き合いにし、「彼地は加波山暴動の一件より随分騒がしき場所」として県内を論じつつも、「目下の時勢に対してハ皆、大に悟る所あり。道義の城壁に拠り言論の武器を執りて運動せんとの模様」があるとしている。明治一〇年代とはま

表1　常総青年会の活動

常総青年会組織

組織日：明治20年8月4日(→明治22年段階で存在。『常総之青年』に広告掲載)
組織時会員：40名→(明治22年段階で63名)
主義：常総青年の智識を研き徳行を修め団結を鞏固にし交際を親密にする。
活動内容：1年2回各青年が相会して政治以外にたって相談論・相交際。 学問の主義如何を問わず(常総)青年とあらば来会可能。
具体的活動：演説活動・雑誌発行(『常総の青年』)
幹事(演説会、懇親会等開催)：柴幸之助・河面吉十郎・江面島造
雑誌編集人：渡辺仲蔵(下妻住)
実名寄稿者：内田林八(民権結社、同舟社で森と活動)
賛成員(寄付・活動補助)：木内伊之助・森隆介(県会議員)・奥村亀三郎・飯村丈三郎(自由党系　県会議員)・松山貫道

常総青年会綱領(『常総之青年』掲載広告より)

○本会は常総青年社とは同名異会なること ○本篇は毎月一回之を発刊す ○第一篇は進呈して貴覧に供す ○一冊定価金拾銭、一カ年(拾二冊)前金郵税共金壱円なり ○毎篇青年諸士の論説は勿論詩文章とも本会の都合に依り掲載すべし ○本会は一地方の専有物にあらずして博く友を常総に求むること

発売所：茨城県常陸国真壁郡下妻町常総青年会

『常総の青年』主要記事一覧(執筆者)

社説「県会議員改選ノ期近ケリ」(青年会　月落生) 社説「常総ノ政党」(青年会　K・E生) 社説「近時流行の社会改良論を評す」(豊田屋　たか) 社説「禁酒論　緒言」(禁酒会員　T・M(森執筆ヵ)) 広告(内田林八)民権運動家としての活動再開の広告掲載

『常総の青年』第一篇
(東京大学大学院法学政治学研究科附属近代日本法政史料センター明治新聞雑誌文庫所蔵。以下「明治新聞雑誌文庫」と略称)

た違った活動として高く評価しているのである。[35]

ここからみるに彼等は、明治一〇年代の民権運動とは一線をひき、より広く民衆の政治意識や政治参加を望んだことが推察できる。同誌発行母体であった常総青年会の活動概況は、「一年二回各青年が相会して互に相談論し、政治以外に立つて互に相交際」するという、社交倶楽部のような存在であったが、「一地方の専有物」に留まらないものであり「博く友を常総に求」めた。そこに描かれる青年は同地域にみられた、時勢風潮に乗じ「失敗」「破廉恥な行為」を生じた先人達を認識しつつ「智識を研き、徳行を修め団結」することを旨とした。[36]これは徳富の平民主義にて発せられた「天保ノ老人」と「明治ノ青年」の存在にみる世代論と一部類似する。『将来之日本』（明治一九年創刊）、『新日本之青年』（明治二〇年創刊）、『国民之友』（同年創刊）にて唱道されている「青年」的言説が背景にあるかもしれない。

しかし、『常総の青年』は、地域で民権運動を再興することを自認し、同志（主に民権運動家）に奮起を促しつつ新たな思潮としての「青年」の輩出を求めている。『常総の青年』はここからみると、特定地域を基盤となして立脚していることがわかり、それは同誌に掲げられた広告にも現れている。

かつて茨城県西南部で森や木内と共に活動し、同舟社にも参加していた豪商出身の内田林八《りんぱち》という民権運動家は、活動を休止して長く、夫婦で小料理屋を経営して生計を立てていたが、「今般大に見る所あり。断然、家政の関係を廃し、営業上の事は一切愚妻を以て当たらしめ候」として活動の再開を同誌で告知している。[37]

茨城県下での同時期の政治的動向としては、全国的な三大事件建白運動に呼応し、明治二〇年八、九月頃より建白書捧呈の上京委員を真壁・豊田郡有志が集会して選挙している（その中には内田も含まれている）。同年一二月には「条約改正及三条例」に関する建白について詳述するため、二府一八県の一員として元老院を訪れている様子が報道されている。[38]

内田等、こうして活動を再開した民権運動家による『常総の青年』および常総青年会と、民権運動を「封建的な自由主義」として急進的な民権運動家による国会開設や天賦人権説に否定的だった徳富による「茅屋破窓」の表現に代表される平民主義とは、趣を異にするものである。徳富はこうした表立った活動は控えていた。

何より徳富の平民主義は、民権運動の歴史も含めた明治一〇年代を「壮士の歴史」として括り、運動の歴史には非常に悲観的且つ、否定的であった。しかし彼等(『常総の青年』)は民権運動の形態を批判しつつも、目下の政治状況にいまだ希望を持っていたのである。

民権運動を批判しながらもその土壌を生かし、特定地域で民権再興の広報誌としての性格をもった『常総の青年』は、この一篇で廃刊となったと思われる。しかし、「青年とあれば来会して相親睦せば、其間幾多の利益あること也」、「(青年が)相集合し相懇親せんことを務むる」との言葉から、発展的解消であったことがわかる。[39]この潮流は『常総之青年』に引き継がれていく。こうして「青年」という言葉は、豪農民権が活発であったかつての地域性も伴い、地域で民権運動を推進、またその運動の母体となった者達として集約され、具体性を帯び始める。

森は前述の建白書捧呈の上京委員には推挙されていないが、独自に上京して活動を展開していたと思われる。政府の保安条例の施行(明治二〇年一二月二五日)による東京退去者の中には彼の名もあるからである。[40]このの ち茨城県に戻ったと思われる彼の足跡の多くは不明だが、翌明治二一年七月、茨城県真壁郡下妻町に「常総青年社」を設立し、「政海を照らすの灯台」となることを自負し、機関誌『常総之青年』を発刊する(当初は月一回発行、定価は七銭)。『常総の青年』で結集した民権派の活動に支えられた同誌は、虎を野に放ったのと同じ、として保安条例の施行を皮肉りつつ、後藤推進による大同団結運動が高まる中で地域における詳細な演説、有志懇談会情報を掲載した。[41]

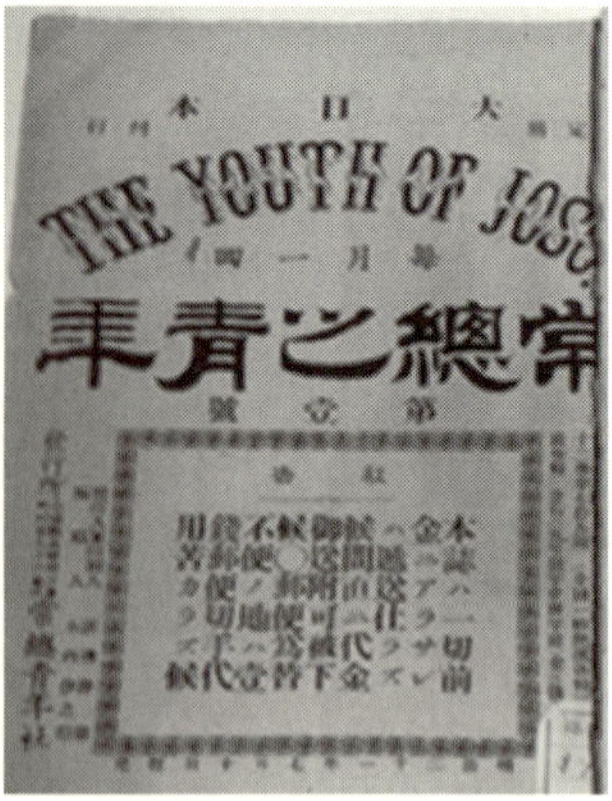

『常総之青年』第一号
（明治新聞雑誌文庫所蔵）

常総青年社の運営役員を見ても、常総青年会の参加者と一部が重複していること、また県会議員・戸長など地方名望家が参加していること、著名な民権派を招いての特別寄書家を設置していることなどから見ると、より具体的な政治団体となっていることがわかる。また、ほとんどの参加者が徳富よりも年上の者達であるのは興味深い。

その中で特に反響を呼んだのは、発行後すぐの明治二一年八月に茨城県の古河において行われた「後藤伯招待有志関東大懇親会」である。『常総之青年』第三号（同年九月一〇日）の附録によれば、「後藤伯は大同団結の演説」をなし、それに参じた「凡二百余名」の参加者がいたという。後藤による大同団結運動主導を支持する会合と同時に行われた同会は、茨城県だけに限らず、千葉県（板倉中）、群馬県（高津仲次郎）、栃木県（新井章吾）、神奈川県（山田泰造）など、関東各県の民権運動を担った者達が参集した一大懇親会となり、「今政友諸氏の便宜に」として全参加者の姓名および住所を記載し、関東圏域の民権派の連携に一役買っていた。そこには勿論、森や木内も参加し、木内は演説も行っている。それは後に同誌で掲載され反響を受けていた[42]（後述）。

さて、前後するが第一号（明治二一年七月一〇日）社説「常総の青年論壇の上場に際りて天下の同志に一言す」（無記名）においては、「欧米文明的な自由制度」が生まれる過渡期（明治期）にあって「新思想」をもつ明治維新以降に生まれた「青年」は、「天保老人」にとってかわり政界を担っていく存在として期待をかける。そして、第二号（同年八月一〇日）社説「吾人の主義」（無記名）では、彼等が担うべき平民主義は「人為の階級」をつくらせず、なおかつ「代議的な政治」をかたちづくる前提とされている[43]。

表2 常総青年社の活動

年代	場所	演説・活動・その他	出典
明治21年			
7月7・8日	結城郡結城町・久保田村	四県六国懇親会及演説会（茨城・千葉・埼玉・栃木・神奈川・群馬）	1号 時事
8月21日	葛飾郡古河江戸町 正定寺	後藤伯招待有志関東大懇親会（森隆介、板倉中、田村順之助、岩崎万次郎等）	3号 附録
10月7日	千葉県千葉郡千葉町	関東八州連合大懇親会のことヵ 板倉中、森の参加が確認できる	4号 時事
12月19日	真壁郡真壁町密弘寺	政談演説会 弁士：谷島弥平太（吾人民の心情如何）ほか2名	6号 時事
20日	下館町小島座	谷島弥平太（19日と同題目）、内田林八（人民の義務）ほか2名	6号 時事
21日	結城郡結城町 柳川座	森隆介（政治一斑）、小久保喜七（政治上徳義の必要）ほか3名	6号 時事
22日	西葛飾郡古河町相生座	森隆介（代議士の責任）、小久保喜七（諸強国の頼むに足らざるを論ず）ほか3名	6号 時事
25日	豊田郡水海道駅 報国寺	森隆介（政治一斑）、小久保喜七の演題は認可されず ほか1名	6号 時事
27日	北相馬郡取手町山口屋	森隆介（府県会の責任）、内田林八（国民の本分）ほか4名	6号 時事
28日	河内郡柴崎村東光寺	森隆介（県会の実況）、山川善太郎（国会開設ハ第二の維新なり）ほか4名	6号 時事
29日	同郡阿波村吉田屋	森隆介（政治一斑）、国民の本分（内田林八）ほか1名 小久保の演説認可されず	6号 時事
30日	同郡牛久駅 正源寺	森隆介（県会の実況）、内田林八（国民の本分）ほか2名	6号 時事
31日	龍ヶ崎町 般若寺	森隆介（県会の実況）、小久保喜七（諸強国の頼むに足らざるを論ず）ほか2名	6号 時事

明治22年			
1月2日	信太郡江戸崎町　大念寺	内田林八（人民論）	6号　時事
5日	鹿嶋郡札村	小久保喜七、谷島弥平太、田口静之介等　演題不明	7号　時事
8日	筑波郡吉沼村三崎楼	内田林八（人民の本分）、木内伊之助（国会開設前に於ける政党）	7号　時事
10日	新治郡土浦町山口座	木内伊之助（代議制度の主導力）、小久保喜七（進歩の要素）	7号　時事
11日	同郡石岡町	10日と同様	7号　時事
13日	同郡西田中村	森隆介（政治上の団結）　小久保喜七の学術演説あり	7号　時事
8月8日	河内郡阿波村	大井憲太郎、新井章吾等を招聘し、政談演説会・懇親会（平民主義繁栄を鼓舞）	15号　時事

『常総之青年』各号（主に明治新聞雑誌文庫所蔵）を参照して筆者作成。出典欄の号数は『常総之青年』の号数。

同号社説「維新前の浪士及当代の紳士」（無記名）では、その中で「地方紳士」層の創出を述べる。彼等は大同団結運動の中心格であった「後藤伯」も頼りにする存在として述べ、より時勢（大同団結運動の高揚）に則した地方有志者の輩出を喧伝するのである。同社説では次のようにいう。[44]

地方紳士とは何んぞや、曰く地方中等の民族是れなり。蓋しこの民族は独立独行、身を処し、家を支ふるに差支なき丈けの財産を有し、ソレ丈けの智識を有し、ソレ丈けの政治思想を有する、実に頼母敷人士なりと云ハざるへからず。（中略）後藤伯が政党の団結も彼等に相談す（中略）彼等は如何なる部族とも、如何なる人士とも能く其の肩を並ぶるもの、否、並べ得べきものと云ふなり。（中略）卿等は誠に吾人平民主義の先導者なり。（中略）吾人は我が平民主義の卿等を通じて以て天下に普及せんことを信ずるものなり。（傍線は引用者）

第三号社説「今後の政治的運動」（無記名）では、「過去の在野政治家」ができえなかったという「其一挙手、一投足総じて人民を代表して運動」することが必要、と述べられている。そこに「地方紳士」層という彼等が理想とする政治的な青年像をつくりあげ、青年の在り方を問題提起している(45)。

政治家に貴ぶ所のものハ、其の能く代表的の運動をなすにあり、何をか代表的の運動と云ふや、曰く人民の言ハんと欲する所をば、則ち之れを言ひ人民の行ハんと欲する所をハ、則ち之を行ひ、啻だに人民の為めに働くのみならず、また人民と共に働らき、其憂ふるや人民と共に憂ひ、其喜ぶや人民と共に喜び（中略）其一挙手、一投足総じて人民を代表して運動するにあり。（中略）吾人ハ我が在野政治家に向つて、其能く代表的の運動をなさんことを望まざるべからず。

また、第八号（明治二二年二月五日）所載の木内の演説筆記によれば、現在は「武士の世」にかわる「平民の世」であり、そこで養うべき知識と青年像の在り方が補足されている(46)。

武士の世に在つて武士道の心得の大切なるが如く、平民の世に在つて平民の職業を心得る事も亦大切てなければならん。弓矢剣槍は武士の嗜なり。文事ある者は必ず武備ありとて、文芸武芸の旧時社会の主人公なる士族に必要なるが如く、実業上の智識は亦実に今後社会の主人公たる吾々平民に取りて甚だ必要と言わねばならぬ。

第三号社説では前述の通り、「地方紳士」を「平民主義の先導者」としているが、これは徳富の同時期の「コンツリー、ゼンツルメン」という地方における有志者「田舎紳士」(47)に影響を受けていることは否定できない。しかし徳富は「製造貿易国」としての「英国」において、その国力を支えているブルジョワ農民層に憧れを抱き、それをもとにこれを創出したため、ここでは暗に徳富の主観による上流階級を形容している。それに対し『常総之青年』の地方紳士層は、前後の類似の社説とあわせて判断すると、中流の農民層である(48)。

表3　常総青年社（および機関誌『常総之青年』）構成員

人名	社での役職	出生―死去（年）	明治10年代所属結社・その他	備考①　同時期の役職（議員歴）その他	備考②　常総青年会参加の有無
森　隆介	監督（雑誌監修）	一八五六―一九三三	同舟社	県会議員（豊田郡）、衆議院議員	有（賛成員）
柴孫次郎	理事	一八六〇―一九三一	同舟社	県会議員（豊田郡）	
長塚源次郎	理事	一八五二―一九二一	常総共立社（同舟社後継）	県会議員（岡田郡）	
知久義之助	協議員	一八五九―一九三六	茶和会	県会議員（猿島郡）	
斉藤万助	協議員	一八五三―一八九九	茶和会	県会議員（猿島郡）	
小久保喜七	協議員	一八六五―一九三九	武相共進会、文武館	県会議員（猿島郡）、衆議院議員、貴族院議員	
斉藤斐	協議員	一八五五―一九三八	改進社	県会議員（北相馬郡）、衆議院議員、貴族院議員	
飯村丈三郎	協議員	一八五三―一九二七	同舟社、常総共立社	県会議員（真壁郡）、衆議院議員、実業家	有（賛成員）
倉持茂三郎	協議員	一八五二―一九〇六	民風社	県会議員（真壁郡）	
浜名新平	協議員	一八五五―一九一六	共義社	県会議員（真壁郡）、衆議院議員	
野上球平	協議員	一八五四―一八九五	水戸法学館	県会議員（東茨城郡）	
関信之助	協議員	一八五三―一九一七	水戸法学館	県会議員（東茨城郡）	
木内伊之助	協議員	一八五二―一八九七	同舟社	『常総之青年』編集（1～10号）『大阪毎日新聞』主筆	有（論説寄稿ヵ）

谷嶋弥平太	協議員			『常総之青年』編集（11～15号）	
渡辺仲蔵	協議員		真壁郡下妻町出身	『常総之青年』編集（16～17号）印刷人兼任	有（『常総の青年』発行人）
内田林八	協議員	一八五七―一八九五	同舟社	県会議員（真壁郡）、『常総之青年』編集（18～20号）	有（『常総の青年』に広告掲載）
勝田盛一郎	協議員	一八五四―一八九八	民風社	県会議員（真壁郡）、真壁郡本木村戸長	
中江兆民	寄書家（3号～）	一八四七―一九〇一		民権派『東雲新聞』（大阪）主筆	
栗原亮一	寄書家（3号～）	一八五五―一九一一		同上	
渡辺治	寄書家（4号～）	一八六四―一八九三		『大阪毎日新聞』主筆～社主	
吉田嘉六	寄書家（4号～）			『朝野新聞』記者	

『茨城県議会史』第1巻、2巻（茨城県議会、一九六二年、一九六三年）の「歴代茨城県会議員略歴」を参照して筆者作成。史料より名前の確認できる者のみ。

また、時の大隈重信外相の条約改正反対を主張した『東雲新聞』（大阪を拠点。中江兆民・栗原亮一等）や、大同団結運動広報誌『政論』（東京）と提携し、民権運動の再興への支援を広く呼びかけた。国会開設は勿論、条約改正への言及、市制町村制（明治二一年四月公布、翌明治二二年（一八八九）四月から順次施行）による自治拡大への期待感、町村の自治に参画できる「公民」への期待感を如実に紙面に反映した。その中で政府の政策に対し、反対だけでなく今度は民衆の側から理解を深めなくてはならない、と表明していることは、明治一〇年代の民権運動時からの継続性の意識があることを思わせる(49)。彼等による「平民主義」はこうした志向が根底にあることを忘れてはならない。こうした雑誌の主張が色濃く出ている初期の号は特に重要であるが、これらは、森は勿論だが初代編集であった木内の影響もあると思われる。(50)

　茨城県西南部から千葉県にまたがる利根川流域および東京に、同誌の販売所および取次所が設けられていたが（表4）、その範囲は非常に狭く、購読者層は確実に限定されていたと思われる。「常総」地域への密着が意識されていたことがわかる。(51)

表4　『常総之青年』大売捌所および取次所（地域分布）

茨城県内
水戸（柳且堂）
本宗道（必盛社）
土浦（同上）
吉沼（同上）
下館（学昌堂）
水海道（新々堂）
笠間（水戸堂）
下館（荒川為吉）
古河（依田徳雲）
下妻（平澤秀吉）
下妻（日新堂）
下妻（鯨井茂三郎）
下妻（常総青年社）
千葉県内
布佐（榎本新聞洋酒店）
東京府東京市
京橋区弥左衛門町（公論新報社）

『常総之青年』第1号、3号、9号の記載を元に筆者作成。

四　『常総之青年』における政治的主張と平民主義

『常総之青年』でみられた青年の位置付けは、『国民之友』で述べられたのと同様に、「乱暴の歴史」「失敗の歴史」である「明治の最近の十年間」をかたちづくった「壮士」と「青年」の対比であった。(52)ただそれ以上に、民権運動を経験しつつ「徳義を貴び本末を弁ひて運動」する者達による『常総之青年』は、より政治的意味合い（同運動の批判と回顧）が根強い。同誌では激化事件で処刑された旧士族の顕彰も行っていることから、民権運動は彼等の活動の中で脈々と受け継がれ、平民主義も確実にその潮流に依拠していた。(53)元来が民権運動家であった彼等ならではの志向の限界も、ここよりみてとれる。

　『常総之青年』では発刊当初から「地方紳士」層創出とともに「政党」を重視している。明治一〇年代の自由・改進党が党派争いに終始し、政治的に台頭出来なかったことを批判し、「其政略の異同を以て（中略）相合同分離する政党」をつくり、それを克服しようとする。[54] こうした政党観にみる団結力は、「藩閥政府ヲ排斥スル」「国会ヲ完全ナル者」にする「在野政治家」のための大同団結運動という運動理念も影響している。[55] 後藤が関東甲信越地方への遊説を開始している明治二二年（一八八九）において、一月一五日発行の第六号より、月二回発行、五銭へ値下げし、改めて同誌への支持を訴えているのは、「国会に向て充分の準備を勉む」ためであり、民権派（特に自由党系）により推進される大同団結運動喧伝の狙いがあった。[56]『政論』においても「平民主義を拡張し、一大団結を作すの精神」という評価を与え、地方での平民主義の存在を認識して影響を評価していた。[57]

ただ、頻りに「藩閥排斥」を主唱する『政論』での言説に反し、「政論場裡に相争い、かの藩閥をして自然に融解し消滅」させ、立憲制への「進化」に協力するよう政府に呼びかけている。[58] それゆえ、後藤の政界入り（黒田清隆内閣の逓信大臣）に伴う離脱（明治二二年三月）から大同団結運動の分裂を事実上きたしたことを雑誌で表明した後、そこから後藤等の言説を拠り所とした運動形態から脱し、「全く思想を以て相結んだる真正の党派たるを証明」できる機会と捉え始めた。[59] 第一二号（同年五月五日）社説では「大同団結における非政社派の立場」（無記名）を掲載し、政社派「大同倶楽部」（河野広中・大石正巳等）を「最も不利なる有形的組織」と批判するのと同時に、後藤が推進した大同団結運動の形態を真っ向から否定して次のように表明する。[60]

> 大同団結は天下に散在せる諸種の小政党をして、其小異を捨てて、大同に着かしめんと欲するものなり（中略）個々に分立して各其毛色を異にする者を以て、之を同一なるものに結びつけんと欲するものなり、故にその性質たる連合の体をなさざるべからず。

次号の第一三号（同年七月五日）では森の執筆と推定される社説にて、「真正の党派」形成に必要な平民主義の実地的な拡充が表明され、この時勢の中で担い手に再び注目する[61]。

我邦の平民主義は、実地の必要に迫られて発生し来りたるよりも、寧ろ流行の勢力に伴はれて発達したりと云ふの適当なる者あればなり。（中略）ソレ国家の独立を保ち、人民の幸福を全ふするに於て、彼の貴族主義を以て、頼むに足るものありとせば止まん。然らずとせば、平民主義を以て斯くの如く空漠の間に其運動を為さしめず、之を社会現実の問題に応用せざるべからず。（中略）実用を後にして虚飾を先にし、実力を軽じて専ら虚威を貴ぶ者は、我が平民主義の党与に非るなり。（傍線は引用者）

「流行の勢力に伴はれて発達」したという元来の平民主義の形態を「空漠」と指摘し、なおかつ常総地域の青年を具体的に「社会現実の問題」に対応させようとしている。この問題とは、非政社派形成および、それに伴い同年中に結成された政治団体、大井憲太郎等による大同協和会（森は常議員）が関係していると思われる。それに関連して「平民主義の党与」を重視しているところに、彼等なりの「空漠」ではない、「連合の体」となりうるという政治的な主張があると思われる。同社説ではさらに後半で「我邦の平民主義をして、社会に真正の勢力を有せしめん」と述べ、国会開設が近づく中で、改めて読者の支持を訴えている。

『常総之青年』は「民党」勢力、とりわけ第一回衆議院議員総選挙に向けた森の個人機関誌となったと言われ[62]、「社会現実の問題」の関心へと、よりシフトしていったと思われる結果、同選挙の直前で廃刊となる（明治二三年六月二三日の第二〇号以降確認できず）。ただ、独自の平民主義に裏打ちされた活動の先に「平民の代議士」輩出を望み、彼等が考える「青年」の中央政治参加への枠組みを提示しようとした[63]。大同倶楽部支持を表明する日刊紙『政論』（主筆は中江兆民）とも別に、こうした政治的な平民主義を押し出した活動は、周辺地域の改進党系機関誌（紙）『房総新聞』（千葉県）や『常総雑誌』（茨城県）と軋轢を生み、党派色は鮮明になったといえる[64]。

表5 『常総之青年』主要社説・記事一覧 （ ）内は執筆者 無記名の場合は無

号数	発行年月日	主要社説	主要記事（時事、批評、附録）
1号	明治21年7月10日	「常総の青年論壇に際りて天下の同志に一言す」	「英国政治覧要」（翻訳 宗道T・M）～11号
2号	8月10日	「吾人の主義」、「維新前の浪士及当代の紳士」、「明治二十三年」	「安田定則君ノ土地区画改正意見」
3号	9月10日	「今後の政治的運動」、「宗教及び道徳」	「日本の政党」～5号、「後藤伯招待有志関東大懇親会」（附録）
4号	10月10日	「保安条例の結果如何」	「茨城県会議員に告ぐ」
5号	11月10日	「常総の有志者まさに政党を組織せんとす」	
6号	明治22年1月15日	「歳始初刊の辞」、「茨城県会及病院払下事件」	「各地巡回政談演説会実況」
7号	1月20日	「自由改進二党の成行如何」	「諸強国の頼むに足らざるを論ず」（小久保喜七演説筆記）
8号	2月5日	「敢て実業家諸君に告ぐ」	「帝国憲法発布式」
9号	2月20日	「謹んで帝国憲法を捧読す」	「町村制実施に就て」
10号	3月5日	「政治上における士族と平民」	「大同団結ハ如何に成り行く歟」
11号	4月20日	「関東会」	「政府は政党外に超然たるを得るや」（下妻月落生）
12号	5月5日	「大同団結における非政社派の立場」	「大同団結大会の結果」

13号	7月5日	「真正の平民主義は真正の平民より出でざる可らず」（た、も、）	「条約の改正」
14号	7月20日	「新保安条例」	「立憲国ノ人民ハ何ヲ為ス可キヤ」（唐崎ノ田夫）
15号	8月5日	「田舎紳士の産出力」（在京半醒居士）	「保守党」（小久保喜七演説筆記）
16号	8月20日	「無主義の政治家」	「貴族主義対平民主義」
17号	9月20日	「常総の有志諸君に望む」	「条約改正問題に就て」（な・わ）
18号	不明	不明	不明
19号	明治23年5月30日	「内閣」、「選挙者諸君以て如何となす」（亭亭生）	「立憲国の人民」（森隆介　選挙演説筆記）
20号	6月22日	「謹で我が選挙人諸君に告ぐ」（自由党候補者森隆介）、「良国会ヲ建設セヨ」	「自由党候補者森隆介氏ノ運動」

1～5号までは定価7銭で月1回発行、6～20号までは5銭で月2～3回発行（発行所は、全号が茨城県真壁郡下妻町の常総青年社）。

しかし、今までみてきた通り、民権再興の広報誌『常総の青年』から続いた青年有志の雑誌発行や結社の結成は、明治二〇年代初頭の一つの思潮であった「青年」を自称または創出した者達の、政治的な活動の場を一つの地域でかたちづくった。民権派としては国会開設という新たな活躍の場を得るための基盤をつくり、地方政治家としての活動媒体となった。そこに政治的に特化した特色があり、森や木内等による平民主義が如何に狭小な支持のもとにあったか確認できるとともに、地域における民権派の再結集から自由党系の選挙対策の一端をも知ることができる。

おわりに

『常総之青年』は明治一〇年代の民権運動を批判することで生じた結社の影響下で創刊された。森を中心とした同誌の担い手は、一度も民権運動の衰退については言及しなかったが、彼等にとって明治一〇年代の民権運動の経験は深く根底に刻まれていた。

自由党系の民権運動家を主たる担い手とした同誌は、国会で多数派を占めることを狙った同党主流派による大同団結運動を、当初は支援した。ただ、同運動の分裂後、「流行の勢力」に伴われて現出した平民主義を援用した。森等による「青年」は、徳富のそれのような精神修養（茅屋破窓）の中にあった平民主義ではなく逆に、多くの分野に広がっていた同主義を「空漠」と指摘し、「社会現実の問題」への転換（具体化）を図るための手段であった。そこから政治家を養成しようとしたのは「平民主義の党与」「平民の代議士」という同誌における森自身の言説がそれをあらわしている。彼等による平民主義（および「青年」）は、民権運動の再興と、議会開設直前の時期に農民層を再び意識させるものという目下の政治状況に密接したものとなったのである。それは民権運動に早くから見切りをつけ『国民之友』でも回想として語られるに過ぎなかった民権運動像と比べれば、違いは明確である。少なくとも森は最後まで、民権派として民権運動とその潮流への期待を捨てなかった。

民権運動を批判しつつも、その活動支持基盤に農民層（豪農層）を意識したことは、明治一〇年代における民権運動家としての活動が根底に残っていたことも分かる。雑誌では、地方有志者の豪農層を直ちに青年層の主体として位置付けたが、かつて民権運動に参加して没落した豪農層は在野で活動はできても、初期の衆議院議員選挙では小選挙区制、直接国税一五円納付という制約があった。こうした要因により、彼等による「地方紳士」が直ちに政界に進出することはなかった。その中で、名家出身で元々財政的基盤を有した森が財産選挙制によって台頭していき、木内は途中で編集を離脱し、後に『大阪毎日新聞』主筆となっていく。

雑誌発刊停止と同時に森が衆議院議員選挙に出馬しているのは、決して偶然ではない（第一回は当選無効訴訟で落選）。そして、実質最終号となった第二〇号は、森の茨城第四区（豊田郡・結城郡・岡田郡・西葛飾郡・猿島郡域）からの立候補にあたり、如何に選挙活動を行っているかを喧伝するものであった。これにより、彼等が雑誌で企図した目的の中に政治活動（選挙活動）も大きく含まれていたことが分かる。

本稿では、『常総之青年』が、後藤推進による大同団結運動の高揚から分裂最中、こうした選挙を控える中でも明治一〇年代の民権運動を評価しつつ、政党批判を展開し、民党の一員になりうる常総地域の青年（みてきた通り、総じて民権の潮流を継ぐ者達）の啓発を促したことを確認した。国会開設が近づくにつれ、議会政党としての確立を目指して大同派等とも提携して立憲自由党（のち、自由党）が成立する中で、こうした者達の存在がどうなっていくのか、そうした考察は、今後の課題であろう。しかし、森個人でみれば、落選後、院外政治家として大井等と関東圏域で活動する政治的グループ「関東派」の一人として同時に支持を集めていくのは、本稿でみてきたような彼の活動が根底にあると思われる。

『常総之青年』は、同じ常総地域の新聞や雑誌から、平民主義の存在や活動自体を疑問視され、批判対象とされることが多かった。

しかし反面で、森の出身地である豊田郡周辺が、かつての壮士然とした自由党員の巣窟とは違う「着実穏和」をもって活動を展開する「青年諸子」の勃興地となっているということも報じられ、雑誌の影響が指摘できる。筆者は、こうした明治二〇年代初頭の地方における多様な青年層や青年像を、森という、民権運動家から県会議員を経て代議士となっていく人物を通して考察していきたい[65]。

なお、時代が進んだ日露戦後～大正期にかけては、伊東久智氏等の見解[66]とも組み合わせて論じていく必要性があるが、少なくとも本稿では、自由民権運動およびその主体者（民権運動家）が明治一〇年代から国会開設まで、平民主義という新たな潮流も受け止めつつ断絶することなく、政治活動を続けていた例を明らかにできたと思われる。

註

（1）永嶺重敏『雑誌と読者の近代』（日本エディタースクール出版部、一九九七年）七五頁。

（2）松沢裕作『自由民権運動　〈デモクラシー〉の夢と挫折』（岩波書店、二〇一六年）、稲田雅洋『自由民権運動の系譜　近代日本の言論の力』（吉川弘文館、二〇〇九年）。

（3）飯田鼎「明治初期　自由民権の展開と相剋　福沢諭吉における「民権と国権」のはざまで　自由民権研究序説」（千葉商科大学国府台学会編『千葉商大論叢』四〇―四、二〇〇三年）。

（4）色川大吉『新編　明治精神史（色川大吉著作集　第一巻）』（筑摩書房、一九九五年。初版は一九七三年）、中野目徹『明治の青年とナショナリズム』（吉川弘文館、二〇一四年）、田嶋一『〈少年〉と〈青年〉の近代日本』（東京大学出版会、二〇一六年）。

（5）河西英通「明治青年とナショナリズム」（岩井忠熊編著『近代日本社会と天皇制』柏書房、一九八八年）。

（6）有山輝雄「民友社ジャーナリズムと地方青年」（『コミュニケーション紀要』一〇、一九九五年）、木村直恵『〈青年〉の誕生　明治日本における政治的実践の転換』（新曜社、一九九八年）。

（7）木村前掲註（6）書、一七五頁。
（8）今西一「平民主義の在村的潮流」（『歴史評論』四〇二、一九八三年）、松崎稔「明治二〇年代青年結社と演説・討論」（『メディア史研究』一二、二〇〇二年）。
（9）松崎稔「町田の青年結社とキリスト教」（武相の女性民権とキリスト教研究会・町田市立自由民権資料館共編『武相の女性・民権とキリスト教』町田市教育委員会、二〇一六年）。
（10）末木孝典「初期議会期における市民の政治参加と政治意識」（『近代日本研究』三〇、二〇一三年）および、稲田雅洋「第一回総選挙と第一議会召集との間」（『東海近代史研究』三五、二〇一四年）、中元崇智「板垣退助の天皇・華族観と政党指導の展開」、真辺美佐「初期議会期における板垣退助の政党論と政党指導」（ともに『日本史研究』六四二、二〇一六年）などが近年ある。特に本稿においては末木氏・真辺氏の問題意識を参考とさせていただいた。
（11）伊東久智「立憲国民党と青年―雑誌『青年』の分析から―」（『日本歴史』七三三、二〇〇九年）、「「院外青年」と地域係争問題」（『地方史研究』六三一、二〇一三年）などを参照。同氏は主に、一八九〇年代に生まれ、日清・日露戦争期にかけて成長して学生としての時期を過ごし、その後に政治的に台頭していく「院外青年」を考察対象としている。本稿が扱う、明治二〇年代初頭における青年層については考察対象外だが、政治的な青年研究として多くの示唆を得た。同研究については小宮一夫氏よりもご教示を得た。
（12）青木昭ほか著『常総の自由民権運動』（崙書房、一九七八年）、菅谷務「茨城の自由民権運動」（武井邦夫・小林三衛編『茨城の思想』茨城新聞社、一九九八年）や、菅谷務「民権運動と県会」、佐々木寛司・菅谷務「加波山事件と松方デフレ」（ともに、佐々木寛司編著『茨城の明治維新』文真堂、一九九九年）など。
（13）『東京朝日新聞』一八八八年七月二〇日付、『東京日日新聞』一八八八年七月一八日付。特に『東京日日新聞』には断

続的に広告が掲載されている。理由は不明。

（14）社説「歳始初刊の辞（無記名）」（『常総之青年』第六号、一八八九年一月一五日）では『国民之友』隆盛の時期にあたり、同誌を中心に巻き起こっている「雑誌の世の中」を意識する記述がある。

（15）管見の研究としては相沢一正「森隆介研究ノート―その生涯の概観―上・下」（『茨城県史研究』九・一〇、一九六七年・一九六八年）や、鈴木秀幸「地域の文化形態―千代川地域について―」（同『地域文化史の調査と研究』日本経済評論社、二〇一三年）がある。しかし、これらも関東圏域を中心に、民権運動家、地方政治家として活動した森の足跡を地域史研究の側面から紹介するのみで「平民主義」や、それに伴う歴史事象としての「青年」像は考察対象としていない。『常総之青年』については、相沢氏の研究および、『茨城県史料　近代政治社会編Ⅳ』（茨城県、一九九〇年）の「解説」で触れられる程度である。

（16）豪商としての森家の側面を表す史料群として「本宗道村森家文書」が現在、慶應義塾大学文学部古文書室に所蔵されている（総点数は五二点で、時期としては幕末から明治二年。高瀬船の発着記録など）。宗道河岸は大正二年（一九一三）に常総鉄道が開通するまで隆盛を極めたという。現在は下妻の宗道神社境内付近に「史跡　宗道河岸址」の説明看版が建っている。

（17）西村文則「噫森隆介翁」（『いはらき』一九三三年三月六日付）。このことから彼の政治資金の出所は実家であった可能性が高い。西村は茨城県出身のジャーナリスト。同新聞は茨城県立歴史館所蔵。

（18）「同舟社規則　主義　事業」（『茨城県史料　近代政治社会編Ⅱ』茨城県、一九七六年）四一一～四一二頁。

（19）「筑波山の会」（関戸覚蔵編『東陲民権史』養勇館、一九〇三年）五～八頁。

（20）「常総共立社規則　第六章　権限」および、「常総共立社設立ノ旨趣」（前掲註（18）書）四二四～四二五頁。

(21) 主に茨城県内でのこうした動向については、加波山事件に参加した「決死派」富松正安（下館出身、旧士族）の活動から同事件を分析した拙稿「加波山事件―富松正安と地域の視点を中心にして―」（高島千代・田﨑公司編著『自由民権〈激化〉の時代』日本経済評論社、二〇一四年）を参照。

(22) 一八八三年五月三〇日の土浦警察署長宛、政談演説会開催願届の中に、森の名とともに「決死派」の一人であった民権運動家の名があり、ともに演説会を開いていたことがわかる（東京大学明治新聞雑誌文庫編・発行『東京大学明治新聞雑誌文庫　茨城県関係史料2』所収、茨城県立歴史館所蔵）。

(23) 森隆介「大ニ同志ヲ会合スルノ議」。茨城県内の古書店から筆者が二〇一五年に購入（筆者蔵）。全一二頁の小冊子で活版印刷である。虫食いが一部あるが、基本的に全て判読可能。史料末尾に「明治十七年二月　森隆介　謹白」とあることから、この時期に彼が作成したものと分かる。印刷物のため少数ながら作成され配布されたと思われるが、どれくらい配布されたかなど詳細は不明。

(24) 小橋富太郎編『茨城県衆議院議員候補者列伝　第一編』（一八九二年）所収「森隆助君之伝」四三頁。

(25) 飯塚彬「加波山事件」（前掲註（21）書）一八〇～一八一頁。県内では同時期、後に茨城県会議員・衆議院議員となる小久保喜七や、加波山事件参加者で旧士族富松正安らの大井憲太郎に繋がる自由党内急進派の活動が、一部地域で活発であった。

(26) 森隆介「農学校設立之議」（茨城県議会史編さん委員会編『茨城県議会史』第一巻、茨城県議会、一九六二年）一五〇六～一五一〇頁参照。

(27) 森隆介『常総農事要論』（一八八六年）「第十　農業会社」国立国会図書館所蔵。

(28) 鈴木前掲註（15）書、七六頁。

(29)　相沢前掲註(15)論文(下)三二頁。

(30)　森前掲註(26)論文、一五〇六頁、および註(27)書、四一～四二頁。

(31)　『茨城日新聞』一八八二年三月一六日付。同新聞は茨城県立歴史館所蔵。

(32)　「当時の県会議員―何つれも地方一流の人物―」(斎藤斐述、斎藤隆三編『一夢七十八年』一九三二年)九〇頁以下参照。斎藤斐は、森と同時期に茨城県下で民権運動に参加していた立憲改進党系の民権運動家であり、後に実業家に転身。常総青年社にも参加している。民権運動家としての森の活動についても同書で回想している。

(33)　青年会K・E生「常総ノ政党」(『常総の青年』第一篇、一八八七年一二月一五日)一八～二六頁中の抜粋。基本的に執筆者はイニシャル表記のみである。同誌については主に茨城県立図書館所蔵のマイクロフィルムを使用(以下、同じ)。

(34)　禁酒会員T・M(もり・たかすけヵ)「禁酒論　緒言」(『常総の青年』第一篇)四二～四三頁参照。

(35)　「政談演説会の景況」(『朝野新聞』一八八七年一二月一八日付)。

(36)　「常総青年会概況」(茨城学友会事務所編『茨城学友会雑誌』二、一八八九年二月一九日)。東京大学大学院法学政治学研究科附属近代日本法政史料センター明治新聞雑誌文庫所蔵(マイクロフィルム)。

(37)　巻末の「広告」(『常総の青年』第一篇)参照。

(38)　一八八七年一二月六日・一八日付『朝野新聞』参照。

(39)　前掲註(36)「常総青年会概況」参照。

(40)　第九編第五章「保安条例」(宇田友猪・和田三郎編『自由党史(下)』五車楼、一九一〇年)六一四頁。

(41)　「西葛飾猿島両郡の有志者後藤伯を招へいせんとす(無記名)」(『常総之青年』第二号、一八八八年八月一〇日)二六頁。および、社説「保安条例の結果如何」(『常総之青年』第四号、一八八八年一〇月一〇日)二～三頁。初期の号に関しては、同誌第三号（一八八八年九月一〇日）の表紙裏に「売切れ」「残部僅か」とあることから、初期は売上は好調であったと思われる。

(42)　附録「後藤伯招待有志関東大懇親会」（前掲註(41)『常総之青年』第三号）参照。

(43)　『常総之青年』第一号（一八八八年七月一〇日）一～六頁、『常総之青年』第二号（一八八八年八月一〇日）三～四頁。

(44)　前掲註(43)『常総之青年』第二号、五～八頁。文中の傍線は筆者による。以下同じ。

(45)　前掲註(41)『常総之青年』第三号、二一～五頁。

(46)　木内伊之助「吾人平民は如何にして世に処すべきや」（『常総之青年』第七～九号連載）。

(47)　「田舎紳士（隠密なる政治上の変遷　第二）」（『国民之友』第一六号、一八八八年二月一七日）。国立国会図書館所蔵。

(48)　たとえば、社説「敢て実業家諸君に告ぐ（無記名）」（『常総之青年』第八号、一八八九年二月五日）参照。

(49)　市制町村制への理解は「新町村制度（無記名）」（前掲註(43)『常総之青年』第一号）一一～一三頁でみられる通り、同制度を支持して一般民衆が地方自治に対して理解を示し、進んで政治に参加すべき、と呼びかける。「条約改正」については「外国法官の立会」に違和感を示すなど、基本的に反対を貫いていた（「条約の改正（無記名）」『常総之青年』第一三号、一八八九年七月五日）二五頁。

(50)　天から与えられた「身体性命《ママ》」を守るために自由を拡充し、その自由を拡充する所以は政府に国会を開かせるため、という天賦人権説に立脚された月刊紙『回天新報』を明治一〇年代に豊田郡域で発行していた木内は、若い頃から同地域の理論的支柱であった。それ故に、初期の無記名記事の多くは木内が執筆したものではないかという推察がなされている（前掲註(15)『茨城県史料　近代政治社会編Ⅳ』二七頁）。

(51)　当時の「常総」地域の理解については、森等は同誌で定義していないが、明治二〇年の県治記録を収めた『茨城県統計表』（国立公文書館所蔵。請求記号：ヨ三五一—〇一二三A）「地勢」によれば、「南ハ利根ノ長川ヲ以テ概ネ国境ヲ画シ（中略）西ハ鬼怒ノ上流及小貝ノ下流ヲ以テ即チ常総ヲ界ス」とある。「茨城県筑波山の西側から、千葉県にまでつらなる地方」と現在では理解されている（地方史研究協議会編『地方史事典』弘文堂、一九九七年、「常総の境論」二〇二頁）。

(52) 「新日本の青年及び新日本の政治（第二）」（『国民之友』第七号、一八八七年八月一五日）九頁。

(53) 「富松正安氏の追弔会」（前掲註(41)『常総之青年』第三号）参照。

(54) 投書、東京K・K・K「日本の政党　第二　政党の発達及び旧自由党と改進党」（前掲註(41)『常総之青年』第四号）および、社説「自由改進二党の成行如何（無記名）」（『常総之青年』第七号、一八八九年一月二〇日）二～三頁。

(55) 一八八六年一〇月頃の政府密偵の「報告書」（「三島通庸文書」五三五—二〇—イ　国立国会図書館憲政資料室所蔵）および、論説「大同団結の必要」（政論社『政論』第七号、一八八八年九月六日）一～二頁。国立国会図書館所蔵。

(56) 雑報「地方有志者に関する報道」（『政論』第三号、一八八八年七月一日、三六頁および、第九号、一八八八年一〇月六日、四一頁）。

(57) 社説「歳始初刊の辞（無記名）」（『常総之青年』第六号、一八八九年一月一五日、二～三頁。

(58) 社説「吾人は如何にして藩政閥を排斥すべきや（無記名）」（『常総之青年』第五号、一八八八年一一月一〇日）、「国会開設前における政府」（『常総之青年』第一三号、一八八九年七月五日）を参照。

(59) 時事「大同団結ハ如何に成り行く歟（無記名）」（『常総之青年』第一〇号、一八八九年三月五日）参照。

(60) 「大同団結における非政社派の立場」（『常総之青年』第一二号、一八八九年五月五日）三～九頁の抜粋。

(61) た、も、（もり・たかすけヵ）「真正の平民主義は真正の平民より出でざる可らず」（『常総之青年』第一三号、一八八九年七月五日）一～三頁の抜粋。

（62）相沢前掲註（15）論文（下）三八～三九頁および、鈴木前掲註（15）書、七七～七八頁。

（63）森の衆議院議員総選挙出馬にむけての選挙演説「立憲国の人民」（『常総之青年』第一九号、一八九〇年五月三〇日、附録の演説筆記）九頁。

（64）『常総之青年』では第一五号（一八八九年八月五日）の雑報「房総新聞」の欄で同新聞に掲載された「残灯明滅の間に生命を保ち居る常総之青年云々」との紹介を「足下の悪評」として取り上げつつ応戦している。また、「新刊雑誌」紹介では「常総雑誌」（茨城県信太郡江戸崎町（現稲敷市）に本社、千葉県内各地域にも販売所をおいた常総雑誌社より同年七月創刊。翌年にかけて発行された全二〇号が現存。黒田清隆内閣の大隈重信外交および条約改正論を擁護した改進党系を編集者、特別寄書家とした）の欄で同誌を「開進党の独一主義」、創刊号は改進党派の祝詞ばかりで機関誌として考えても「感服仕る程」ではないと批判めいた、かつ相容れない主義の雑誌として紹介している（ともに二四～二五頁）。『常総之青年』の批判的勢力も多くいたことがわかる。

（65）「豊田郡通信」（常総雑誌社編『常総雑誌』第三号、一八八九年八月二〇日）四〇頁参照。茨城県立歴史館所蔵。

（66）伊東前掲註（11）論文。

付表　森隆介関係年譜

和暦（西暦）・月日	満年齢	出来事
安政3年（一八五六）10月10日		茨城県豊田郡本宗道村（現在の下妻市宗道付近）に出生（廻船問屋経営の豪商家→慶応義塾大学文学部古文書室蔵「本宗道村森家文書」）
慶応元年（一八六五）頃	8～9	幕吏の存在、実家の教育に嫌気　地方の「悪漢」と交わり、「下等の徒」とつきあう→民権への志向萌芽ヵ
明治2年（一八六九）頃	13	本宗道村にて、かつての徳川家茂侍講、菊池三渓主宰「晴雪塾」に通う→のち、同舟社で関わる飯村丈三郎と知り合う　「十八史略」の素読などを行う
明治7年（一八七四）	18	板垣退助等の民選議院設立建白（同年1月17日）に感銘をうけ、同志と国事を談論
明治8年（一八七五）	19	南海に単身遊説→数か月後帰郷
明治10年（一八七七）	21	西南に単身遊説→明治期の略伝によれば、西南戦争勃発、実弟（名不明）の病死が要因で、帰郷
明治11年（一八七八）	22	豊田郡内に「絹水社」設立→豪農が中心→数か月後には解散
12月20日	23	本宗道村に郡役所設置される
明治12年（一八七九）3月		第1回茨城県会議員選挙が行われ、後に森と関係をもつ赤松新右衛門（川尻村の豪商）や飯村が当選
4月		本宗道村内に民権結社「同舟社」（「呉越同舟」から命名　社員300名）設立　赤松が社長、森は幹事に就任　勢力基盤は豊田・真壁・結城郡の豪農層
6～9月		東京の民権結社（嚶鳴社等）を招き演説会活動や同時期、全国で蔓延したコレラ治療も兼ねた病院の設立（同舟社診療所）に尽力

明治13年（一八八〇）2月15～16日	24	国会開設請願運動「筑波山の会」を同舟社をあげて主催し、請願活動開始（～4月中旬）
4月以降		請願委員に選出　出京し同志と国会開設の請願書を太政官に捧呈→却下
4月		集会条例の制定により同舟社を解散
8月		真壁郡下妻町に「常総共立社」設立（旧同舟社有志　2000余名の社員）　中心的役割を担う→岡本武雄等（『東京曙新聞』編集長）が設立に協力
12月		河野広中や新井章吾等による関東各県での国会開設請願運動の連合体である「関東同志会」結成に参加
明治14年（一八八一）3月	25	この頃、森が出京　山際七司等と『東洋自由新聞』発刊に関与し監督委員（予算管理等）に就任する（同年4月30日の廃刊まで）　この頃は東京蠣殻町近辺に寄寓ヵ
10月12日	26	「国会開設の詔」（井上毅起草）がだされる
10月29日		浅草井生村楼において自由党結党大会行われる　茨城県代表の1人として参加
明治15年（一八八二）～明治16年（一八八三）	27～28	政府の運動分裂工作等の中で民権運動の拡張を図る　この間、奥宮健之等の無産者主義団体「車会党」（準備段階）に関係
明治16年（一八八三）12月頃		大井憲太郎自由党常議員や富松、小久保喜七等と茨城県や東京にて遊説活動
明治17年（一八八四）2月20日		森主催で、豊田郡有志懇親会を豊田郡見田村密蔵院で開催
4月以降	29	郷里に籠り、英書（詳細な書物名は不明）を主に研究
9月23日		茨城県内において加波山事件勃発（～25日夜）　森の動向は不明

10月以降		加波山事件連累嫌疑により「下妻監獄所」に数ヶ月収監される　秩父事件を決定的契機として自由党衰退　10月29日、解党
明治18年（一八八五）2月		茨城県会議員選挙（第5回）に豊田郡から出馬し、当選（〜明治21年（一八八八））
8月以降		私学校「常総義学」が森等の手により豊田郡本宗道村内に開校する（同月29日付『自由燈』以降、断続的に生徒募集広告掲載）
12月15日	30	第8回通常県会にて「農学校設立之議」建議　地方税での支弁が疑問視、また時期尚早とされ、同案却下
明治19年（一八八六）6月		慶応義塾に入塾（詳細な在学期間は不明だが『入社帳』に名前あり）
10月20日	31	農村疲弊の「処方箋」、『常総農事要論』執筆（兼発行）　続編執筆が明示されるが、その後、確認出来ず
明治20年（一八八七）4月10日		利根川と江戸川を結ぶ利根運河土木工事のための利根運河株式会社創立委員の1人となる
10月	32	後藤象二郎等、「丁亥倶楽部」結成　後藤、東北・東海地方等を遊説　片岡健吉「三大事件建白」提出する　大同団結運動も活発化
12月15日		茨城県真壁郡下妻町所在の常総青年会（同年8月結成）発行『常総の青年』に寄稿（「禁酒論　緒言」）T・M↓もり　たかすけ
12月20日頃		利根運河株式会社株主総会にて理事の1人となる（社長は元茨城県令の人見寧）
12月25日		政府　保安条例施行

12月中		森、大同団結に関連し、茨城県代表の1人として建白事項の処理を元老院に確認するため、一時出京
明治21年（一八八八）1月15日		保安条例で東京を去った中江兆民が大阪を拠点にして栗原亮一等と『東雲新聞』を創刊（～明治24年（一八九一）10月29日）
6月1日		後藤、大同団結の広報誌『政論』発刊
7月10日		下妻町496番地に「常総青年社」設立　森は監督（社長　編集統括）に就任　機関誌として「平民主義的雑誌」として「政界を照らす灯台となる」『常総之青年』発刊　大同団結を支援　20号（明治23年6月22日）で廃刊ヵ　後の『大阪毎日新聞』編集主幹　木内伊之助も関係
明治22年（一八八九）2月		大日本帝国憲法発布による特赦で大井憲太郎ら（自由党激化事件・大阪事件に連座）出獄
3月	33	後藤、黒田清隆内閣に「逓信大臣」として入閣する　大同団結の分裂→大井等が台頭する　森は後藤不支持の非政社派へ
5月10日		大井等の非政社派「大同協和会」結成　森も参加　この頃、大井等が非政社派系倶楽部「関東会」組織表明　森、飯村等が参加
明治23年（一八九〇）1月21日		森、自由党結党大会にて常議員となる→大井派による「再興自由党」
6月18日		利根運河完成　竣工式　森も参加ヵ
7月10日		第1回衆議院議員総選挙に茨城4区から出馬し、当選→のち、同区の赤松（大成会）による当選無効訴訟で落選

8月25日・9月15日		愛国公党、大同倶楽部、大同協和会等が合同し、立憲自由党を組織（8月25日）し、翌月に結党式（9月15日）　森も参加
11月29日	34	第1回帝国議会が開かれる（～翌年3月7日）
明治24年（一八九一）1月頃		『立憲自由新聞』（前身は『江湖新聞』）の改良（発行増）に関与（立憲自由新聞社　加藤久太郎より森に宛てられた書簡あり）
2月以降		関東派で森が台頭（各地方の地域的結合、自由党掌握のため）→以降、関東圏内での大井派勢力の一角となる
3月1日		中江兆民、新井章吾が中心となって『自由平等経綸』発刊（自由平等経綸社）　大井・森・小久保等寄稿→大井派、関東会の動向を詳述
4月28日以降		自由党内に非政社派組織「東洋倶楽部」（大井の関東派中心）が結成される→翌年、東洋自由党に発展
5月15日		東洋倶楽部にて条約改正演説会が行われる　森も弁士の1人として演説（題名は関税論）
6月28日		関東会組織固めの目的で臨時大懇親会が東京市で開かれる　森は準備委員の1人として関係
11月		森が小久保等とともに院外活動のため、党内に非政社派系有志団体「急進自由倶楽部」結成
明治25年（一八九二）2月15日	35	北総公民倶楽部等の団体から推挙を受け、第2回衆議院議員総選挙に茨城4区から出馬し当選（～93年12月）
4月23日以降		茨城県南部における自由党員が森を支援するための団体「壬辰自由倶楽部」結成→「地方実際ノ結合」「国民智徳ノ進歩」を目指す
6月5日以降		森が内地雑居反対論者を中心とした党内結社の「内地雑居講究会」に賛同し、参加（発起人の1人）

6月23日		森と小久保喜七が自由党除名→関東会での活動を党首脳部が危惧　同時期の自由党『党報』第16号で報じられる
6月28日		大井が自由党脱党（本人曰く、「自由軍の別動隊」たらしめるため）→新党組織構想
7月7日		東京の元数寄屋町にて関東会の大井、森、飯村等が東洋自由党組織計画
11月6日	36	東京で「東洋自由党」結党式（森も加入）
明治26年（一八九三）10月	37	東洋自由党が、内地雑居講究会から発展した「大日本協会」に合流し解党（同会自体も同年12月29日に解党）　森、飯村が同会加入
明治27年（一八九四）3月1日		第3回衆議院議員総選挙に推挙され茨城4区から（無所属）出馬するが、落選
明治34年（一九〇一）	45	河野広中、木下尚江等の東洋自由党から派生した「普通選挙期成同盟会」に加入
明治35年（一九〇二）1～2月		この頃、犬養毅と交流ヵ（両者の面会を知らせる書簡〔森宛犬養書簡〕1通あり）
8月		「国家並社会の革正刷新を自任、実行」をなす「革新同志会」を東京にて結成　神田区仲町に事務所をおく
同時期		「革新同志会と総選挙」を演説　「平民主義」の敗北、「貴族主義」繁栄を自認　林包明の茨城郡部区から衆議院議員候補者選定および出馬工作を行う
明治36年（一九〇三）11月	46	幸徳秋水等の平民新聞社発行『平民新聞』（同年11月29日発行分）に「同情語録」を寄せる
明治41年（一九〇八）2月16日	52	憲政有終会（旧自由党員有志団体）の前身「浪人会」に関係（小林樟雄等、大井派と共に）→27日に正式に結成　今後の憲政発展に尽力

大正6年（一九一七）4月10・11・13日	61	茨城郡部区からの衆議院議員候補者として『東京朝日新聞』に名前、推薦記事が載る→その後、出馬形跡なし
昭和6年（一九三一）12月	76	日本の満州事変、満州国建国を支援する「日本の使命と対支問題の解決」を演説（演説場所は不明）
昭和8年（一九三三）2月	78	死の直前、「国粋主義者」としての主義主張を表す個人雑誌『純正昭和公論』の執筆、印刷、校正を行う（同誌は現存が確認できず）
2月27日		「政治老人」や「憂国先生」などと呼ばれながら、東京市豊島区長崎町内の借家にて死去（享年78）
昭和12年（一九三七）頃		森家にあった蔵が取り壊される→森家の没落カ　現在、郷里の下妻には森家の墓がたつのみ

（森隆介に関する略伝、回想、新聞記事などから筆者作成）

明治知識人の思想と行動
—野口勝一と旧水戸藩の勤王功績調査—

林　真　美

はじめに

旧水戸藩出身の知識人[1]野口勝一が、大名家や官庁の協力なしに『維新史料』を刊行したことは、明治二十年代初頭に生まれた維新史ブームが商業的な出版を可能にするほど大きなものであったことの証左として今日、高く評価されている[2]。

野口の生涯や、『維新史料』刊行などの多岐に渡る活動については、後述の安典久氏や森田美比氏の研究があるが、歴史意識などの思想的側面に迫った研究は見受けられない。本稿では野口がどのような思想信条をもって行動したのか、その歴史叙述のアプローチから検証する。なお本稿の目的は、野口勝一研究のみならず、明治維新史像の創造といった[3]歴史意識の事例研究蓄積にも寄与することを目指すものとする。

以上を踏まえ、本稿ではまず野口の履歴と研究史を確認した上で、藩閥政府への視点や幕末維新史をめぐる歴史意識を取り上げ、明治十年代における「思想」を明らかにする。次いで、旧水戸藩の勤王功績調査の主体とされる彝《いっ》修《しゅう》館や、維新功臣の顕彰を標榜した保勲会での活動を検討し、明治二十年代における「行動」を考察する。

一　野口勝一の履歴と研究史

1　野口勝一の履歴

野口勝一の多角的な行動から大まかな時代区分を考えてみると、その生涯は次の八期に大別することができる。

（一）　幼少・少年期　嘉永元年（一八四八）～文久三年（一八六三）
（二）　東北地方亡命期　元治元年（一八六四）～慶応三年（一八六七）
（三）　教員・地方官吏期　明治元年（一八六八）～明治九年（一八七六）
（四）　自由民権運動参加期　明治十年（一八七七）～明治十三年（一八八〇）
（五）　茨城県会議員期　明治十四年（一八八一）～明治十五年（一八八二）
（六）　農商務省出仕期　明治十六年（一八八三）～明治二十四年（一八九一）
（七）　衆議院議員期　明治二十五年（一八九二）～明治三十年（一八九七）
（八）　後進育成期　明治三十一年（一八九八）～明治三十八年（一九〇五）

嘉永元年（一八四八）、野口は、多賀郡磯原村（現北茨城市）で、父勝章と母なかの間に長男として生まれた。生家である野口家の祖は、南北朝時代に武将として活躍した楠木正季（楠木正成弟）に遡る。初代水戸藩主徳川頼房の時代に郷士に取り立てられて以来、代々同藩郷士の家柄[4]であり、地方の名門であった。父の弟に西丸帯刀[5]がおり、この叔父とともに尊王攘夷運動に奔走していた父が熾烈な藩内党争に巻きこまれると、野口は東北へ難を逃れ、しばし田村郡三春村（現福島県三春町）に身を潜めた。

明治維新後に野口が目を向けたのは教育界であった。明治七年に小学校教師速成養成の茨城県拡充学校を三ヶ月で卒業すると、多賀郡大久保村（現日立市）の水戸藩郷校暇修館跡に設立された大久保小学校や、那珂郡額田村（現那珂市）の額田小学校に奉職した。額田小学校を明治八年四月に退職すると福島県に出仕した。

福島県から茨城県へ戻ると、野口は、笹島吉太郎(6)に招かれ、『茨城新報』という新聞を発行する新報社（現水戸市）に職を得た。『茨城新報』第二七六号（明治十一年九月二日付）奥付の「幹事野口勝一、編集長笹島吉太郎、印刷大内長(7)」というのが同紙に野口の名前を見出すことのできる最初の記事である。幹事という肩書きについて明文化された規定は見あたらないが、会社の取締役もしくは社員の世話役のような職務であったとされている(8)。野口は明治十二年四月六日に新報社を辞しており、同社に在職していたのは七ヶ月程度であった。在職期間に発行した新聞は一五〇号、このうち、野口が署名入りで書いた社説は一四編で、都合二五回の欄を埋めている。そのトピックは、産業経済・政治社会・地方自治・文化教育と多岐に渡った。代表的な社説として、明治十一年一月より五回に渡って分載された「読東京各新聞」、不定期掲載で計四回を数えた「感時編」、同十二年三月から四月にかけて都合六回連載された「文学論」などがある。

新報社退職から二年後の明治十四年二月、野口は『茨城日日新聞』という新聞を発行する茨城新聞社を創立した。この新聞は社名を取って『茨城新聞』とも呼ばれ、明治十五年第五〇五号まで続いた。社長でありながら、野口はここでも社説を始めとする多くの論説に筆を取った。また、同社を起こして間もない、明治十四年三月、茨城県会議員の半数改選で議員に当選して政界に入り、議長の座に就いている。当該期の選挙では多くの民権家が選出されており、県会は彼らの恰好の交流場として民権運動の発展に寄与する一方、茨城県内におけるいわゆる河川・山岳両党の対立のような民権家同士の摩擦をも生み出していた(9)。このような対立を解消し、民権家の団結をはかるべく、野口は道を模索し続けた。

県会議員辞職後の明治十六年八月、野口は茨城県官人見寧[10]の周旋によって農商務省属官となり、官報報告や勧業事務(博覧会・共進会)を担当した。後述する日記をつけ始めるのもこの時期からで、同省への出仕について生計のために止むを得ずと書いており、思うところがあったことを匂わせている。後世、「文筆業がそれでもなかった。あるいは国会議員にあったのかもしれない[11]」と評されるように、野口は再び政界へ戻り、明治二十五年二月、同二十七年三月、九月に自由党から衆議院議員に立候補、連続三期当選し、活躍の舞台は全国的なものとなった。国会における逸話も多く、議院からの上奏文の多くは野口による草案とされている[12]。

明治二十年代は、同二十年二月『絵画叢誌』[13]、九月『維新史料』、同二十二年『風俗画報』[14]の創刊などから明らかであるように、吏員や衆議院議員の職務の傍ら、出版事業を手がけた時期でもあった。

以上に取り上げた新聞・雑誌のほか、野口は多くの著作を残した。和漢の学に長じ、その生涯に作られた詩文は、未発見のものも加えると膨大な数になるとされている。野口の撰となる記念碑・顕彰碑・墓碑の類も多い。絵画では蝦蟇の題材を得意とし、「蝦蟇仙人」などと称された。芸術や文学への造詣も深く、同郷の横山大観や甥の野口雨情らへの後援などを通して幅広く文化事業に貢献した。

2　研究史の整理

多角的な活動に従って著書や論考の多かった野口だが、公にされた、まとまった伝記はなく、自伝も書き残していないとされている[15]。伝記の第一次史料となる談話録も、きわめて少ない。ただし、後述するように先行研究として小伝のようなものは存在する。顕彰碑的な文章もいくつかあり、その最たる例が明治三十九年(一九〇六)、宗慶寺(現東京都文京区）に建立された「珂北先生之碑」[16]である。

野口に関する研究史は、北茨城市教育委員会による「野口勝一日記」の刊行を画期として、前期【昭和四十二年（一九六七）～昭和六十三年（一九八八）】と後期【平成三年（一九九一）～平成十五年（二〇〇三）】の二期に大別される。

研究論文に野口の名を最初に見出すのは、昭和四十二年の山本秋広氏「雨情の伯父野口勝一」（『明治初期の茨城』所収）である。同論考は、野口の父勝章を殺害した吉野英臣の処刑の際に、野口が水戸藩の許しを得て太刀取りとなった明治二年四月から、同三十八年十一月の逝去にかけて大まかに触れ、「野口雨情が大正、昭和に優れた詩人として数々の民謡を後世に残しているのも、伯父の勝一と同じ文学愛好の血が流れ、文筆に親しむ勝一の影響を青少年期に多分に受けたのであろう」[17]という点に帰結している。続いて発表されたのは、昭和四十九年の伊藤隆氏「野口勝一という人物」[18]である。同論考は、簡にして要を得た小伝のひとつで、平成十五年の森田美比氏『野口勝一の人と生涯—明治中期の政治家・文人—』にもたびたび引用されている。

昭和五十年代に入ると、同五十五年の槌田満文氏「『風俗画報目次総覧』解説」で『風俗画報』における論説の執筆者の一人として野口が挙げられている[19]。この後、昭和五十七年の安典久氏「新聞に野口勝一を追う（上）」以降、同六十三年まで毎年野口に関する研究が発表される。同論考は、野口が『茨城新報』と『茨城日日新聞』へ寄せた社説の分析を通し、民権期におけるその立ち位置や役割を考察している[20]。昭和五十八年の安典久氏「野口勝一と野史台」はその前半生を紹介するほか、「「勝一は雨情の伯父である」と、雨情の光で勝一が照らされているみたいに言う」のは「「顚倒ではないか」といいたいのだが勝一の業績の全貌をつかんでいない現状では如何ともしがたい」と問題提起している[21]。同年は鈴木敬二氏「明治時代の額田小学校長野口勝一について」にも略歴が述べられており、野口への関心が高まっていたと言えよう[22]。前出の森田氏は昭和五十九年に「自由民権期の野口勝一」以下三本の論考で野口の政治家としての活動を明らかにしている。[23]また、昭和六十一年の網代茂氏『水府巷談』に『茨城新報』と『茨城日日新聞』を取り上げた記事がある。[24]

前期研究史は、昭和六十三年の森田氏の論考を最後に一旦途絶えることとなる。野口をめぐる研究の中興は、平成三年から順次刊行される「野口勝一日記」を待たねばならない。

件の日記は明治初年から四十数巻に及ぶと言われているものの、[25]伝存するのは同十六年八月から同三十八年にかけての一九冊のみである。さらに、前出の(七)衆議院議員期に該当する六年間の分は欠落しており、今日までその所在は確認されていない。[26]このうち、伝存する一九冊分を所収したのが『北茨城市史』別巻五～八の「野口勝一日記」シリーズである。この日記を手がかりとして野口の足跡を辿り、その人間像へ接近を試みたものが安氏による「野口勝一日記」各巻の解題「解説――野口勝一の生涯――」[27]である。平成六年に「野口勝一日記」の刊行が終了すると、これを主要史料とした安氏「日記に見る野口勝一の官吏観」[28]や森田氏による一連の研究により、[29]研究蓄積に一層の厚みが付与されることとなった。

二　明治十年代における野口勝一の思想信条

1　藩閥政府と旧水戸藩への視点

「野口勝一日記」Ⅰ～Ⅲ、つまり、上京し農商務省に出仕してから、明治二十五年(一八九二)に衆議院議員となる直前までの日記には、藩閥政府の政治腐敗や政府高官の醜聞、官吏の卑屈な態度に対し、痛烈な批判や嘲笑を加えた記述が随所にある。[30]とりわけ、明治十年代後半の鹿鳴館外交への批判が顕著であった。野口は、鹿鳴館で催された舞踏会や共遊会を持て囃す世相風潮を淫奔の媒介と懸念し、国会や兵備を整えず、財政の窮迫により国家を弱体化させている政府の責任や、深刻な経済状況下で国民が飢え死に瀕する現状に無策な政府の非情を訴えている。(31)

また、西郷従道や松方正義・伊藤博文・井上馨らのひととなりから、旧薩摩藩出身者は「愚」にして「質朴」、旧長州藩出身者は「才」にして「狡猾」とそれぞれの気質を帰納し、明治になって栄達した彼らの驕奢や腐敗に対し怒りを露わにすることも少なくなかった。(32)野口のこのような評価の背景には、維新期における薩長両藩と水戸藩への認識があったと考えられる。これを端的に述べた例として、史談会が聴き取った旧福岡藩出身の官僚早川養敬（勇）の談話を挙げる。

〔史料1〕

○薩長両藩ハ維新の大業を起すに功ある事

（前略）維新の事業と云ふものは、其一番大本の基礎は薩摩と長州で出来たと云つて宜しひ、現在働きは夫れに相違ござりませぬ、夫れで世上の評に薩長両藩の功は、今日婦人女子たりとも知らぬはなしと申しますが、固とより両藩共藩公始め有功の方々は、勤王の御主意であつたことは疑ひないでござりますが、偖て言つて見ると水戸でござりますネー(33)

〔史料2〕

○水戸藩ハ維新の大業を翼賛するに功ある事

水戸と薩長と較ふれば維新の功業に就ては水戸の手花は、薩長両藩より形ちは少い様に見えます、然りまするに成程戦争をしたり、幕府を引つくり返へす様なことは、水戸の方には無いであらうが、徳川の御三家の中で水戸にあーいふ混雑の有るはどうかと云ふと、矢張何か事がなくてはならぬ、勤王の主意は代々の御藩主が受継ぎて居らるゝけれども、隅々内輪に何かの争ひがあつたに相違ないこと、考へます、水戸の方も言つて見ると派手な角力を取つてないけれども、此維新の大業を翼賛したることは表面に立つたと隠然であるとの差はあるも、余程効力の有つたものであらうと信じます、其効力は長州の人にありても、矢張り水戸と牽連れて天朝を貴ぶ人が多い様である、薩摩の人も多い様である(34)

これらを要約すると、明治維新の基礎を作ったのが薩長両藩、両藩を補佐したのが水戸藩で、同藩の功績は薩長両藩と比較すると表面では分からないが、陰で強い効力を持ち、この効力は天朝を尊ぶこと（尊王論）に由来するとしている。しかしながら、早川と同郷の杉山茂丸が述べているように、これは裏を返せば「尊王攘夷の醸造元は水戸であって、之が元売捌所は筑前で」、「云わば此薩長の小売店に尊王攘夷の株を取られて、アノ大繁昌をなしたので、水戸も筑前も、薩長藩閥の鳶に尊王攘夷と云う油揚げを淩われたと同じ事であ(35)」った。野口は明言こそしなかったが、明治十六年から同二十四年までの日記に散見する義憤や憂慮は、こうした怨念史観に裏打ちされていたと言えよう。

その一方で、野口は、自身の帰属する旧水戸藩にも複雑な思いを抱いている。

〔史料3〕

○同（十月――引用者註）十七日、晴、祭日

茨城親睦会○茨城県人開親睦会於両国中村楼、水戸人亦開交同定期会於小梅水戸邸、二者共与之、午前十一時至於中村楼、岡野寛、原田明善在席、依之告事由、詣水戸邸、客未会、又告事、与野村豹、森某復赴中村楼、此時午後三時也、会員満席、松林伯円演説、又設別席、池田雲松、某姓雲濤二人造画、既而酒出盃飛宴飲酣暢、各竭其歓矣、夜八時客散帰矣、夫此会者初岡野寛首設之、至今年三歳、既及第四回、固非有他趣意、全以親睦為主、余与此会、実客歳十月矣、而見茨城県人、多是書生、四十歳以上者会殊少矣、元来我水戸人旧藩政思想未消、甚

忌他藩人、故贈書誘之及百四余人、大抵謝而不来、其意蓋為以、余輩壮年客気叨結交於民間人軽挙失事也、雖然以観之、却怪老輩因循固陋、空構城府不広愛衆也、試思、与何人親睦交際有何妨乎、退避自小大丈夫不所愧乎、況於如東京地境甚広、平生欲観容易不可得乎、只有親睦会、々話叙同郷之情而耳、夫不察之、却避之過乎、此日会者殆二百、有官吏、有軍人、有書生、有代言人、有新聞記者、有商、有農、不問人種為何、是亦真親睦之意也（36）

日記によると、野口は茨城県人と水戸人、それぞれの親睦会に参加していた。茨城県人を見ると大半を書生が占め、四十歳以上すなわち当時の野口より年長の者は殊更少なかった。野口は、旧藩政思想がいまだ消えず、他藩人を忌む水戸人元来の排他的な気質を危惧し、同郷の情を述べる親睦会を試みている。

2　歴史意識

後述の通り、野口は維新史ブームの明治二十年代以降、幕末維新史編纂や刊行に従事するが、その歴史意識の芽生えのようなものは明治十年代から確認することができる。

〔史料4〕

○同（十一月――引用者註）二日、陰、日曜日

時事○数日前政府令、禁雖係新聞紙条例前、建言及請願書不依公式而発布者公于世、既有新聞紙条例、依来史家不能修私史、大余輩所嘆也、然猶泝及其前矣、明治年中歴史者一帰官之手、民間不得修之、官吏得正則雖可止、若官史書諛辞則天下後世竟不能見明治之真史也、苟有筆者此時宜修私史秘石室以待後世啓之、是亦余輩之任也、大丈夫不施行事、則留文章亦是時也（37）

明治十七年（一八八四）十一月二日の日記によると、新聞紙条例制定以来、民間の史家が「私史」を修めることがで

きなくなったと嘆いている。「明治年中歴史者一帰官之手」とは、修史局による『復古記』『明治史要』や、宮内省による『大政紀要』の編纂を指すと考えられる。野口は、政府の手による史書が権力にへつらうことを辞めない限り、後世の人々がついに明治の「真史」を見ることはないと警鐘を鳴らし、「宜修私史秘石室以待後世啓之」ことが自身の任務であるとした。

この思いは、明治十八年六月十一日の日記でより具体化されている。

〔史料5〕

○同（六月――引用者註）十一日、晴（曜日の記載なし）

会葬○山内山彦末女死、葬之青山墓地、余往会葬焉、蓋青山為地也、旧係某藩別邸矣、維新後定為埋葬地、々域甚広、中央墓碑林立、想応地下新骨縦横、彼大久保利通、川路利良、野津鎮雄、其他顕官要職之骨、埋于此、現時使人尤驚異者、野津紀功之碑也、其高如巨木、文重野安繹所撰也、称賛嘆美喈々数千言、読之則野津者如為本邦第一名将、果如然、世人或不許、於余亦不能首肯、夫作文媚苔下人者、不是為慕其人、実出欲使顕要之人愛己之意也、若不然則使野津如此、如谷干城応如何称賛、若他日政略一変現状方息之日、他名将棄館則碑上之名誉不能如野津明矣、是畢竟不世薄功績、作者之筆無所利也、果然、今日政府集学士而編史、費鉅万金、其実不過一部諛史也、当今之時苟在筆而通世上之事実者、何不修野史以供後世史家参考、史皆如野津之碑、後世因何得窺今日実状乎、余於茲乎益信野史之必用、余平生欲修之久矣、然未成也(38)

青山墓地（現東京都港区）へ会葬の折、その敷地内に林立している大久保利通や川路利良、野津鎮雄を始めとする明治維新の功臣の墓碑を見た。とりわけ野口が驚いたのは、旧薩摩藩出身で大日本帝国陸軍の軍人であった野津鎮雄の紀功碑である。「称賛嘆美喈々数千言」で野津を「本邦第一名将」のように書き立てる同郷の歴史家重野安繹の撰文に対し、旧土佐藩出身で西南戦争の際に熊本城攻防戦を指揮した谷干城をいかに称賛するかと反問している。さらに、政府は巨額の資金を費やし、学士を集めて史書を編纂しているが、その実は権力にへつらう一部の「諛史」を造っているにすぎないと批判する。歴史がみな野津の紀功碑のごとき「諛史」であれば、後世は何を根拠に明治の実状に肉薄すればよいのか。自問に対し、野口は野史の必要性を説く。ここに来て前述の「私史」は「野史」と言いかえられ、国家の「正史」の対としての性格を強めた。

この「野史」を志向したのは、野口が『維新史料』(39)刊行のため富岡政信(40)とともに起こした「野史台」だけではなかった。郡司篤信(41)の『水戸野史』刊行にあたり、野口は以下のような序文を寄せている。

〔史料6〕（読点引用者）

序

世の中の人は、水戸の事といえは只無謀に攘夷を唱へ外国人を斬らんと罵る如く思へとも、初めは決して然る事はあらす、後に至り極端に傾き内変も畢竟これより起りしなり、余之を某老人に聞く、景山公一封を遺し其上に、猥りに開くへからす後日に至り或は開く時あるへしと書したまひしが、明治の御世となり龍駕畏こくも小梅邸へ御幸あらせられたまふ時、景山公の遺物叡覧に入れ奉り志に、其中に彼の一封あり志かは開きて妨けなきかとの仰に、畏まりて封押切れは、公より幕府へ御差出相成り志草稿にて、御自身に亜米利加国に渡航遊はされ、先方の事情篤と探鑿を遂け度との御趣意なり、御席には故大久保大臣も在り、これを見て大いに感し、景山公こそ真に開港の先見者に渡らせらるといへりしとそ、又東湖先生か公の仰によりて立案せし稿本の或家に存するものを見るに、家臣の内少壮鋭敏の輩二十人程択ひ、之を亜米利加に遣はし造船術を習はしめんとの御意なり、是も或は幕府に御差出し相成る書面の草稿にや、又或日、東湖先生を召して事に由らは、汝を亜米利加に遣はすやも計られす其心組みせよとの仰せある故ゑ、先生も内々櫻某始め両三人に告けて、弥々の時には同行すへきことを約したりといふ、其内一人は今猶存生なり、斯の如く景山公に於かせられては種々に御心を悩ませたまひ、外国の状情を詳かにしてしかも後に処置せはやと思召さるゝも、其甲斐なかりけるこそ遺憾なれ、然るを世の人公の深謀遠慮あらせらるゝことをは知らすして、無謀にも外国人と戦へさえすれは公の志のやうに思ふは大なる誤りなり、水戸の末年には幕府の政も弛ひ、時の議論も皆極端に走り、慷慨悲歌の声は天地に満つへき勢なる故ゑ、気早き人々は争てか黙視すへき筑波山の屯集、那珂湊の戦争あるも亦免れさる所にて、これ深く咎むへきにあらす、波山湊の事は抑々末なり、其本を尋ねす只其末を見て叨りに論評を下すもの多きは、寔に嘆かはしき次第ならすや、近頃郡司東海、水戸野史を著はして之を世に公にせんと欲し、余に一言を添えよといふよりて、前言を記し序文に代へ此書を繙かん人に告くと云爾、

明治十九年十一月　　　　野口勝一(42)

これによると、当時の旧水戸藩の評価はおおむね「只無謀に攘夷を唱へ外国人を斬らんと罵る如く思」われるというものであったらしい。続いて、野口が某老人から聞いたという話を端緒に、徳川斉昭こそが真の「開港の先見者」であり、斉昭の「深謀遠慮あらせらるゝことをは知らすして、無謀にも外国人と戦」うことがその志と思うのは大きな誤りであると展開する。しかしながら、「後に至り極端に傾き内変」で一度失墜した威信と尊厳を復権するために、旧水戸藩や斉昭を攘夷主義から開国和親政策へと転換した国是のルーツとすることは、批判対象であった藩閥政府の権威に依るという矛盾を孕んでいた。

三　維新史ブームの潮流のなかで

1 旧水戸藩の勤王功績調査と聿修館

明治二十年代は、旧藩（幕末期のいわゆる旧佐幕・日和見・尊攘諸藩の総称）や旧幕府、民友社などの民間ジャーナリズムを旗手とする幕末維新史の編纂や刊行が活発化した時代であった。日比野利信氏は、内閣制度創設や大日本帝国憲法制定、帝国議会開設を背景とする、こうした維新史ブームにより、近代日本の出発点である明治維新の意義が問い直されたと指摘する。(43)

また、明治二十年代初頭の政府の喫急課題となったのは、同二十三年（一八九〇）の帝国議会開設以降、自らの裡に内包せざるを得なくなる議会勢力への対応であった。天皇制国家の正統（当）性を打ち出すため、後述の公卿・諸藩の功績調査や明治二十二年の特旨贈位などを通し、維新期における勤王功績のクローズアップが意図されていく。(44)

明治二十一年七月、宮内省は王政復古において最大の功績があった島津家・毛利家・山内家・水戸徳川家の旧大名華族へ嘉永六年（一八五三）から明治四年までの「国事ニ鞅掌セシ始末詳細取調」を指令し、補助費として年に金一〇〇〇円を下賜した。指令を受けた四家の編集員と三条実美・岩倉具視両公行実取調員は「史談会」を結成すると、各家所蔵の史料を持ち寄り、関係者から聴き取り調査を行って、幕末維新史編纂による史実確定に取り組む体制を整えた。(45)

その余波は旧水戸藩にも及んだ。(46)先の勤王四家へ「御沙汰書」が下された三ヶ月後の十月、藤田任と服部敏が小梅邸聿修館管事の名において、東茨城郡錫高野村（現城里町）の黒沢止幾へ聿修館創立に伴う資料提供を呼びかける文書

（茨城大学図書館蔵）を送付している。

〔史料7〕（読点引用者）

今般水戸藩に於て国事に鞅掌せし始末詳細取調編製可致旨　朝命を蒙り、東京小梅邸内へ韋修館創立編輯致着手候に付ては、　烈公御事蹟材料蒐集方急務なるに依り、兼て水戸表有志の遺老に於て取集め置たる御親書及御詩歌等の義ハ、直に右材料に供すへきも、猶又此際逸事逸聞悉皆網羅致度、仍て水戸表之義ハ常磐社務所内に於て事務取扱候に付、御事蹟関係の書類精々御捜索、猶有志御中へも御通達之上、同所へ御差送相成候様致度、此段及御依頼候也、

但御親書御詩歌等ハ御謄写、逸聞の類ハ御筆記之上、御送致相成度候、

一前件所蔵家変遷譬ハ、甲者の者乙者に移り、或ハ他の所蔵の物と写取置候類も、無洩御差送致度候、

一国事に関係ある諸有志、当時往復手簡其他の書類も御謄写に和成度候、

一右書類既に水戸遺老の需めに応し御書出相成候分ハ、今回別に御遺に不及候、

一書類等有無之義ハ、来る十二月上旬迄に否御通知を乞ふ、

小梅邸韋修館管事

藤田　任

服部　敏

明治廿一年十月　日

東茨城郡錫高野村

黒沢お登起　殿(47)

これによると、聿修館とは、前出の「御沙汰書」を受けて旧水戸藩邸下屋敷の東京小梅邸内（現隅田公園）に創立された機関であったらしい。急務とされたのは徳川斉昭の事蹟に関する材料蒐集で、水戸における資料提供の受付事務は常磐社務所内で取り扱った。親書・詩歌などは謄写、逸事逸聞の類は書き記すよう但し書きを添えた上で、蒐集対象として、すでに「水戸遺老」の求めに応じて提供した分を除いた、①所蔵家が変わった資料（甲者→乙者と所有権の移ったものや他家所蔵の謄写）と、②国事に関係のある諸有志の当時の往復書簡などの謄写を挙げ、書類の有無を十二月上旬までに通知するよう依頼している。

『水戸市史』をはじめとする先行研究に聿修館に関する記述は見受けられないが、国立国会図書館に『聿修史料目録』[48]という冊子が所蔵されていることを確認した。その奥書には、「聿修史料は水戸藩史料編修の為蒐集する所、現に彰考館に所蔵せり。此目録も亦同館に於て作製し、後、維新史料編纂会[49]が修史の用として僅少印行せるものなり[50]」と記されている。また、同書（第五十七号―一四）に「明治二十一年宮内大臣ヨリノ達ニ依テ国事鞅掌ノ次第ヲ編纂スルニ至ル経路ヲ記[51]」した『聿修館雑記』があることから、藤田と服部が諸有志へ向けて提供を呼びかけた資料群も、この目録に記載されている可能性が高い。

藤田と服部の詳細な履歴は不明だが、両者の名が「野口勝一日記」に登場することから、いずれも水戸関係者であったと考えられる。服部の方は明治十一年に『聿修史料目録』（第五十号―八）記載の『水府諸役相続記新編[52]』（茨城大学図書館蔵）を編纂していたから、その経験を買われたのかもしれない。服部の名が初めて日記に現れるのは、明治十六年九月一日[53]であったが、この日、あいにく野口は病気であったため、自身を訪れた服部との面会はかなわなかった。藤田や服部との関わりが出てくるのは、少なくとも明治二十年以降となる。

同年四月十九日[54]は藤田（と広岡逸人[55]）から小梅邸で交同会を、八月十二日[56]には服部（と大胡純）から十四日[57]に藤田健[58]の上京に合わせて小梅邸内の八百松楼でやはり交同会を開くと、それぞれ来信があった。野口によると、この「交同会」（同音で「弘道会」とも）は、会員を三〇人に限り、小梅邸を拠点とした在京水戸人のコミュニティーであったらしい[59]。その原型となる集まりは明治十年代後半頃に形成され、親睦会や歓送迎会だけでなく、講談師を呼んで黄門記を聞いたり[60]、救恤法や醵金法を設け[61]、相互扶助の仕組みを整備したりしていた。

聿修館もこうした多様な交同会の活動のなかから生じてきたのであろう。明治二十一年四月二十八日の日記を繙くと、「詣小梅邸議景山公事蹟編纂順序等、此日会者藤田健以下十余人也[62]」とあり、資料蒐集を呼びかけるおよそ半年前から、斉昭の事蹟の編纂について話し合いの場が持たれていたことが分かる。

2　保勲会の設立と活動

「野口勝一日記」を追うと、野口はその後も交同会自体には顔を出しており、個人的な藤田や服部との付き合いもあったようだが、斉昭の事蹟の編纂や資料蒐集など、聿修館に関する記述は明治二十一年（一八八八）四月二十八日の条を最後に途絶えている。単に聿修館の運営を二人に委ねただけなのか、活動理念に齟齬をきたしたのか、その理由は定かではないが、野口は聿修館ではない次の新たな歴史叙述へのアプローチに向けて動き出していた。

明治二十二年一月十二日、野口は保光会創設主意書を起草している。「保光会」とは、維新前後の志士の著書や筆跡を保存・印刷するために設置された会で、その創設趣意書の起草は、野史台の共同作業者富岡政信の求めに応じたものであった[63]。次に保光会に関する動きがあったのは、二月六日のことである。

〔史料8〕

○同（二月――引用者註）六日、水曜、晴、夜有雪訪問○（中略）又与富岡政信訪林友幸、余曾為富岡謀秉林等百余人為話旧事会紅葉館之日使携維新史料目録訪林、以其紹介列同館、林大賛成維新史料之事、因更欲利用之設保光会以出版維新遺書及肖像等為目的、余作其趣意書使富岡説林、々大喜奨励之、土方久元亦同意之、故此夜訪林説其利害、益固其意也、帰路雪霏々、夜帽皆白[64]

同日夜、野口と富岡は、保光会の利害を説くために、旧長州藩出身の元老院議官林友幸を訪ねていた。これには前日譚がある。芝公園（現東京都港区）に存在した会員制の高級料亭紅葉館へ林を訪ね、「維新史料」を紹介したところ、大いに賛成してくれた。さらに野口の作った趣意書で保光会について説くと、林は大喜びで奨励し、旧土佐藩出身の宮内大臣土方久元も同意したという。再度の説得により、野口と富岡は林の保光会への意向を固めることができた。

この後、広告文や主趣書・規則書の体裁を整える過程で、保光会は「保勲会」と改称している[65]。野口は、翌三月の日記に「保勲会」と項を設け、設立の経緯や今後の方針を示した。

〔史料9〕

○同（三月——引用者註）三十日、土曜、晴、温和

○保勲会

客歳暮余於某所見慶新会員以明年一月三日会紅葉之報文、林友幸、渡辺清為其幹事、余思此会者維新功臣会也、故贈之以維新史料目録則応得購求者、因写報文付之富岡政信告曰、速印刷目録往請林友幸以謀頒同会員、政信即如其言、友幸大感維新史料之事共約誘行、及当日政信随林列于席、果功臣会也、此時戊辰戦記画巻始成、是依小松宮命画氏松岡正盛費六歳月而所告成也、席上展観之間進献　宮中之議決皆曰、固当然如何無副本、有板刻与謄写之議未決而散矣、政信帰而告之余曰、応設一会以刻之頒会員、子謀之林友幸、余因作此会創設主意書、其文専以使故老起旧情不安富貴宜吊慰死者、其為之乃在蒐集出版遺書遺物其他之意、友幸読之大感直表同意、転説山田

顕義、土方久元、東久世通禧等、皆莫不同意、因設事務所印規則其第一着手将板刻戊辰戦記図巻、蓋故老進取之気既消誇旧功之心日熾於茲乎可観焉、乃因之維新史料声価大増、此策可謂能中老功名肯綮矣[66]

ここでは史料8の顛末をさらに詳しく述べ、保勲会を「維新功臣の会」としている。また、このときには、画家松岡正盛(緑堂)[67]の筆による『戊辰戦記図巻』が成立していた。しかし、宮中へ進献しようにも副本がない。そこで、前述の林・土方のほか、旧長州藩出身の司法大臣山田顕義や旧尊攘派公卿の華族東久世通禧らに、故老に幕末維新期への旧情を想起させ、富貴の立場にある人々が維新前後に命を落とした志士を弔うためにその遺書や遺物を蒐集・出版すると説き、同意を得た。こうした経緯から、『戊辰戦記図巻』の板刻が保勲会の第一に着手するべき仕事となったのである。

『戊辰戦記図巻』は、紆余曲折を経て、前後編二部作の『戊辰戦記絵巻物』[68]と改称して刊行された[69]。様式は戊辰戦争の場面をモティーフとした絵図に戦記を添えるというもので、前編は四一図と「戊辰戦記前編」(上下巻)、後編は二六図と「戊辰戦記後編」がそれぞれセットになっている。戦記は「維新ヲ経験セシ諸君ノ実践ニ基キ、且諸書ヲ参考シテ編次シ[70]」(読点引用者、以下同じ)、絵図は「見聞ニ問ヒ遺物ニ徴シ勉メテ其実ヲ尽セリト雖モ、兵馬倥偬ノ際、見聞等ニ詳略ナキコト能ハス[71]」としている。

版木が成り、『戊辰戦記絵巻物』は保勲会会員に非売品として頒布されたが、会の事業は幕末維新期の顕彰だけに留まらなかった。明治二十八年六月、保勲会は前年の日清戦争を記念した『奉公偉績画巻』[72]並びに『奉公偉績戦記』[73]の編纂を開始する。絵図に戦記を添えるスタイルは『戊辰戦記絵巻物』を踏襲しており、図巻を「地理ヲ詳カニシ、武器武具其他戦地ニ用ユル物品類、都テ実物ニ写真ス[74]」るもの、戦記を「印刷物又ハ通信等ヲ網羅シ、其顛末ヲ明カニシ、都テ実践ヲ経歴目撃シタル人ニ就テ正ヲ乞ヒ、其誤ナキヲ期ス[75]」ものとした。さらに、「凡ソ事アレハ史アリ、史事ノ国家ニ於ケル最モ欠クヘカラサル者ナリ、亦以テ切実的当ヲ期セルヘカラス、夫レ絶大ノ事業希世ノ勲績、之ヲ実見ニ顕ハシ之ヲ後世ニ遺スハ、独リ其事其人ヲ不朽ナラシムノミナラス、後人ヲシテ感奮興起セシムルノ功モ亦大ナリ」(76)と、国家における史実の重要性や後世まで及ぶその影響力を特筆している。

野口は編纂主任として携わり、明治三十一年二月二十二日には、およそ三年の月日を費やした『奉公偉績戦記』の原稿を保勲会に渡した(77)。三ヶ月後には、前年に完成していた『戊辰戦記絵巻物』が宮中へ献上されている。

〔史料10〕

（五月――引用者註）二十七日、金曜　（天気の記載なし）

（中略）是日至保勲会書奉公偉績画巻献納本毎図題、此本献　天皇皇后陛下皇太子殿下也、其牌皆用純金子、其数百八十八葉也、与富岡政信、高橋松亭小酌、夜深帰于家(78)

五月二十七日の日記によると、天皇や皇后・皇太子へ進献されたのは純金を用いた特装本であった。『奉公偉績画巻』の事業期間には日記の欠本があり、この日も淡々と事実を記すのみで、一連の事業をめぐる野口の動向や信念を読み取ることはできない。しかし、盟友たる富岡とささやかな祝杯をあげ、「夜深帰」ったという叙述からは、これが会心の結実であったことがうかがえる。

おわりに

本稿で明らかとなったのは、まず、交同会（弘道会）という在京水戸人のコミュニティーとそこから派生した聿修館の存在である。旧藩政思想がいまだ消えず、他藩人との交流を忌む、水戸人の排他的な気質を危惧した野口にとって、交同会と茨城県人親睦会はよりどころと呼ぶべき存在であった。親睦会は後に官吏や軍人・書生・新聞記者といった職業（人種）を問わず、多くの人々が集まるようになり、親睦会の理念を体現することとなった。宮内省の意向を受けて創立された彰修館も、斉昭の事蹟に関する材料蒐集という本分だけではなく、同郷人の結びつきを強くするのに一役買ったのかもしれない。先に、三条公行実編輯掛から宮内庁書陵部へ『彰修館叢書』一〜四（水戸家蔵本抜抄）という目録が移管されていることを確認した。『彰修史料目録』と分析することで、今後、旧水戸藩による幕末維新史編纂・叙述の研究が前進するものと考えられる。[79]

続いて、保勲会の活動に伴う野口の意識の変化である。明治十年代後半の野口は、藩閥政府への反発として「野史」を志向する反面、その歴史意識は、失墜した旧水戸藩の威信と尊厳を復権するために、批判対象であるはずの藩閥政府の権威に依るという矛盾を孕んでいた。しかし、同郷人だけで構成された彰修館から離れ、他藩出身者と保勲会を立ち上げたことで、野口はそれを克服しつつあったと考えられる。というのも、『奉公偉績戦記』や『奉公偉績画巻』[80]では「諛史」—「野史」の枠組みを越え、日清戦争を「国家」の歴史として認識していたからである。

註

（1）菅谷務「カオスと知識人—水戸藩におけるインテリゲンジャの形成—」（第九回地域史シンポジウム『明治維新と茨城の歴史』、二〇一三年）では過渡期の知識人として根本正や高橋義雄、井坂直幹、朝比奈知泉などが挙げられている。

（2）三谷博「明治維新の史学史—『社会科学』以前—」（『ヨーロッパ研究』第九号、二〇一〇年）、一八一頁。

（3）田中彰『明治維新観の研究』（北海道大学図書刊行会、一九八七年）、宮地正人「政治と歴史学—明治期の維新史研究を手掛りとして—」（西川正雄・小谷汪之編『現代歴史学入門』、東京大学出版会、一九八七年）。など。また近年は、地域レベルないし国家―地域を繋ぐものとしての明治維新に対する歴史意識などを取り扱う研究も進んでいる。日比野利信「維新の記憶―福岡藩を中心として―」（明治維新史学会編『明治維新と歴史意識』、吉川弘文館、二〇〇五年）、高木博志「「郷土愛」と「愛国心」をつなぐもの―近代における「旧藩」の顕彰―」（『歴史評論』第六五九号、二〇〇五年）、高田祐介「国家と地域の歴史意識形成過程―維新殉難者顕彰をめぐって―」（『歴史学研究』第八六五号、二〇一〇年）、小泉雅弘「「伝説」と「史実」のあいだ―明治神宮・「清正井」・井伊直弼をめぐる歴史認識―」（『駒沢史学』第八一号、二〇一三年）など。

（4）「野口氏系図」（長久保片雲『西丸帯刀と幕末水戸藩の伏流』、新人物往来社、一九八四年）より。野口から数えて八代前の橘勝親（野口弥平次）の項目に「慶安三年寅正月十五日、楠氏裔ナルヲ以、水戸威光様ヨリ水戸藩郷士ニ召出レ、物成米十五石三人扶持拝領、承応二巳年居屋敷拝領、御用炭運送加役被仰付（後略）」とある。

（5）西丸帯刀。文政五年（一八二二）生～大正二年（一九一三）没。水戸藩野口家に生まれ、西丸家の養子となる。名は亮・帯刀、号は蕉陰。成破の盟約締結や東禅寺事件、坂下門外の変などに関与する。明治三年水戸藩権大属として北海道開拓を担当するが、廃藩置県後は全ての公職から退く。

（6）笹島吉太郎。安政三年（一八五六）生～没年不詳。水戸市下市七軒町生まれ。明治九年『摘華新聞』（東京）局長、同十年『茨城新報』主筆、同十五年『茨城日日新聞』論説記者、同十三年民権政社共民公会（水戸）を組織。

（7）『茨城新報』第二七六号（明治十一年九月二日、マイクロフィルム版、茨城県立図書館蔵）。

（8）安典久「新聞に野口勝一を追う（上）」（『北茨城史壇』第二号、一九八二年）、八二頁。

（9）北茨城市史編さん委員会編『図説北茨城市史』（北茨城市、一九八三年）、一八二頁。

（10）人見寧。天保十四年（一八四三）生～大正十一年（一九二二）没。京都生まれ。戊辰戦争時に旧幕臣として新政府軍と交戦、榎本武揚らと五稜郭へ向かう。明治九年大久保利通の推挙で勧業寮出仕。同十二年茨城県大書記官、同十三年茨城県令。以後実業界に転じ、利根運河会社や台湾樟脳会社、日本酒精製造会社など多くの事業に関与した。

（11）安典久「解説―野口勝一の生涯（四）―」（北茨城市教育委員会編『北茨城市史』別巻八、一九九四年）、三八五頁。

（12）安典久「野口勝一と野史台」（茨城県職員課『ひろば』二月号、一九八三年）、四〇頁。

（13）『絵画叢誌』は、東洋絵画会から明治十七年十月から同十九年六月にかけて刊行された月刊誌『東洋絵画叢誌』全一六集を、同二十年二月、改題し、『絵画叢誌』第一集として刊行。

（14）『風俗画報』。明治二十二年二月から大正五年年四月にかけて刊行。昭和四十年代に明治文献と国書刊行会から全四百七十六冊を復刻・刊行。

（15）森田美比『野口勝一の人と生涯―明治中期の政治家・文人―』（私家版、二〇〇三年）、九頁。

（16）「野口勝一墓碑拓本」（北茨城市史編さん委員会編『図説北茨城市史』、一九八三年）より。「先生諱勝一、号珂北、常陸多賀郡磯原人、自幼好学有神童之称、下筆成章、初奉職磐前県、後転農商務省、居有年、推薦衆議院議員会、編維新史料、創東洋絵画会、為風俗画報主筆、資性温厚、不凝滞於物、談論公正、虚懐容物、君子人也、明治三十八年十一月二十三日病没、年五十八、旧故相謀建石於小石川宗慶寺／明治三十九年十一月／男爵野村素介題表／織田完之撰并書」。

（17）山本秋広「雨情の伯父野口勝一」（『明治初期の茨城』、私家版、一九六七年）、二三四頁。

（18）伊藤隆「野口勝一という人物」（『ＵＰ』三月号、一九七四年）。

（19）槌田満文「『風俗画報目次総覧』解説」（書誌研究懇話会編『『風俗画報』目次総覧』、龍渓書舎、一九八〇年）。

（20）安典久「新聞に野口勝一を追う（上）」（『北茨城史壇』第二号、一九八二年）、「新聞に野口勝一を追う（中）」（『北茨城史壇』第三号、一九八三年）、「新聞に野口勝一を追う（下）」（『北茨城史壇』第五号、一九八五年）の三部作。

(21) 安典久「野口勝一と野史台」（茨城県職員課『ひろば』二月号、一九八三年）、四〇頁。
(22) 鈴木敬二「明治時代の額田小学校長野口勝一について」（『那珂町史の研究』第四号、一九八三年）。
(23) 森田美比「自由民権期の野口勝一」（『UP』四月号、一九八四年）、「初期議会のころの野口勝一」（『日本歴史』六月号、一九八七年）、「茨城県会初期の野口勝一」（『日本歴史』七月号、一九八八年）。
(24) 網代茂「明治期の水戸の新聞・その始まり」（『水府巷談』、新いばらきタイムス社、一九八六年）。後に「雨情の伯父、野口勝一の仇討ちと〝最後の国王〟」（『水府綺談』、新いばらきタイムス社、一九九二年）を発表。
(25) 塙泉嶺『茨城県多賀郡郷土史』（宗教新聞社、一九二五年）、二四三頁。
(26) 「野口勝一日記」Ⅰ（明治十六～十八年）、「野口勝一日記」Ⅱ（同十九～二十一年）、「野口勝一日記」Ⅲ（同二十二～二十四年）、「野口勝一日記」Ⅳ（同三十一～三十八年）の全四巻。北茨城市教育委員会編『北茨城市史』別巻五～八（一九九一～九四年）として刊行。
(27) 安典久「解説―野口勝一の生涯（一）―」（『北茨城市史』別巻五、一九九一年）、「解説―野口勝一の生涯（二）―」（『北茨城市史』別巻六、一九九二年）、「解説―野口勝一の生涯（三）―」（『北茨城市史』別巻七、一九九三年）、「解説―野口勝一の生涯（四）―」（『北茨城市史』別巻八、一九九四年）。
(28) 安典久「日記に見る野口勝一の官吏観」（『北茨城史壇』第一二号、一九九五年）。
(29) 森田美比「『野口勝一日記』について」（『茨城新聞』、一九九四年）、「一冊の農書をめぐる確執」（『常総の歴史』第一五号、一九九五年）、「野口勝一の交友録」（『耕人』創刊号、一九九五年）、「茨城県令と県官」（『常総の歴史』第一六号、一九九五年）、「水戸鉄道の開業」（『日本歴史』一月号、一九九六年）、「野口勝一と水戸人」（『耕人』第二号、一九九六年）、「野口勝一の加波山事件論」（『常総の歴史』第一八号、一九九七年）、「笹島吉太郎小伝」（『耕人』第三号、一九九七年）、

「野口勝一の好奇心」(『枯れすすき』第二一号、一九九七年)、「野口勝一の『維新史料』編纂前後」(『日本歴史』十月号、一九九七年)、「野口勝一の恩師・恩人について」(『耕人』第四号、一九九八年)、「野口勝一の終焉」(『枯れすすき』第二二号、同年)、「雨情の父野口量平の生涯」(『枯れすすき』第二三号、二〇〇〇年)。後に、森田前掲註(15)、『野口勝一の人と生涯―明治中期の政治家・文人―』に所収。

(30) 安前掲註(28)「日記に見る野口勝一の官吏観」、三三頁。

(31) 同右、三六~三七頁。

(32) 「野口勝一日記」Ⅱ、明治十九年十二月二十一の条、二四~二五頁。「薩長人物」他。

(33) 早川勇「一歴史編纂に関する意見附十三節」(明治二十五年十二月十七日の旧藩事蹟取調所における応答談話、『史談会速記録』合本三―第一四輯、原書房、一九七一年)、二頁。

(34) 同右、二~三頁。

(35) 杉山茂丸「爆弾事件(大隈伯の片足が飛ぶ)」(『俗戦国策』、書肆心水、二〇〇六年)、一七一頁。底本は杉山茂丸『俗戦国策』(大日本雄弁会講談社、一九二九年)。

(36) 「野口勝一日記」Ⅰ、明治十八年十月十七日の条、二一一~二一二頁。

(37) 「野口勝一日記」Ⅰ、明治十七年十一月二日の条、九〇頁。

(38) 「野口勝一日記」Ⅰ、明治十八年六月十一日の条、一六六頁。

(39) 『維新史料』は、嘉永年間から明治五年までの諸史料を網羅した、明治維新に関する基礎資料集。シリーズは一八二編に及ぶ。

(40) 富岡正信。生没年不詳。拡充師範学校に学び、水戸で小学校教員として勤務する。明治二十三年の二度目の上京後、野口と野史台を起こし、『維新史料』の編纂などに心血を注いだ。

（41）郡司篤信。文久三年（一八六三）生～昭和十五年（一九四〇）没。水戸藩重臣・山野辺主水正の家臣である郡司仙蔵の子として生まれ、のち明治十五年以前に生態家を相続したとされる。

（42）郡司篤信『水戸野史　上巻』（赤津誠之、一八八七年）、序一～四頁。この後、下巻分を加筆し、郡司篤信『水戸野史』（私家版、一八九七年）として刊行。

（43）日比野前掲註（3）「維新の記憶」、一四九～一五〇頁。

（44）宮地前掲註（3）「政治と歴史学」、一〇三頁。日比野前掲註（3）「維新の記憶」、一六五頁。

（45）宮地前掲註（3）「政治と歴史学」、一〇三頁。日比野前掲註（3）「維新の記憶」、一五〇頁。

（46）名称「聿修館」の出典は、『詩経』の祖先の徳を褒め讃えることを説いた一節、「無念爾祖　聿修厥徳」（そのそをおもふなからんや、そのとくをのべおさむ）か。水戸徳川家に慶喜の筆として伝来した書「聿修厥徳」がある。

（47）藤田任・服部敏「聿修館創立に付資料提供の呼びかけ（表題）」（聿修館、一八八七年）。

（48）彰考館編『聿修史料目録』（維新史料編纂会、一九五四年）。以下、『聿修史料目録』。

（49）維新史料編纂会は、明治四十四年に文部省内に設置された明治維新関係史料の編纂機関。

（50）『聿修史料目録』、奥付。

（51）『聿修史料目録』、一〇八頁。

（52）服部敏『水府諸役相続記新編』（一八七七年）。

（53）「野口勝一日記」Ⅰ、明治十六年九月一日の条、一三頁。「服部敏見訪、因病不面」。

（54）「野口勝一日記」Ⅱ、明治二十年四月十九日の条、一四三頁。「来信〇藤田任、広岡逸人書来、曰、開交同会於小梅」。

(55)　広岡逸人。弘化二年(一八四五)生~大正三年(一九一四)没。水戸藩松本家に生まれ、広岡家の養子となる。明治年間は海軍秘書等を歴任、野口と同時期に農商務省へも出仕している。

(56)　「野口勝一日記」Ⅱ、明治二十年八月十二日の条、一九五頁。「来信○(中略)又小梅邸服部敏及大胡純書来、曰、十四日為藤田健上京開莚於八百松楼、因促来会云々」。

(57)　「野口勝一日記」Ⅱ、明治二十年八月十四日の条、一九六頁。「会飲○藤田健為茨城県書記官、以官事出京、在京水戸人所設交同会員迎而飲八百松楼、余亦為会員即往会之」。

(58)　藤田健。天保十年(一八三九)生~没年不詳。水戸藩上屋敷小石川邸に、藤田東湖の長子として生まれる。明治年間は茨城県警部長や同県書記官等を歴任。

(59)　「野口勝一日記」Ⅱ、明治二十年六月二十五日の条、一七五頁。「会集○在京水戸人謀設弘道会、置会場於小梅邸、限会員三十人」。同上、同年十一月十九日の条、二三五頁。「交同会○在京水戸人設弘道会」。

(60)　「野口勝一日記」Ⅱ、明治十九年十二月十三日の条、一一八頁。「宴会○水戸旧藩人開親睦会於小梅八百松、徳川侯、中山子来臨、講談師如燕演黄門記、声妓奏技至夜宴散、与高瀬真卿飲一小老而帰」。

(61)　「野口勝一日記」Ⅱ、明治二十年六月二十五日の条、一七五頁。「且設救恤法及醵金法、其法各出一円、半為積金託銀行利殖、当会員非常救恤、後半以抽籤附当籤者也」。

(62)　「野口勝一日記」Ⅲ、明治二十一年四月二十八日の条、七頁。

(63)　「野口勝一日記」Ⅲ、明治二十二年一月十二日の条、六九頁。「起草○草保光会創設主意書、是為設保存印刷維新前後志士著書筆迹之会也、乃因応富岡之請」。

(64)　「野口勝一日記」Ⅲ、明治二十二年二月六日の条、七二頁。

(65)「保勲会」の初出は、「野口勝一日記」Ⅲ、明治二十二年二月二十四日の条、七八頁。「起草〇（中略）為富岡政信保勲会広告書」。

(66)「野口勝一日記」Ⅲ、明治二十二年三月三十日の条、八四頁。

(67)日記によると、野口とは明治十年代から東洋絵画会を通じて交流があったと思われる。「松岡緑堂」の初出は、「野口勝一日記」Ⅰ、明治十八年六月五日の条、一六四頁。「絵画会〇抵絵画会、遇松岡緑堂」。

(68)保勲会編『戊辰戦記絵巻物』（国立国会図書館デジタルコレクション版、国立国会図書館蔵、一八九九年）。以下、『戊辰戦記絵巻物』。

(69)『戊辰戦記絵巻物』に関する先行研究の評価は以下の通り。「続いて翌年（明治二十二年――引用者註）七月『戊辰戦記』の石版刷りが成った。少し補足したあと、二十四年八月に広告文を起草しているから、そのころ野史台から刊行されたのであろう。以後も引続いて明治二十二年十二月から後編を書き始め、約九年後の明治三十二年二月函館戦争をもって完結した。後編は資料不足のため筆をおいたが、それだけに不満であった。刊行されたかどうかはわからない」（森田前掲註(15)『野口勝一の人と生涯』、一三〇頁）。なお、『戊辰戦記絵巻物』によると、『戊辰戦記』に該当する「戊辰戦記前編」は明治二十三年十一月から翌二十四年三月にかけて印刷・発行を重ね、頁を継ぎ足していたようである。刊行不明とされていた「戊辰戦記後編」も明治三十二年十二月に印刷・発行されている。

(70)『戊辰戦記絵巻物』、コマ番号三四一。

(71)同右。

(72)保勲会編『奉公偉績画巻』（国立国会図書館デジタルコレクション版、国立国会図書館蔵、一八九七年）。以下、『奉公偉績画巻』。

(73) 保勲会編『奉公偉績戦記』全九巻(国立国会図書館デジタルコレクション版、国立国会図書館蔵、一八九五〜一八九八年)。

(74)『奉公偉績画巻』第一図「編纂要目並体裁」。

(75) 同右。

(76)『奉公偉績画巻』第一図「発行主旨書」。

(77)「野口勝一日記」Ⅳ、明治三十一年二月二十二日の条、一八頁。「偉績戦記編至大青県凱旋全了其稿矣、前後凡三年以告其成、雖未尽其精亦比坊間所鬻稍可証其確実也、于時風号雪捲亦似形容戦場矣、太田長吉来、因付其稿本致之保勲会」。

(78)「野口勝一日記」Ⅳ、明治三十一年五月二十七日の条、三九頁。

(79)「彰考館史料調査」(『東京大学史料編纂所報』第九号、一九七四年)、一一五頁。昭和四十八年十月四日から六日まで、文部省史料編修課(後の文部省維新史料編纂会)で借用していた史料三九冊の返却を機会に水戸彰考館の幕末維新期史料調査を行ったとある。彰考館に現存し、目録カードによって検索・閲覧が可能な史料・図書は次のように分類できる。
〔1〕「彰考館図書目録」(大正七年刊)に所収されているもののうち、徳川家本邸に移されていて、戦災による焼失を免かれたもの。漢籍は、ほとんど焼失したので、現存しているのは、右目録所収の和書の大部分である。
〔2〕前記〔1〕以外の彰考館所蔵史料の台帳である「重要書類目録」(三冊、未刊)所収の史料。九三函ある。ほとんどが幕末期のもので、「水戸藩史料」編纂の素材となったものと推定される。この中には、『聿修史料目録』所収史料のうち、焼失を免かれた若干の史料も含まれている。

(80)『奉公偉績画巻』には、山県有朋と西郷従道が序文を寄せている。

岡倉覚三の明治維新観
―世紀転換期における「日本」の語り―

清水　恵美子

はじめに

岡倉覚三（天心、一八六三～一九一三）は、東京美術学校開校、日本美術院設立、古社寺保存活動などに関わり、明治期の美術界に重要な位置を占める人物である。その活躍の場は国際的な広がりを持ち、晩年の十年間は、米国ボストン美術館中国日本美術部の経営に手腕を発揮した。さらに *The Book of Tea*（邦題『茶の本』、以下邦題、一九〇六年）など三つの英文著作を出版し、その活動は多岐にわたっている。

岡倉が茨城県多賀郡大津町（現北茨城市）五浦の土地を購入したのは、明治三十六年のことである。翌年渡米し、ボストン美術館での勤務を開始した。明治三十八年に米国から帰国すると、東京から五浦に居を移し、六角堂を建てて新たな空間を構築した。土地購入から三年後、明治三十九年に活動が停滞していた日本美術院第一部を五浦に移転させて再起を図った。以後大正二年に死去するまで、茨城とボストンという二つの拠点を往復する生活を続けた。現在、六角堂や彼の旧居などは、茨城大学五浦美術文化研究所の管理下にあり、アジアの文化と自然が融合した観光資源として多くの人々を惹きつけている。また、平成二十八年に開催された「茨城県北芸術祭」の会場のひとつとなり、茨城発世界発信の芸術拠点として新たな価値を付与されることとなった。

　このように近代日本に新たな美術のうねりを生みだし、現代社会においても示唆に富む芸術思想家岡倉覚三は、明治維新をいかに捉え、日本の近代化をどのように受け止めていたのだろうか。

　彼は生涯、数多くの著述や講演を通して、海外に「日本」の歴史や、彼が生きた明治期の社会のありようを発信し続けた。特に三冊の英文著作—*The Ideals of the East with Special Reference to the Art of Japan*（邦題『東洋の理想』、以下邦題）、*The Awakening of Japan*（邦題『日本の覚醒』、以下邦題）、『茶の本』—は彼の代表作として、多角的な分析視座から執筆意義や国内外における影響が考察されてきた。しかしながら、先行研究において岡倉の明治維新観は、テキスト分析のテーマとして注目されてこなかった。

　明治維新は、近代日本の原点として、日本が幕藩体制から近代天皇制国家へと転じる一大変革であったと認識され、維新後から現代に至るまで、それぞれの時代の価値観やイデオロギーと重ね合わせて、人々に意識され語られてきた主題である。佐々木寛司氏は、明治維新の議論は、「日本の「近代」をいかに捉えるかということであり、世界史的概念としての「近代」をどう認識するかということ」だと述べ、明治維新は「一八、一九世紀的世界——世界史的な意味での帝国主義段階以前——における後進資本主義国の「ブルジョア革命」」だと指摘する。[1] 岡倉の明治維新論を資本主義世界体制の規定要因から導出することはできないが、彼が明治維新をいかに捉えたのかを分析することは、彼が日本の「近代」をどう認識し、それをどのように世界に発信したのか、という問題と結びついている。

　本稿ではこのような問題意識に基づき、三冊の英文著書を通して岡倉の明治維新観を考察する。分析方法として、まず三冊が執筆された明治中期から後期にかけて、日本人によって国内外に発信された明治維新観の潮流を把握する。次に岡倉の英文著作を相互に比較しながら、各作品に見える明治維新観の特徴を分析し、同時代の維新観との差異を検討する。なお、本稿で論じる英文著作の書名は、便宜上、現在流通する邦題を用いることとする。

一　明治中期〜後期における明治維新観

1　日本国内の潮流

岡倉は、福井藩下士（卒）で御納戸方兼御作事方下代から藩命で万延元年（一八六〇）三月に横浜商館の手代となった父覚右衛門（一八二〇〜九六）と、二番目の妻で越前三国出身の野畑この（一八三四〜七〇）の次男として生まれた。福井藩は安政五年（一八五八）から神奈川辺御衛方を任され、翌年横浜が開港されると国元産物を販売する商館を開業した。手代となった覚右衛門は、横浜で得たさまざまな情報や文物を福井藩へ送った。岡倉家が福井藩と深いつながりを保持したことを踏まえ、親幕派の人々が、どのように維新を語ったのかを見てみよう。

明治二十年代前後から、旧幕府ないし佐幕、もしくはそれに近い立場から、明治維新および人物について叙述、または回顧する著作の刊行が開始されるようになる。田中彰氏は、薩長藩閥の政権が不動のものとなり、旧幕勢力の敗北が動かしがたい歴史的事実となると、武力では敗れても旧幕の伝統を守るという気概が幕末史に向けられ、これが維新観のひとつの潮流を成したと述べる(2)。例えば明治二十二年に栗本鋤雲・内藤耻叟・高瀬真卿・小宮山綏介らによって結成された江戸会は、同年発行した機関誌『江戸会誌』の「江戸会誌の首に」で、欧米文化摂取にあくせくする明治政府の態度を次のように批判した。

今の理に泥《なづ》みて情を軽んし、古習旧慣を措《た》きて唯た法を外国より採り来りて、以て国家を経緯せんと欲するもの、若し徳川家の法律政治施設の跡を考究せは、必らす豁然として悟る所あるへし　且つ此の三百年間に発達したる

> 文学、風俗、技芸の如き、今より之を考究して大に裨益を享くへきもの多きは論なし、蓋し儒教と云ひ、将た絵画、彫刻、音楽、演劇より衣服遊玩の具に至るまて、総て此の三百年間に於て、古来未た曾て有らさる所の発達を成せり、是れ亦今人の宜しく考究すへきものならん。(3)

ここからは江戸時代の文化の蓄積を高く評価し、その発達した文化や制度を破壊しつくした明治維新や、それを起点として成立した社会への不満が見て取れる。

だが、佐幕派をはじめ、さまざまな立場から説かれてきた維新観は、日清戦争と日露戦争を経て近代天皇制が完成すると、天皇制イデオロギーの枠組みの中に組み込まれていく。田中氏は、天皇制完成期の維新観の特徴は、現実に創出された天皇制国家と明治維新がストレートに結びつけられ、あたかもそれが唯一無二のコースであったかのように再構成されていく点にあると指摘する。(4) 明治四十～四十一年に刊行された『開国五十年史』の編者、大隈重信（一八三八～一九二二）は、ペリー来航を機に日本社会がいかなる変化を遂げたかを次のように記した。

> 然るに嘉永六年（一千八百五十三年）米使の来航に由りて俄然内外の関係を一変し、推移して遂に其政権を天皇に奉還し、茲に維新の変革を見るに至れり。然れども此変革をして若し単に内地の反対より生ずる政権の争奪と、武家の格闘とに止まらしめば、鎌倉以来幕府の興替相継ぎたることゝて、徳川将軍其政権を奉還すとも、或は取つて之に代はるもの出で、既往の歴史を繰返すに過ぎざりしや明かなり。然れども世界の大勢、外部の刺戟は此の如き旧劇の再演を許さず、同年天皇の親政と為り、尋いで封建制度を打破し、進んで泰西政治の組織を採用し、諸藩主及び選抜せられたる藩士を以て組織せる会議に政治を諮問し、茲に夙くも立憲政治の萌芽を見るに至れり。(5)

大隈は、外圧を維新の変革の契機と捉え、そこから「内外の関係」が一変し、天皇の親政と、立憲政治の萌芽が現出したと述べる。近代天皇制の起点を「米使の来航」に求め、その延長線上に置かれた今日の日本は、「進んで泰西政治の組織を採用し」立憲政治を樹立した文明国であることを主張する。さらに大隈は論をすすめ、急速な文明化の要因を、神国を保持してきた歴史と、民族的特質に求め、帝国主義的侵略を「アジア」への欧米文明の誘導として正当化していく。このような天皇制完成期の維新観は、さまざまな立場の維新観を包摂し、国体論を強調して、国民に浸透していくことになる。

2　海外に発信された維新観

岡倉が著作を執筆した頃は、天皇制完成期の維新観が完成しつつあった時期にあたる。日本の知識人たちは、どのように明治維新を欧米に伝えたのだろうか。岡倉より先に「日本文化論」を海外で発表した新渡戸稲造（一八六二～一九三三）と岡倉由三郎（一八六八～一九三六、覚三の実弟）の著書を通して考察したい。

新渡戸稲造の *Bushido : The Soul of Japan, An Exposition of Japanese Thought*（The Leeds and Biddle Co., 1900. 邦題『武士道』）は日清戦争後に出版され、日露戦争時に改稿されている。日本が自国の文化・社会に理解を求めながら、国際社会での対日世論の好転に努めていた時期の出版である。『武士道』は、なぜ日本は急速な近代化を遂げることができたのか、という西欧社会の疑問に応える役割を担っていた。新渡戸はその問いに対し、次のように理由を述べた。

〈王政復古〉の暴風と国民的一新の旋風をついて、私たちの国の船の舵取りをした偉大な政治家たちは、〈武士道〉以外の道徳の教えは全く知らない人たちであった。（中略）いや、善きにつけ悪しきにつけ、私たちを衝き動かしたものは、純粋単純な〈武士道〉であった。〈近代日本〉の建設者である佐久間、西郷、大久保、木戸の伝記、また言うまでもないことだが、伊藤、大隈、板垣など現存人物の回顧録をひもといてみたまえ――そうすれば、彼らが考えかつ働いたのは、サムライたることの衝迫力の下であったことが、わかるであろう。（中略）このような重大な事業には、当時さまざまの動機が入りこんだが、もしその主なものの名をあげるとするなら、ためらうことなく〈武士道〉をあげるであろう。(6)

新渡戸は、「〈王政復古〉の暴風と国民的一新の旋風」たる維新を導いたのは、ひとえに日本人の道徳である「武士道」に起因すると説いた。維新の主導者たちは「武士道」以外の道徳の教えは知らず、彼らを動かしたのは「サムライ」としての衝動だったと述べる。「武士道」を強調するために、当時存在した種々の要因については詳述せず、強引に単純化された維新の姿を西欧社会に伝達したのである。

一方、「武士道」初版刊行後、日露戦争期に出版されたのが、岡倉由三郎の『ザ・ジャパニーズ・スピリット』*The Japanese Spirit*(Archibald Constable & CO. Ltd. 1905)である。(7) これはロンドン大学ロンドン・スクール・オブ・エコノミックス・アンド・ポリティカル・サイエンスで行った講演会の記録である。由三郎は、「武士道」を維新の原動力とする新渡戸の主張に与しない。むしろ「武士道」は、近代日本の発展に重要な役割を演じてきた因子だと指摘し、維新後に影響力を持つこととなった精神であると喝破する。(8) 一方、維新から日清戦争に至る過程は簡潔に記される。

長い間隔離され（中略）幾世紀もの自立的発展の後、日本は西洋からの賓客を心から歓迎した。列強が互いに勢力を競う世界の舞台に身を置こうとして、過去四十年間で、急激に悲しいまでの変化を遂げた。最近では、轟く砲口を通して未だまどろむ中国に教訓を与えた。これらの全てが価値と論調のきわめて多様な意見や見解の表現を生んだのである。(9)

明治維新の起点をペリー来航におき、その後に起きた急激な変化によってさまざまな価値観や意見が生まれたという見解は、新渡戸の論調と異なっている。また、その変化に悲しみを漂わす記述に、佐幕派の維新観に通じる感情を垣間見ることができる。さらに「われわれの歴代天皇の神聖なる源は、その支配当初より世俗的権力と精神的権力の二重の栄光ある皇位を授けてきた。神武天皇の御旗の下に仕えた族長、もしくは早期に神聖なる征服者の前にひざまずくことにした民の子孫である人々は、かつてないほど高まった尊敬と誇りをもって、この皇位を見上げているのである」(10)という文章が記される。ここからは、同時期に成立した天皇制完成期の維新観との共通性を見出すことができる。

二　英文著作に見る明治維新観

岡倉覚三は、明治三十六年に『東洋の理想』をロンドンのジョン・マレー社から、明治三十七年に『日本の覚醒』をニューヨークのセンチュリー社から、明治三十九年に『茶の本』をニューヨークのフォクス・ダフィールド社から出版した。稲賀繁美氏は、『東洋の理想』では「アジア」との関係の中で「日本美術史」の沿革を論じ、『日本の覚醒』では日露戦争時、国際社会における対日世論の好転に努める役割を果たそうとし、『茶の本』では物質的な富に対する東洋美学の精神を伝えようとした、と各著作の特色を総括している(11)。執筆の主目的が異なるように見える三冊だが、それぞれの本の中で明治維新はどう描写されたのであろうか。

岡倉の歴史観を示す発言としてしばしば引用されるのが、東京美術学校の「美術史」の授業で学生たちを前に発した「歴史なるものは吾人の体中に存し、活動しつゝ、あるものなり。畢竟古人の泣きたる所、古人の笑ひたる所は、即ち今人の泣き、或は笑ふの源をなす」という文言である。これは、歴史は断続せず連綿と受け継がれ、我々の内に息づいているという歴史観である。[12] このような歴史観が土台にあったことを念頭に置きながら、岡倉の維新観を検討してみよう。

1　『東洋の理想』における明治維新観

岡倉は、明治維新を"Meiji Restoration"と英訳し、その事業を成立させた要因として、開港前の京都における独特な文化環境に注目する。

江戸（東京）の市民芸術は、将軍のご威光の下で狭い表現範囲に閉じ込められていた。もっと別の、そしてより高度の民主的芸術が発展したのは、京都のより自由な雰囲気によるものだった。京都には依然として皇居が残っていて、そのため徳川的な規律から比較的に自由であった。というのは、将軍家も江戸やほかの地域ほど公然と権威を主張はしなかったからである。そこで、京都を目指して、学者や自由思想家たちが逃げ場所を求めて群れ集うこととなり、これがやがて一世紀半後に、京都を明治維新という大転換を動かすてこの支点たらしめる所以ともなった。[13]

京都には江戸とは別の高度な民主的芸術が花開き、しかも幕府の規律が比較的緩やかであったため、学者や思想家たちが他所から大勢集まることとなった。その京都の自由な雰囲気こそが、後の明治維新につながったと指摘する。やがてペリー来航によって、日本には西洋文明の衝撃が押し寄せ、転換期を迎えることとなる。外圧を変革の契機と位置づける見方はこれまで見てきた維新観と同じだが、「アジア」への対応の変化に言及するところに岡倉の特徴が見て取れる。

> かくて明治維新は、神々しい光背をになったミカドを中心に、忠誠心という国民的宗教の大いなる再生を得て、愛国の焔にもえている。（中略）アメリカのペリー提督の到来は、ついに西洋の知識への水門をあけ放つこととなり、西洋的なものの流入の勢いは、わが国の歴史の道標までも押し流さんばかりであった。こうした時点の日本は、ふたたび目覚めた国民生活の意識の中で、ひたすら古い過去の衣を脱ぎ捨て、新しい衣装を身にまとおうと努めた。東洋主義の幻力《マーヤー》のうちに自らを縛りつけてきた中国とインドの文化の束縛は、今や国家的独立にきわめて危険なものとして、これを切り捨てることこそ、新日本の組織者の最高の義務のように思われた。軍備、産業、科学ばかりでなく、哲学、宗教においても、彼らは西洋の新理想を求めた[14]。

岡倉は「ミカド」を中心とした復古と、「西洋」の新理想を求めた欧化の論理が複合して推進する国家建設の過程で、伝統的な日本の生活文化の価値を省みない時期があったと指摘する。古来日本が中国やインドから摂取して形成してきた文化は、「ミカド」へ忠誠心を養う「国民的宗教」に危険なものと見なされ、排除されていった動きを明示する。これは、文部省官僚時代に古社寺調査を行い、廃仏毀釈によって破壊された仏像や仏堂の惨状を目の当たりにした経験から実感されたものであっただろう。「日本文化」を構成した大陸文化の影響を切り捨てようとする国家の方針は、過去の歴史からの断絶を意味するに等しく、岡倉の歴史観とは相いれない態度であった。

さらに、革新と復古という二つの相反する活動に由来する維新の葛藤を、イタリアのルネサンス期に置き換えて、西欧の読者に説明する。

> かくて、近代日本は、まず類の見出し難い問題を解決した点で史上ユニークな位置を占めるものであり、これに比肩しうるのは、かつて十五、六世紀に強健な活動を示したイタリア精神が直面した問題のみであろう。というのは、史的発展のこの時点においては、西洋もまた、一方ではオスマン・トルコの興隆によって、にわかにわが

身にのしかかってきたギリシア・ローマ文化を同化すると同時に、他方科学と自由主義的の新精神をも同化するという二重の作業と格闘せねばならなかった。（中略）いわゆるルネサンスとは、この二重の同化に他ならない。(15)

明治維新の特徴を「二重の同化」（"twofold assimilation"）と捉え、比較歴史学の視点から「ルネサンス」が直面した問題に比肩すると述べ、維新がいかに大きな社会変革で、困難な事業であったかを主張する。この拮抗する力の連鎖を、岡倉は「二匹の龍」に喩える。二龍はそれぞれ「アジアの理想」と「ヨーロッパの科学」を象徴しており、それらが互いの優越を主張しながら、生命の宝珠を独占するべく相争い、荒れ狂う大海原へと消えていく様を描写する。

では、日本がこのような難題を抱えながら、近代化を推進することができたのはなぜだろうか。岡倉は古代に遡る「アジア」との交流の歴史から、維新の解明を試みる。「近代国家として生きるために身につけざるを得なかった新しい色調にもかかわらず、自分自身を守りぬくこと、これこそ、この国が祖先によって教え込まれた、あの不二一元《アドヴァイタ》の理念の根本的な至上命令である。現代ヨーロッパ文明の雑多な源から、日本が自らの必要とする要素を選びとり得た円熟した判断力というのも、東洋文化の本能的な折衷主義のおかげであろう」(16)と。このように、日本が自己を保持することができたのは、ヨーロッパ文明の多様な情報から、自らが必要とする要素を判断し、選択する力があったからだと説明する。その判断力とは、古来祖先が大陸から流れ込む外来文化から必要な制度や学問を学びとり獲得したものであり、その「東洋文化の本能的な折衷主義」は、西洋文明の受容と自文化の伝統保持という二重の作業を可能たらしめたのである。

さらに岡倉は、明治維新の二重性は、政治意識だけでなく芸術の分野にもあてはまると指摘する。(17)新しい科学の摂取と古典的理想への復帰という課題を持っていた点で、維新の問題は、自身が生涯を捧げた新しい日本美術の創造という課題に重なるものであった。

2 『日本の覚醒』における明治維新観

『東洋の理想』では、維新の難題を解決することができたのは「東洋文化の本能的な折衷主義」に起因すると記された。『日本の覚醒』では、それが具体的に何を指すのか、さらに詳しい説明が加えられる。

仏教と新儒教〈これはその性格上、真に仏教的である〉が国民に瞑想的な精神傾向を与え、それが異常事態を平静にうけとめることを可能たらしめた。もし彼（引用者註：徳川家康）が進歩の時代を始めなかったとしても、少なくとも彼は安定を教えた。もしそうでなかったとしたなら、西洋思想のはげしい襲来を迎えた明治維新の激動期は、日本をその古くからの停泊地から、未知の嵐の海へと押し流したことであろう。(18)

明治維新の激動期、西洋文明の衝撃を受けた国民が、その社会の異常事態を混乱せず受容することが可能であったのは、「仏教」と「新儒教」という思想が「国民に瞑想的な精神傾向を与え」たからだと述べる。岡倉は、元来外来の思想であった「仏教」と「新儒教」すなわち「朱子学」を取り込んで自らの文化としてきた折衷主義的な歴史に、近代国家建設を導いた精神的礎を見るのである。

それゆえ岡倉は、外圧を維新の変革の契機と捉える維新観とは立場を異にする。『東洋の理想』ではペリー来航以前に、京都に学者や思想家が集まって独特な文化が発展し、一世紀半後に明治維新という大転換を動かす拠点となった、と述べた。『日本の覚醒』においても、我々の目覚めの現実的な原因は内部から来ていると指摘し、明治維新の始期をペリー来航とする時期区分と異にする。

外国人の間では、魔法の杖の一触で突如として何世紀もの眠りから我々を目覚めさせたのは西洋であるというのが、一般の印象である。しかし我々の目覚めの現実の原因は、内部から来ている。我々の国民意識は、一八五三年ペリー使節団がわが沿岸に到着した時、すでに動き始めていて、国民覚醒に向かう普遍的運動を開始せんと、その出来事を待っていたにすぎない。三つの異なる思想学派が日本の覚醒をもたらすために結びついた。第一は日本が学ぶことを、第二は行動することを、第三は何のために行動するかを教えた。(19)

外圧と開港によって近代化が始まったとする一般的な幕末・維新の印象を否定し、変革はそれ以前に内側から動き始まっていたと指摘する。そして、その内的要因として「三つの思想学派」の存在を挙げる。それらが「問うこと」「行動すること」「何のために行動するか」という異なることを教えながら、「日本の覚醒」をもたらすために結合したと説く。「三つの思想学派」の第一は、徳川幕府の固守する規律に反する教義として、十七世紀末に現れた「古学 Kogaku(School of Classic Learning)」である。第二は「王陽明学派(School of Ōyōmei)」である。全ての新しい生は、過去の破壊の跡と、無数の瓦解していく世界の無秩序な衝突のただ中に築かれるという王陽明学派の考えは、明治維新の完成のための刺激的な原理になったと述べる。第三は「歴史学派(Historical School)」で、これは国学を指す。「歴史学派」による歴史的知識の獲得が、結果的に神道の復活をもたらしたと分析する。岡倉は『東洋の理想』の中で、明治維新を「神々しい光背をになったミカドを中心に、忠誠心という国民的宗教の大いなる再生を得て、愛国の焔にもえている」と描写した。『日本の覚醒』でも、神道は国家形成期に創出された「国民」を統合する新たな宗教として生まれ、近代日本の行動原理を支える精神となったと反復する。

十九世紀の初めに体系化された神道は、祖先崇拝の宗教―つまり神々の時代から伝えられた原始の純粋崇拝となっていたのである。それは日本人種に祖先の理想、単純と正直、ミカドの人柄にあらわれた祖先以来の支配への服従、いかなる外人征服者もその足をとどめたことのない、聖別され神聖な岸辺を持つ祖宗の土地への献身を教えるものであった。それは日本人に中国やインドの理想への盲目的屈従を遠ざけ、自分の立場に立つことを呼びかけるものであった。(20)

置いて書かれている。進歩や文明を肯定する西洋近代の価値観を否定し、文明化の到達点としてある今日の日本の現状、特に日本の大陸侵略の行動を、明治維新の延長線上に据え置いて批判した『茶の本』は、『日本の覚醒』との間に矛盾があるように見える。だが、その執筆の根底には、同じ問題意識があったように思われる。

なぜなら、『茶の本』は『日本の覚醒』で述べられた「わが国の東方的性格」を西欧社会に紹介するとともに、「東西文明の類似性」から、さらに進んで東西の調和を説く書物として立ち現れたからである。『茶の本』には、明治維新という言葉は一度も登場しないし、西洋文明に追随して近代化し帝国となった日本に対する批判が表明される。しかし「茶」について述べる文章のあちらこちらに、これまでに主張してきた維新観が姿を変えて溶け込んでいるように思われる。次の文章を例に挙げる。

象牙色の琥珀にたゆたう琥珀色の液体に、茶の通人は、孔子のやさしい寡黙と、老子の渋い知恵、釈迦牟尼自身のえもいわれぬ香気を味わうのです。[23]

一見、明治維新観とは無縁のところに位置する文だが、「琥珀色の液体」すなわち「茶」を、「わが国の東方的性格」と置換して読むと、この場合の「茶」が「茶の湯」に限定された飲み物ではなく、わが国に溶け込んだ「アジア」の多様な性格を象徴していることがわかる。次の文章も『茶の本』の有名な一節である。

まったく不思議な話ですが、そのあいだに、すでにヒューマニティーというお茶は茶碗の中で出会っていたのです。茶を嗜むということは、東西を超えて普遍的な尊敬を捷ちえた唯一のアジアの儀礼であります。[24]

ここでの「茶」は、インドから中国、朝鮮半島を経て日本で確立された「茶の湯」と、インドの茶葉が西洋で日常の飲み物となった「紅茶」と、どちらの意も含んでいる。そう考えれば、引用文の「茶椀」(tea-cup)の中身は、「東西文明の類似性」を暗示していると読むことができよう。「茶」は多義的な言葉であるがゆえに、「わが国の東方的性格」を説く時にも、「東西文明の類似性」を主張する時にも、効果的なモティーフとして用いられる。

『茶の本』には『東洋の理想』で登場した「二匹の龍」が再登場する。荒れ狂う海に投げ出された二匹の龍は、生命の宝珠を手中にしようと空しくあがいている。しかし『茶の本』では、二龍のどちらの立場にも身を置かず、既に東西文明が融合した「茶」を飲みながら、世界が調和される日を心静かに願う場面で第一章が閉じられる。(25)

『茶の本』で描かれる芸術思想が、前の二冊で発信された維新観を基盤にしていると窺える記述は、これらの例にとどまらない。岡倉にとって、明治維新をいかに捉え、日本の近代化をどのように受け止めるか、という問題は、当然ながら「日本」をどのように伝えるか、という問題に直結している。このことは岡倉の生涯を通した活動の根幹に関わる重要な問題となるがゆえに、三冊の著作を貫いているといえるだろう。

おわりに

以上、岡倉の英文著作を中心に、彼の明治維新観について考察してきた。三作の比較を通して、それらに通底する明治維新観の特徴をまとめると次のことが言えるだろう。

一、明治維新を、復古と革新の「二重の同化」と捉え、ヨーロッパにおけるルネサンスに匹敵する一大社会変革であったと位置づけた。

二、外圧を維新の契機と捉えるのではなく、変革は日本内部の三つの思想学派から導かれたと捉え、維新の内的必然性を説いた。このとき神道が復活し、天皇制イデオロギー的支柱の創出にしたがい、中国やインドの理想が排除されていく動きが生じたことを指摘した。

三、明治維新を成し遂げた原動力は「古きものを犠牲にすることなく、新しきものを採択」することを可能とした「わが国の東方的性格」にあると説いた。さらに「東西文明の類似性」のゆえに、日本は西欧から多くのものを摂取しながら、その伝統を保持することができた、と主張した。

このような維新観は、本稿で取り上げた佐幕派の維新観にも、天皇制完成期に成立した維新観にも類型化できない。同時期に、英語で「西洋」に発信された「日本文化論」の維新観とも明確な差異が認められる。岡倉の明治維新観の特徴は、復古と革新を同時に行い、過去の外来思想の影響性を否定しようとした日本の近代化において、「西洋文明」を受容し「伝統」を保持することができたのは、古来日本人が異文化の衝撃に出会うたび、「古きものを犠牲にすることなく、新しきものを採択」してきた「わが国の東方的性格」と、「東西文明の類似性」に起因すると捉えたことにある。さらに彼のこのような主張は、同時期に海外で発表した論考「現代日本美術についての覚書き」（一九〇二年）や「「美術院」または日本美術の新しい古派」（一九〇四年）における日本美術院の紹介にも共通して見られるものである。[26]岡倉の明治維新観に見られる特徴は、彼の美術に関わる生涯の活動と連鎖して形成されたことが考えられる。

これまで一連の英文著作には、相互に矛盾した記述が散見され首尾一貫していない、という批判が提起されてきた。民間の日本人である岡倉が海外で自著を出版するにあたり、出版側の要求に応え、想定される読者の要求や読後の反応を考慮し、かつ自分自身を国際社会にアピールするため、その都度戦略を変えて執筆したであろうことは容易に想像できる。そのため、岡倉の英文著作に一貫する思想を浮き彫りにしようとするならば、分析視座を固定して三篇並列に照射することが必要となる。本稿で岡倉の明治維新観を考察したことは、三冊の英文著作に貫かれた思想を浮き彫りにする有効な手がかりになったと考える。論考を深める上で、今後、追究されなければならないのが岡倉の宗教観であろう。儒教観に加えて、仏教各宗派の統一を本願とする宗教改革運動に関わった岡倉の仏教観を把握することは重要である。

さらに、この思索の軌跡は、岡倉が生涯かけて構築しようとした「日本美術史」研究とも連動しているように思われる。岡倉は、「日本美術」の歴史を「アジア」とのつながりの中で記述しようとした。海外での調査で新知見を得るたび、幾度も研究を修正し、「西洋」「東洋」という二項対立に還元できない美術史観を構築していった[27]。繰り返し再構築を図る姿勢は『東洋の理想』から『茶の本』へと至る執筆の過程でも当然あったであろう。英文著作を包摂する言語活動は、新しい日本美術の創造や、古社寺保存活動、「泰東巧藝史」へと発展する「日本美術史」研究など、同時期に推進された他の活動とも連関しており、それぞれの根幹に共通の思想が存在したのではないだろうか。彼の明治維新観は如実にそのことを物語っている。

註

（1）佐々木寛司『明治維新史論へのアプローチ――史学史・歴史理論の視点から』（有志舎、二〇一五年）一一二、一四四頁。

（2）田中彰『明治維新観の研究』（北海道大学図書刊行会、一九八七年）一四九～一六九頁。佐幕派の維新観は、江戸懐旧（再評価）型、幕府に主体をおいてその衰亡の歴史を中心に叙述した幕府衰亡（主流）型、佐幕派といえども勤王心が厚かったことを論証した雪冤勤王型などに分類できると述べる。

（3）江戸会編纂『江戸会誌』第一冊第一号（博文館、一八八九年）二頁。

（4）田中、前掲註（2）二一〇～二二八頁。

（5）大隈重信「開国五十年史論」（大隈重信編『開国五十年史』上巻、開国五十年史発行所、一九〇七年）五九頁。

（6）佐藤全弘訳『武士道』（教文館、二〇〇〇年）二二七～二二九頁。

（7）岡倉由三郎は、一九〇四年ロンドン大学ロンドン・スクール・オブ・エコノミックス・アンド・ポリティカル・サイエンスにおいて日本文化に関する講演を依頼され、翌年一月"The Japanese Spirit"と題して講演を行った。講演前に旅順要塞が陥落し、戦局が日本に傾きつつあったため、日本への関心が高まり、会場には多くの聴衆が集まったという。四月に同タイトルの講演録がロンドンで出版された。由三郎没後の昭和十二年に「日本精神」という題名で訳出された。だが、覚三と由三郎はともに「大和心」や「やまと心」と訳していたため、本稿では原題を用いることとする。執筆者は、岡倉覚三と由三郎の英文著作について、『茶の本』と『ザ・ジャパニーズ・スピリット』を中心に、茶事に関する記述の比較・分析を通して、その関係性を考察した。二人の著作には立場や切り口のうえで異同があり、各自が描いた「日本」の自我像にはおのずと差異が生じているが、一方で、兄弟が互いの思想に共感し、着想を得たことが窺え、その執筆内容には相互の影響を見出すことができる（清水恵美子『洋々無限――岡倉天心・覚三と由三郎』、里文出版、二〇一七年、六九～七九頁）。

（8）Okakura-Yoshisaburo, *The Japanese Spirit*, New York：James Pott & Co., 1905, p.95.

（9）Okakura-Yoshisaburo, *The Japanese Spirit*, pp. 15–16.『英米文学』第九号・岡倉先生記念号（立教大学英文学編、一九三七年）に掲載された訳「日本精神」を参照し執筆者が訳す。

（10）Okakura-Yoshisaburo, *The Japanese Spirit*, pp. 35–36.

（11）稲賀繁美「英文著作にみるOKAKURA」（古田亮監修『岡倉天心　近代美術の師』別冊太陽　日本のこころ二〇九、平凡社、二〇一三年）五二～五三頁。

（12）岡倉覚三「日本美術史」（原安民筆記による明治二十四年度講義ノート）（『岡倉天心全集』第四巻、平凡社、一九八〇年）五頁。

(13) 佐伯彰一訳「東洋の理想—日本美術を中心として」（『岡倉天心全集』第一巻、平凡社、一九八〇年）一〇一頁。

(14) 佐伯、前掲註(13)一〇九～一一〇頁。

(15) 佐伯、前掲註(13)一一一頁。

(16) 佐伯、前掲註(13)一一二頁。「東洋文化の本能的な折衷主義」の源にある「不二一元の理念」については、「『アドヴァイタ』という語は、二でない状態を意味し、存在するものは外見上いかに多様だろうとじつは一であるという、偉大なインドの教説に対して用いられた呼び方である。かくて、あらゆる細部に全宇宙がかかわり、いかなる単一の分化現象のうちにも真理の一切が発見可能のはずということになる。一切がひとしく貴重なものとなるのだ」という岡倉自身の注記がある。

(17) Okakura-Kakuzo, "The Ideals of the East with Special Reference to the Art of Japan", *Okakura Kakuzo Collected English Writings* vol. 1, ed., Sunao Nakamura, Heibonsha Limited, Publishers, 1984, p.122.

(18) 橋川文三訳「日本の覚醒」（『岡倉天心全集』第一巻、平凡社、一九八〇年）二〇〇頁。岡倉が「仏教」のみならず「新儒教」すなわち朱子学も「国民に瞑想的な精神的傾向を与えた」と述べたのは、朱子学の性格を「真に仏教的」だと捉えたからである。岡倉はその根拠として、江戸幕府では朱子学の教師は僧侶として扱われたこと、抽象的・思索的な傾向を持ち、精神的修養は自己集中を重視する点で仏教徒と異なることが少ないこと等を挙げている。

(19) 橋川、前掲註(18)二〇一頁。

(20) 橋川、前掲註(18)二〇七頁。

(21) 橋川、前掲註(18)二四三～二四四頁。

（22）橋川、前掲註（18）二四四頁。

（23）岡倉覺三著、木下長宏訳『新訳　茶の本』（明石書房、二〇一三年）一五頁。

（24）木下、前掲註（23）二〇頁。

（25）Okakura-Kakuzo, "The Book of Tea", *Okakura Kakuzo Collected English Writings* vol. 1, ed., Sunao Nakamura, Heibonsha Limited, Publishers, 1984, pp. 275-276.

（26）Okakura-Kakuzo, "Notes on Contemporary Japanese Art", The Bijitsuin or the New Old School of Japanese Art", *Okakura Kakuzo Collected English Writings* vol. 2, ed. Sunao Nakamura, Heibonsha Limited, Publishers, 1984, pp. 49, 56. どちらの論考も、冒頭で明治維新の「復古」と「革新」の二重の課題について言及している。

（27）清水恵美子「『日本美術史』研究の源流―岡倉覚三」（『美術フォーラム21』第二八号　特集：日本美術史はいかにしてつくられたか、美術フォーラム刊行会／醍醐書房、二〇一三年）五三～五八頁。

【附記】本稿は、第九回地域史シンポジウム「明治維新と茨城の歴史」（二〇一三年十一月十六日、茨城大学）における執筆者の口頭報告「岡倉覚三の明治維新観」をまとめた拙稿「岡倉覚三の英文著作―明治維新観を中心として」（『五浦論叢』第二一号、茨城大学五浦美術文化研究所、二〇一四年）を、加筆修正したものである。

会沢正志斎と「水戸学」の系譜
―幕末から戦後まで―

桐原健真

はじめに

幕末思想の研究に関ったものであれば、「後期水戸学」の「理論的代表者」（丸山真男）[1]あるいはその「大成者」（植手通有）[2]とまで言われる会沢正志斎（一七八二〈天明二〉～一八六三〈文久三〉）に「文集」や「全集」といったものが、『会沢正志斎文稿』（名越時正編、国書刊行会、二〇〇二年）に至るまで、永らく刊行されなかったということに、意外の念を抱いたことがあろう。事実、会沢が師事した藤田幽谷には、『幽谷全集』（菊池謙二郎編、吉田弥平、一九三五年）が存在し、さらに幽谷の息子で、会沢の門をくぐった藤田東湖に至っては、明治初年の『東湖遺稿』（藤田健、一八七八年）を始めとして、『東湖全集』（菊池謙二郎編、一九〇九年、一九四〇年新訂）および『藤田東湖全集』（高須芳次郎編、一九三五～一九三六年、一九四三～一九四四年新釈）と五回も文集や全集が編纂されている。

「幽谷―正志斎―東湖」という後期水戸学における思想的な継承関係を知っているものにとって、藤田父子と会沢とのあいだにあるこうした温度差にはある種の違和感を覚えざるを得ないであろう。思想としての「水戸学」という語りのなかで会沢が「大成者」とまで言われていることを考えれば、その念はいっそう強くなるはずである。

こうした温度差をもたらす原因の一端には、ときに「変節」とまで言われる会沢晩年の言動がある。すなわち、幕末水戸藩における内訌の記憶が、明治以降の会沢をめぐる語りに陰を落としていると言ってよい。本稿は、こうした会沢をめぐる語りが、近代における「水戸学」理解といかに関わっていたのかを検討するものである。それは、しばしば「維新の魁」と言われ無媒介に連続するかのように考えられてきた水戸学と近代天皇制イデオロギーとの関係に、改めて光をあてることともなろう。

一　発信から停滞へ―幕末維新における会沢の語り―

会沢に全集が存在しないことは事実である。しかし、彼の文業をなんらかの形で遺そうという動きが皆無であったわけではない。否、むしろ、その全容を世に問おうとした試みは、すでに彼の存命中から存在した。

たとえば、『新論』の公刊（一八五七〈安政四〉年）と同年の序を加えて刊行された『豈好弁《がいこうべん》』の巻末には、会沢の主要著書を四編三〇種にわたり列挙した「常陸正志斎会沢先生著述目録」が掲げられ、さらに「公布すべきものは、他日、将《ま》さに就て上梓を請はんとす。今、予《あらかじ》め其の目を掲げ、以て四方の君子に詒《つ》ぐ」[3]と記す「玉巌堂主人」（和泉屋・太田玉巌〈金右衛門〉）による宣言が「謹識」されている。この計画がどの程度現実的であったかは定かではない。しかし、会沢が師幽谷の言行を記した『及門遺範』を一八六一（文久元）年に新刻した際にも、玉巌は「著述目録」と刊行宣言を付しており、その意欲のほどが見て取れる。またこうした意欲は、会沢の弟子たちにも共有されたものでもあった。

会沢死去の同年にあたる一八六三（文久三）年には、晩年の著作である『閑聖漫録』（水戸・東壁楼ほか）が版行されている。会沢門人の石河明善（一八一九〈文政二〉～一八六八〈明治元〉）は、「我が会沢先生、著書殆ど棟に充《み》つ。而して其の既に上梓し世に行はるるもの数種を下らざる無し」(4)と後序に記し、まだまだ刊行すべき著作が残っていることを指摘する。彼にとって、師亡き後の膨大な遺稿を世に問うことは、その使命とも感じられていたに違いない。しかし、こうした門人やその理解者を中心に進められてきた会沢著作の刊行は、幕末も押し詰まった一八六七(慶応三)年一〇月刊の『正志斎稽古雑録』(水戸・東壁楼)を最後として、突如として断絶してしまう。

わずかに『及門遺範』に関しては、一八八二年に大阪の浅井吉兵衛から「翻刻」されている。しかし柱題には、「玉巌書堂」の四字が消されることもなく残っているので、その経緯は不明ながら、既刻の版木を用いての版行であったことがわかる。しかし、この版本には、あの「玉巌堂主人」による宣言はもとより、「著述目録」すらも付されていない。したがってこの書は、会沢個人の著作と言うよりは、あくまでその師である幽谷の「言行録」として刊行されたと考えるべきであろう。

このように、維新以後の会沢著作の刊行の低調ぶりは明らかである。すでに触れたように、会沢をめぐるこうした語りをもたらした最大の原因は、彼自身の晩年における言動にあった。

二　尊攘派の分裂―「鎮派の領袖会沢正志斎」―

『新論』公刊の翌一八五八(安政五)年、いわゆる戊午の密勅が水戸藩に下る。このとき藩内の多くは勅諚遵奉を主張しており、彰考館総裁で、会沢とも同じ幽谷門下であった豊田天功(一八〇五〈文化二〉～一八六四〈元治元〉)もまた、勅諚遵奉は「御臣子の御身分」であれば「御道理」であると、藩主徳川慶篤に対して説いている。それは、たんに「勅命」だからというだけではない。その内容が「至極の御正論」であり、これを実行することで、「大老」以下の

「奸者ども」によってもたらされた徳川家の「衰運」を挽回する契機となると、天功は考えたのである。[5] そうしたなか、ただ独り、会沢だけは次のように慎重論を唱えていた。

そもそも今回の勅諚は正式な手続きを経たものではなく、頭越しにされた幕府にとっては、面目をつぶされた形になっている。それゆえ、幕政を批判し、その改革を求める勅諚の内容がいかに「至極の御正論」であっても、幕府が「穏便に御受け」になるとは、到底考えられない。また、それが正論であるからといって、つねに世間が従うとは限らない。「善人は少く、小人は多く」あるのが古よりの習いであり、「官軍」(朝廷)よりも、これに対抗する「武家」(幕府)が多数であることは明らかである。その大勢と反する選択に出ることは、「御当家の危殆」をもたらし、またこれによる混乱は、海外列強の乗ずるところとなり、日本の独立自体を危うくしかねないのだ――と。[6]

事実、幕府はこの勅諚を「穏便に御受け」することはなく、これ以降、幕末政局は大きな混乱に陥ることとなる。それは水戸藩でも同様であり、藩内尊攘派は、勅諚遵奉を唱える激派と、幕命恭順を説く鎮派とに分裂し、両者間の闘争が始まるのである。[7]

この鎮派には弘道館の教官や諸生が多く、その中心的人物こそ、当初より幕命恭順を主張していた会沢であり、彼は「非常の義には、非常の御手当勿論に候」[8]と、ときに激派に対する武力行使をも否定しなかった。彼が、「鎮派の領袖」[9]と呼ばれる所以でもある。しかし彼が、かつてみずから主張した尊王攘夷の主張を完全に放棄したわけではなかった。

すなわち激派による「尊王攘夷」は、「尊攘の義を取り違へ、自分の主意に取り付け」ているに過ぎないのだ、と会沢は指弾するのである。そして、勅諚返納の「朝命」が下った以上、速やかに返納することこそが「尊王の義」であり、「攘夷の義」にせよ、「大諸侯も幕府の権家へ媚び候位の勢」であるのに、水戸藩のみこれを声高に主張したならば、「御家のみ孤立にて、忽ち敗を取り、天下の笑物と成」ってしまうであろうと、安政の大獄直後の政治状況をふまえた現実的な選択肢を彼は強く訴えたのであった(10)。

しかし、勅諚遵奉を叫ぶものたちにとって、こうした会沢の主張は、従来の尊攘論を放棄した変節と受け止められた。事実、彼らによって会沢は豊田天功や青山延光（一八〇七〈文化四〉～一八七一〈明治四〉）といった弘道館教官らとともに、「五姦」の一人に挙げられているのである(11)。

こうした水戸藩内の混乱を考えたとき、前節でみた会沢晩年の相次ぐ著書刊行は、時代状況から離れているようにもみえる。しかしむしろ、会沢の門人や弘道館諸生たちにとって、こうした出版活動は、「領袖」の顕彰活動の一環であったに違いない。このことを裏付けるように、会沢が死去した直後に刊行された『閑聖漫録』には、「五姦」の一人である青山延光による次のような序文が付されている。

> 先君武公〔徳川治紀、斉昭の父〕嘗て曰く、「儒者の武を好まざること、古今皆な然り。儒にして武を好む、会沢恒蔵の如き、豈に易く得んや」と……頃《このご》ろ書賈の『閑聖漫録』を刻し、余に題言を請ふ。余、乃ち〔治紀の〕前言を録し、以て之れを授け、読者をして先生の有文有武にして、論著の決して空言に非ざることを知らしむるなり(12)。

会沢は決して机上の空論を説くような観念的な学者ではなく、文武を兼ね備えた人物であり、そのことは、幕末水戸藩の藩政改革の基礎を築いた藩主治紀にも認められていたのだ――と延光は言う。こうした発言は、たんに会沢自身の為人《ひととなり》を顕彰するに留まらず、会沢を始めとする鎮派有司が、「弘道館記」に記された「文武岐《わか》れず(13)」というテーゼを確乎として奉戴しているという自己言及の表出であったとも言えよう。

しかしこうした出版活動が、かつての同志・信奉者から放たれる会沢への批判を和らげることはなかった。それどころか、一八六二（文久二）年に会沢が著した「時務策」において、彼が鎖国政策の放棄をも主張したことに対しては、

「以前『新論』の見とは相ひ異り、畢竟老耄《ひっきょうろうもう》故なりなど往々議せられ[14]」るような強い批判が加えられた。激派にとって、かつて尊攘論の中心的存在であった会沢は、もはや『新論』を世に問うた敬仰すべき大学者としてではなく、「老耄」と断じられてしまうような政治的にも思想的にも背信者として認識されたのである。

「老耄」と呼ばれた翌年、会沢は没する。そしてその後も水戸藩内では政治的混乱が続いた。一八六四（元治元）年の筑波山挙兵（天狗党の乱）に際しては、門閥派と鎮派とはその従来の主義主張を越えて、天狗党追討の共同戦線を張っている。そもそも天狗党には、藤田小四郎（一八四二〈天保一三〉～一八六五〈慶応元〉、東湖四男）を始めとして、東湖の影響を強く受けた「激派諸生」たちが多く参加していた。これに会沢をその「領袖」として形成された「鎮派諸生」が対抗したことは、思想的には、会沢・藤田の二つの門流間における闘争という構図を生むこととなったと言えよう。

しかし乱が一応の収束を迎えると、市川弘美《ひろとみ》（三左衛門）を中心とする門閥派によって、鎮派有司は次々と失脚させられてしまう。会沢が死去した直後に『閑聖漫録』（一八六三〈文久三〉年）が刊行されてより、『正志斎稽古雑録』（一八六七〈慶応三〉年）[15]にいたるまで、久しくその著書が世に現れなかったのはこのような事情によるものとも考えられる。

こうした門閥派・鎮派・激派三者間の闘争の記憶は、会沢に対する評価を著しく混乱させるものとなった。日本全体という視座からみたとき、会沢の『新論』が幕末知識人に大きな影響を与えたことは疑いようもない。しかしながら、水戸という地域的視座からみたとき、会沢は藩内の尊攘派を分裂させ、激派を弾圧した「鎮派の領袖」であり、激派の流れを汲むものたちにとっては「背信者」にほかならない。維新以後に会沢の著作が世に現れなくなる最大の理由は、水戸における彼に対するこうした忌避感があった。

三　復権する会沢─明治の「御代」─

不思議なことに宮内庁書陵部には、会沢の自筆になる稿本の『新論』が収蔵されている（函架番号四五四・九）。だが、この稿本が書陵部に収まるしかるべき理由があった。それが一八九〇年一〇月末に行われた明治天皇・皇后の水戸行幸啓である。このとき安在所の置かれた旧水戸城内の尋常師範学校には、県産品や水戸名士の書画などを展示する「陳列場」が設けられ、まず天皇が、そののち皇后が「観覧」したと『明治天皇紀』は記している。とくに「二時間余に亙り観覧」した皇后については、次のように記録されている。

> 皇后の旨に依りて、陳列場係員、弘道館記述義・常陸帯・回天詩史・新論・東湖遺稿・迪彝編・草偃和言等の書各二部を上《たてまつ》る、蓋し尽く水戸正学の経典に準ずるものなり、又茨城県士族寺門謹は故会沢恒蔵〈正志斎〉自筆の新論稿本二冊を献じ、同栗田寛は主殿頭山口正定に由りて、其の著神祇志料二部に表一篇を添へて献ず[16]

この『新論』稿本を献呈した寺門謹とは、会沢の門人で甥（母は会沢の妻の妹）にあたる。弘道館教授や拡充師範学校（茨城師範学校の前身）の教師を務め、会沢が没した直後に「会沢先生行実」を著すなど『新論』の稿本を献ずるいわれのある人物であったと言えよう。

もとより寺門にとって、亡師の遺稿を「御買上賜る」ことが目的ではなかったはずである。少なくとも彼は、『新論』の稿本を「天覧の栄」に浴せしめることで、維新以降、水戸という土地で極めて難しい立ち位置に居らざるを得なくなった会沢の名誉回復を願っていたに違いない。事実、この行幸啓に際して、寺門は、同門の栗田寛（一八三五〈天保六〉～一八九九〈明治三二〉）とともに、幽谷・会沢師弟への贈位を宮内大臣の土方久元へ求めているのである。[17]

旧水戸藩士に対する贈位は、すでに大日本帝国憲法発布（一八八九年二月一一日）にあわせて、東湖に対して正四位が与えられており、この寺門・栗田の贈位請願はこれに続くものであった。またこのとき、東湖とともに西郷隆盛が贈位されたことは、寺門らには朗報であっただろう。すなわち、反乱の罪を問われ官位を剝奪された西郷が大赦に与《あずか》り、さらに贈位されたという事実は、彼らにとって、「鎮派の領袖」であった会沢の名誉回復へと道を開く可能性を示すものであったからである。そして、こうした期待は、『新論』の稿本が献上された翌二八日に、会沢の遺族に対して、「祭粢料《さいしりょう》」として「金二百円」が下賜されたことによっていっそう強まったに違いない。(18)

この行幸啓の際における自筆稿本の求めや祭粢料の下賜といった事実は、会沢が間違いなく、「水戸正学」という「勤王思想の淵源」(19)における中核的存在であることが、天皇（あるいはこれに準ずる皇后）によって認定されたことを意味した。とりわけこのとき金額を同じくして祭粢料が下賜されたのが、幽谷・東湖父子ならびに東湖とともに藩政改革に尽力し、やはりともに安政江戸地震で圧死した戸田忠敞《ただあきら》（忠太夫）の遺族であったことは、会沢が彼らと同等の「水戸名士」であったことを証明するものでもあった。会沢の旧門人たちが、こうした「恩賜」を心から喜んだ様子を、『読売新聞』は次のように伝えている。

右の恩賜ありしを聞き伝へ、久慈・那珂両郡内に住居し居る故会沢氏の門人及び国事に斃《たお》れて鎮霊社へ祀られ居る人々の遺族諸氏には感泣の涙坐《そぞ》ろに留めあへず。イデヤ此の際門人遺族一室の下に打寄りて、懇親の宴を開き、亡き世の人々に其の喜びを告げんと、去る〔一一月〕九日を卜し、久慈郡東小沢村大字下土水内〔現・日立市〕なる黒沢彦氏方を会場と定め……余興には、数十発の煙火《はなび》を打ち揚げ、献酬の間に往事を語り、同夜の十二時頃、無事に退散せしと云ふ。(20)

記事の小見出しは、「藤田、戸田、会沢三氏の門人遺族懇親会を開く」となっているが、実際には「故会沢氏の門人」が中心となっていたようである。会場が水戸から北東へ二〇キロほど離れた東小沢村であったのは、この地に会沢の縁者がいたためなのであろう。事実、この地には会沢姓が散在し、東小沢村役場は「同村大字下土水内桜井内六十四番地会沢氏宅」(傍点引用者)に置かれているのである。また、水戸藩に出仕した会沢の祖先が、久慈郡諸沢村(現・常陸大宮市)から出ていることを考えれば、「久慈・那珂両郡」でこうした「懇親の宴」が開かれる理由はあるように考えられるが、それは翻って言えば、水戸では彼を祝賀することがいまだ困難であったことを示している。[21]

しかしそれでも「数十発」の花火を用意するなど、門人・遺族の喜びは一方ではなかったことがうかがえる。彼らが「感泣の涙坐ろに留めあへず」といった様子であったのは、まさに会沢および彼の門流を継ぐものたちが維新以降に受けてきた辛苦の結果であっただろう。そして、こうした喜びは、翌一八九一年四月に、会沢へ正四位が贈られたことでさらに大きくなっていった。

このとき贈位されたのは、会沢を含む「勤王殉国の士二十九名」であり、水戸藩出身者としては、戸田忠敞・安島帯刀兄弟が入っている。安島は戸田の実弟で、安政の大獄では密勅降下の咎で切腹を命じられており、まさに「勤王殉国の士」と呼ぶにふさわしい人物であった。かつて勅諚返納論を展開した「鎮派の領袖」である会沢がこの安島とともに贈位されたことは、その明確な名誉回復を意味するものであったと言ってよい。こうした動きを反映するように、戸田・会沢・安島三人の贈位を記念して、同年七月二七日を期して、水戸公園(旧弘道館)での「祭典」が企画されている。ついに会沢は、水戸において祝賀されるべき存在となったのである。そして、こうした会沢の名誉回復という潮流のなかで、その著書の公刊がふたたび始まることとなる。[22][23]

まず、贈位の翌一八九二年九月には、寺門謹の編になる『閑道編』(上下、国光社)が刊行された。上巻には会沢の漢詩文が、下巻には「退食間話附録」として『洙泗《しゅし》教学解』(洙泗とは儒学のこと)が収められている。なお、上巻所収の詩文は、寺門が集成していた『正志斎文稿』からの抄録から成る。

この『正志斎文稿』とは、二〇〇二年に刊行された『会沢正志斎文稿』の底本となったものである。そもそも寺門は、会沢生前より会沢の嗣子である士熊（璋、熊三郎）とともにその文稿の整理に取り組み、「文四巻・詩五巻」を編んでいた。しかしこれは、公刊の機会を得ず、会沢と士熊が相次いで没したために、その「全集」は所在不明となり、寺門の手許にあった写本も、水戸の大火（一八八六年）で亡失してしまったと言う。現在残る『正志斎文稿』は、寺門がのちに友人たちを通じて会沢の遺文を「輯蒐」したものである（詩文四巻、拾遺一巻）[24]。寺門がこの文稿に付した「題辞」には、「明治辛卯」すなわち、一八九一年と記されている。『新論』献上に始まり贈位に至る会沢の名誉回復うけて、寺門は、一度は灰燼に帰してしまった文稿の再編纂に乗り出したのであろう。

『閑道編』に続いて、同年一一月には、『下学邇言』（七篇一巻、一八四七〈弘化四〉年成稿）が刊行された[25]。本書は、『新論』とともに「先生の精神の寓する所」（内藤耻叟）[26]と評され、会沢が自身の学問体系を詳述したものであり、巻末には寺門の「会沢先生行実」および「正志斎著述目録」（『豈好弁』版の増補）を附載している。奥付には発行者として「茨城県士族　会沢善」（会沢の曾孫、養子）と記されていることからわかるように、いわゆる私家版である。会沢の業績を知ることができる資料を付した本書は、明らかに贈位された父祖の学識の顕彰を主たる目的としたものであった。

このように、会沢の名誉回復およびその顕彰は、寺門のような門人・遺族によって進められたが、完全にそれが達成できたとは言いがたい。というのも、会沢に対する贈位は、あくまで「勤王殉国」という行為に対してのものであり、勅諚返納論を始めとする幕府恭順の態度ゆえではなかったからである（そもそも彼が「殉国」したかについては検討の余地がある）。贈位をうけてもなお、会沢晩年の言動は、彼に関する語りを困難にさせるものであった。

たとえば、会沢贈位の翌年に著された野口勝一（一八四八～一九〇五）の『水戸贈位諸賢略伝』（野史台、一八九二年）は、寺門の「会沢先生行実」を下敷きにその晩年を次のように叙述している。

〔安政〕五年秋、烈公〔斉昭〕、譴を蒙り、一藩憂憤す。恒蔵、命を奉じて周旋甚だ力《つと》む……文久二年、天下多事、議論紛絮たり。恒蔵深く之れを憂ひ、「時務策」を著して一橋刑部卿〔慶喜〕に献じ、彼れ是れの大勢を審かにし、富強の実効を成すの意を述ぶ……三年七月十四日、病を以て歿《ぼつ》す。年八十二歳。(27)

ここには勅諚返納問題や尊攘派の鎮激分裂といったことは一切記されていない。実際に会沢が行った「周旋」とは、返納論であり幕府恭順を唱える鎮派形成であったはずである。また、「文久二年」（一八六二）の「天下多事、議論紛絮」といった表現も、明らかに具体性に欠けている。当時は、水戸浪士を中心とする東禅寺事件や坂下門外の変、さらには薩摩藩主導の勅使下向を受けて尊攘激派の勢力が大きく回復しつつある状況であった。こうしたなかで、会沢は「時務策」において無謀な攘夷論を「暴虎馮河」(28)と強く批判したのであり、彼の「憂ひ」は、尊攘激派にこそ向けられていたと言ってよい。彼はほかの「水戸贈位諸賢」とは明らかに路線を異にする人物であり、それゆえその晩年に関する叙述は、どうしても淡白なものにならざるを得なかったのである。

そもそもこの『水戸贈位諸賢略伝』は、東湖や会沢に続いて贈位された藤田幽谷から藤田小四郎に至る旧水戸藩士たちの略伝を収めたものであり、著者の野口勝一は茨城県会議員や衆議院議員を歴任した人物である。と、同時に実父勝章を殺した市川勢の吉野英臣を、のちにみずから捕らえ、報復として斬刑に処したほどの尊攘激派であった。(29)その意味では、この『水戸贈位諸賢略伝』は、天狗党本流に位置する地元名士による先人顕彰の記念碑的存在なのであり、会沢を「鎮派の領袖」として描くことは、その趣旨から逸脱したものであったに違いない。野口は、晩年の会沢について多くを語らないことで、この記念碑を完成させたのである。

たしかに会沢は、贈位され、名誉回復を果たした。しかし、彼が「鎮派の領袖」であったことは、ぬぐいがたい事実であった。それゆえ、あの激烈な内訌を記憶しているものたちにとって、水戸藩における幕末維新期の語りは、彼の不在のまま、東湖とその門人を中心として紡がれていくこととなるのである。

四　「弘道館記」と「教育勅語」

明治以降の水戸学の語りにおいて、会沢が必ずしも中心的存在となり得なかったのには、彼の晩年における言動のほかにもう一つの理由があった。すなわち、あの一八九〇年一〇月の行幸啓直後に発表された教育勅語（同月三〇日）の存在である。水戸行幸啓と勅語渙発のあいだに直接的な因果関係があるとは考えがたい。しかし、「教育勅語と浅からぬ因縁を有する水戸の地は実に光栄の至り」と考える菊池謙二郎などは、「勅語の御旨意と館記並に水戸学風の主義とが一致して居ること」(30)を確信していた。

勅語と「弘道館記」の精神は「恰《あたか》も符節を合するが如き」(31)であり、それゆえに国民道徳論と水戸学とは同体なのだと、菊池は主張する。しかし、そうした「類似」「同一」(32)は、『弘道館記述義』（一八四七年〈弘化四〉年成稿）を著した東湖の解釈に基づくものであった。それは、しばしば「今東湖」(33)と称され、東湖以来の「水戸正学」の継承者を自任していた菊池にとっては当然であっただろうが、一方では会沢的な解釈を却《しりぞ》けるものでもあった。

すでに指摘されているように、会沢と東湖のあいだには、「道」をめぐる理解の相違が存在していた(34)。すなわち、「道」をあくまで普遍的なものとしてとらえる会沢と、日本固有のものと考える東湖との対立である。たとえば、「弘道館記」の冒頭には、「道」を「天地の大経にして、生民の須臾《しゅゆ》も離るべかざるものなり」(35)と記されている。この箇所に対して、会沢は「天地あれば自然に人倫備り、人倫あれば自然に五典の道備れり」（『退食間話』(36)）と注釈を加え、天地自然の普遍的な「道」が存在することを明言している。これに対して東湖は、「道」は「我が固有するところ」であり、「未だ始めより天神に原《もと》づかずんばあらず」と、神代にその淵源を求める。[37]このように、両者の「道」理解は、これを普遍あるいは固有とみるかで大きく異なっていたのである。

そもそも教育勅語は、その劈頭から「朕惟《おも》ふに、我が皇祖皇宗、国を肇《はじ》むること宏遠に、徳を樹《た》つること深厚なり」と始まる。これは、日本の道徳は、神代においてすでに確立した固有のものであることを宣言するものにほかならない。したがってこの勅語の筆法は、まさに「国史に基いて宝祚の無窮、国体の尊厳なることを説き、日本固有の道を弘むべき」[38]ことを謳った「弘道館記(述義)」の精神に合致することともなる。このことは、菊池を始めとする水戸学の唱導者たちにとって、東湖の学統の正当性を証明するものでもあったであろう。

こうした東湖に発源する固有主義的な「道」の語りが明治以降の水戸学の主流である限り、儒学的普遍主義を堅持する会沢をそこに位置づけるのは難しかったと言わざるを得ない。『正志斎文稿』が、編纂者である寺門の生前(一九〇六年没)には刊行に至らなかったことからもわかるように、名誉回復後であっても、会沢は、広くその共感者を得ることができなかったのである。こうした会沢評価が大きく変わることとなるのは、幕末維新の内訌から半世紀以上を経た一九二〇年代に入ってからになる。

五　「新水戸学」と会沢

ロシア革命による世界初の社会主義国家の樹立は、日本の保守知識人層にとって、伝統的な国民道徳論に大きな揺さぶりをかけた。すなわち、社会主義という政治・経済そして社会の構造そのものの変革を課題とする「危険思想」

に対抗するには、もはや「臣民」に徳目への従属を要請するような教育勅語では十分ではないと考えられるようになったからある。ここにみずから主体的に国家改造に参画する国民の確立を目指す新たな国民道徳の語りが始まるのであり、それは水戸学においても同様であった。

彰考館事務取扱（館長）の雨谷毅《あまがやたけし》（一八六八～一九四二）は、一九二一年に『尊王民本主義――水戸学の神髄』（水戸・二鶴堂小倉出版部）を刊行する。「尊王」と「民本」との結合は、いかにも大正という時代を反映したものとも言えるが、水戸学の本質を『大日本史』編纂の出発点である徳川光圀（義公）に求め、これを「義公主義」と呼ぶ雨谷は、「現代思想」における「民本的思想」や「社会的思潮」（ここでは社会主義に近似する意味をもつ）が、すでにこの「義公主義」において実現されており、この事実を踏まえて、現今の「思想的革命期」に対応すべきなのだと訴える。(39)

「義公全部の理想は、即ち真の水戸学である」(40)と言う雨谷の主張は、菊池謙二郎のような「弘道館記に叙述せられたる教義信条」(41)（＝後期水戸学）を水戸学の本流であると考える立場とは明らかに異なっている。雨谷は、「義公主義」を唱えることで、幕末水戸藩において展開した尊王攘夷論を相対化することを試みた。この立場からすれば、尊攘激派に象徴される過激な政治行動は、あくまで時代状況のなかで選択された結果であって、水戸学の本質ではないということになる。彼は、「水戸学の思想は、排外的なり固陋的なり」(42)と即断するような「誤解」(43)を解消することを目指した。そしてこうした攘夷非本質論の根拠として想起されたのが、会沢晩年の著述である「時務策」であった。

其の攘夷論と称するものは、全く時局の機宜に応じたる一時的の対外政策にして、徹頭徹尾の鎖国にてないことは、会沢翁の「時務策」（当時翁が幕府に上りし対外策の意見封事にして、その真筆の稿本は今予が手中に在り）等に観ても、明瞭なる事実である。(44)

かつて「老耄」と尊攘激派によって非難された「時務策」は、かくして「開国論」としての評価を得るに至る。水戸学は尊王論であっても攘夷論ではないことを明らかにすることで、雨谷は、尊王を軸とした新たな水戸学の語りを始める。本稿では、この尊王民本主義について詳細に検討する余裕はないが、端的に言えば、それは神代の昔より変わることのない国民道徳を金科玉条に守ることを説くような旧来の水戸学ではなく、国体を護持（尊王）しつつ、同時に国民の主体性を発揮（民本）させるような、「思想的革命期」に即応した政治・経済・社会にわたる、一面で国家社会主義を志向するような国家改造論であった。

雨谷の唱えた「尊王民本主義」ということば自体は、さほどの広がりはみせなかった(45)。しかし彼が提示した新たな水戸学像すなわち「日本国民的真の自覚を高唱する学問で、決して固陋的に非らず、至て如上の通り進歩的学説で、真の憲政思想と合致する(46)」という、旧来の国民道徳論的なものとは異なる「新しき水戸学」あるいは「新水戸学(47)」は、進取に富む「開国論者」としての会沢像とともに、次第に受容されていった。そしてそれは、雨谷が『尊王民本主義』を『水戸学の新研究』（水戸学研究会、一九二七年）と改題し、附録として、会沢の「時務策」――しかもそれは彰考館蔵本という正統な出自をもつものである――を、極めて肯定的な評価とともに公にしたことでより深まっていった。

たとえば、『民権自由党史』（一九二九年）などの著者として知られる石川諒一（茨城県行方郡太田村〈現・行方市〉出身）は、雑誌『大日』（政教社を離れた井上亀六が一九三一年創刊）に、一九三三年八月から翌年二月にかけて、「水藩幕末の紛擾に処せる会沢伯民の苦衷」（全一二回、伯民は会沢の字《あざな》）と題する会沢の評伝を連載している。ここで石川は、「時務策」を始めとする会沢の「開国論」を紹介し、次のように述べる。

勿論、今日から見て、何等名論卓説を以て称すべきはないが、万延・文久の交に際《あた》り、齢八十に余る一代の碩学、しかも『新論』及び『下学邇言』の著者たる水戸の宿学がこの言をなすに於て、伯民の如きは、真に絶代の活儒

といふべきではないか(48)

その後の歴史を知っているものにとって、会沢の主張はそれほど目新しいものではない。しかし、『新論』などで激烈な攘夷論を展開した人物が、みずからの主張を大きく変えたという点は、「真に絶代の活儒」と言うにふさわしい――と石川は会沢を高く評価する。そして同時に彼は、「水戸の攘夷論なるものが果して如何の性質を帯びたものであつたかは、今や余りに明白になつてゐる(49)」と記し、近視眼的で硬直的な尊攘激派の思考様式に対して強い批判を加える。それは、「弘道館記―教育勅語」という伝統的な国民道徳論との決別と、「新水戸学」への脱皮を意味するものでもあっただろう。

こうした「新水戸学」の語りに基づく会沢への高い評価は、石川の評伝が完結した二年後の一九三六年に刊行された西村文則(一八七七～一九七一)による『会沢伯民』(章華社、一月)および『水戸学再認識』(象文閣、七月)にもみることができる。元報知新聞記者で水戸の出身でもあった西村には、これ以前にも『藤田東湖』(昭和書房、一九三四年)のような著作があるが、そこでの会沢は、「シテ」の「東湖先生」に対する「ワキ」として位置づけられ、かつその晩年が描かれることは一切無かった。しかしわずか二年後には、会沢評価は大きく変化する。すなわち『水戸学再認識』は言う。

伯民は水戸学的思想を集大成して、遂に之れを水戸学にした者だ……時事問題を巧みに教学に織り込みつゝ、かくても猶を其の述作が、際物《きわもの》的文献なら(ぬ)やう、恒久性を添加したあたり、所謂現代のジャーナリストは及ばない。即ち水戸学の思想家、水戸学原理の推導家、水戸学を学的に、大きく価値つけた人、其れが会沢伯民といへる(50)。

このように西村は、会沢に水戸学の大成者としての地位を与える。それはたんに水戸学の学的体系を確立したからだけではない。すなわち、「時事問題」を踏まえつつ長期的視野をもち、ときに「開国論」すら辞さない国家改造論を展開したからであった。彼は、「老耄」と呼ばれたその最晩年までの全生涯を含めて会沢を評価したのである。

　こうして「新水戸学」言説は、水戸学のみならず会沢の語りを大きく変容させていった。その背景には、教育勅語の徳目を金科玉条とする伝統的な国民道徳論を脱却し、国家改造の原理となる「新しい国体論」（昆野伸幸）[51]が模索された一九三〇年代の思想史的状況をみることができよう。そして、一九四〇年以降に始まる高度国防国家建設の叫びは、国家改造そして対外侵略のイデオロギーとして水戸学を再解釈させることとなったのであり、こうした積極進取な「新水戸学」を象徴する人物として想起されたのが、会沢であった。

　たとえば、東京帝国大学の倫理学科教授などを務めた深作安文（一八七四～一九六二）は、『水戸学要義』（一九四〇年一〇月刊）において、会沢の『下学邇言』にみえる「神明之邦」や「宇宙之至尊」といったことばを取り上げ、その「万邦を俯瞰し、宇宙を呑吐する概のあつたことを想察」し、「かの「八紘一宇」の国民的指導理念は、思ふに先生の手を拍つて首肯せられる所であらう」[52]と結論している。

　「八紘一宇」の語は、『水戸学要義』刊行の三ヶ月前に第二次近衛内閣が決定した「基本国策要綱」に始まる。深作は、この「八紘を一宇とする肇国の大精神」が会沢の思想と軌を一にするものであると指摘し、また会沢による「大艦巨砲主義」[53]の提唱が、現今の海軍強化方針に合致するものであると主張する。まさに会沢は、百年の時を越えて非常時局の日本が行くべき道を指し示してくれる存在であった。

　またこの時期、高須芳次郎を編者とする『水戸学大系』（一九四〇～一九四六年、全八巻、別巻二、『水戸学全集』〈全六巻、日東書院、一九三三～一九三四年〉の改訂増補）が、「今日の新体制に向つて、有力な示唆を与へ、一大光明を投射する」[54]ものとして刊行されている。その「会沢正志斎集」の解題冒頭において、会沢に「水戸学の大成者」[55]の称号を冠した高須は、「水戸学の理論化！　それは正志の手によつて、始めて成就せられた」[56]と宣言し、ここに会沢をもって水戸学の代表的人物とみなす理解が確立することとなる。しかしそこでは、高度国防国家の建設という目的のために、会沢とくにその主著である『新論』が想起されたのであって、その晩年の言動を含めて再評価が加えられたわけではなかった[57]。

こうしたなか、一九四二年には、厚生閣から高須芳次郎の『会沢正志斎』が、また文教書院からは、瀬谷義彦（一九一四〜二〇一五、当時水戸中学校教諭のち茨城大学教授）による同名書が刊行されている。高須は明らかに会沢の晩年について詳述することを避けており、「正志斎の後半生」という章を立てながら、勅諚降下以後の状況をわずか二頁にまとめ、会沢の生涯を閉じている。そこには、勅諚降下も尊攘派の鎮激分裂も一切記されておらず、ただ、「藩士を諭し」また「穏便の態度を以て善処しよう」とした会沢が描かれているに過ぎない。さらに「老耄」と呼ばれる所以となった「時務策」は、「時務」を察し「時宜」により「開国の方針」を上申したとしか記されておらず、そこには雨谷以来の「開国論者会沢」への評価すら見られないのである。

これに対して瀬谷の『会沢正志斎』は、会沢晩年の著述や行動を丁寧に描く。とくに鎮激分裂に関しては、「戊午の密勅に対する幕府の態度は、遂に水戸藩朋党の争を激成して、水藩幕末史を血を以て綴る事になった」とその対立が激烈であったことを指摘し、そのなかで会沢が「或時には消極論へ堕落したとさへ非難され」ながらも「慎重を極めた」ことを評価している。しかしそれでもやはり尊攘激派の動向を詳細に描くことは避けられている。誠実に人物を叙述することを心がけていた瀬谷でも、会沢晩年の言動を全面的に擁護することはできなかった。それゆえ彼は、一八九〇年の行幸啓および翌年の贈位に言及し、「正志斎の霊はこゝに始めて心からなる喜びを味ひ得た事であろう」（傍点引用者）と記すことで、その名誉が回復されたことを確認するしかなかったのである[58]。

おわりに―戦後における会沢の語り―

会沢はその晩年の言動のために、尊攘激派を「正論」と呼ぶような維新以後の文脈においては語りがたい存在となった。祭粢料の下賜や贈位といった天皇・皇后からの「恩典」は、一定の名誉回復を会沢（とその遺族・門弟たち）にもたらした。しかし東湖を精神的に継承していることを誇りとする水戸人士の多くにとって、会沢の思想やその門流は傍系に留まらざるを得なかった。とくに「弘道館記」と教育勅語との相似性を強調し、国民道徳を神代に根拠付けようとする日本的固有主義の立場からは、会沢の儒学的普遍主義は受け容れがたいものであったと言えよう。贈位を契機とした寺門謹らによる会沢復権の動きが、結局は大きな流れとはならなかった背景には、幕末維新の水戸に展開した内訌という悲劇的経験があった。

こうした潮流が変化するのが、一九二〇年代のことである。この時期、会沢はふたたび脚光を浴びるに至った。それは、伝統的な国民道徳論とは一線を画した、「時務策」に象徴される積極進取な国家改造論としての「新水戸学」を代表する人物として彼が想起されたのであり、こうした流れは、「新しい国体論」が唱えられる一九三〇年代にも引き継がれた。そして一九四〇年代になると、『新論』で「国家のよろしく恃むべきところのもの[59]」を述べた会沢は、高度国防国家建設のためのイデオローグとして描かれるようになり、ついに「水戸学の大成者」と称されるに至ったのである。

戦争末期の一九四四年に、若き丸山真男が「国民主義の「前期的」形成」において、「後期水戸学に於ける尊皇攘夷論を最も明確に体系づけたのはいうまでもなく会沢正志斎の『新論』である[60]」（傍点引用者）と規定したのは、こうした一九四〇年代の語りの延長線上に位置するものであった。しかし当時の水戸学研究において、会沢の晩年に関する言及が少なかったことは、彼をもっぱら『新論』の著者としてのみ把握させることとなる。かくて確立した「明治維新の経典」の著者にして「水戸学の大成者」としての会沢像は、戦後の後期水戸学研究の方向性をも規定していった。すなわち、敗戦を経て、天皇制国家におけるイデオロギーの構造分析が求められた結果、その一つの源泉と考えられた『新論』に研究が集中していったのである。

ときに「鎮派の領袖」と蔑視され、のちに「勤王殉国の士」と顕彰され、さらには「開国論者」と称揚され、「大艦巨砲主義者」や「水戸学の大成者」にまで祭り上げられるも、やがて「天皇制国家のイデオローグ」と批判の矢面に立たされるに至る――このように会沢は、その時代状況のもとに様々に想起されてきた。こうした会沢の語りは、たとえば今日でも、彼の尊攘論を「国際問題に応用されたプラグマティズム」[61]として再評価するような形で新たに紡がれ続けている。まさにL・アルチュセールが、「イデオロギーにはそれ自身の歴史はない」[62]と指摘した通りである。

もとよりこうした「現在的意識」に立脚した研究が、少なからぬ成果をもたらしたことは確かである。しかしそれは多くの場合、明治国家という結果から歴史を遡及しようとするものであった。だがその晩年の言動からもわかるように、会沢自身の思想的射程は、幕末維新を容易に乗り越えうるものではなかった。この事実は、少なくとも彼の思想を考える際に、明治国家というファクターは括弧にくくるべきことを意味していよう。それは、国民国家の形成を無条件に結論とせず、水戸学を水戸という地域に根ざした思想言説として理解し、また会沢を八十有余歳まで生き抜いた一人の儒学者として再検討すべきことを求めるものでもある。

会沢没後に著された寺門の「会沢先生行実」は次のように締めくくられている。

謹の明かに知る所、因て其の大略を挙ぐ。其の詳備の若きは、則ち士熊及び高第の弟子の述ぶるを待つのみ[63]。

会沢先生について自分の知る所は少ない。さらに詳細は、子の士熊や高弟に委ねよう——と寺門は言う。しかしその後、士熊は若くして亡くなり、弟子たちも離散してしまった。それゆえ寺門は、「行実」執筆の約三十年後に、みずから再び編んだ『正志斎文稿』の「題辞」に「後人の苟《いやしく》も之れを増補せば、乃ち幸甚と云ふ」[64]と記したのである。それから百二十年を経て、いま改めて「後人」が求められている。

註

（1）丸山真男「近世日本政治思想における「自然」と「作為」（第六節）」一九四二年、『丸山真男集』二巻、岩波書店、一九九六年、一一〇頁

（2）植手通有「会沢正志斎」、『世界大百科事典』日立デジタル平凡社、一九九八年。

（3）「常陸正志斎会沢先生著述目録」二丁裏、会沢正志斎『豈好弁』玉巌書堂、一八五七（安政四）年序、原漢文。『三眼余考』とは、新井白石の『西洋紀聞』に対する会沢の所見を記したもの。その内容がキリシタン禁制に触れるものがあると考えたがゆえに、会沢はこの書の他見を禁じたのであろう。以下、引用に際しては、読者に便があるように表記を改めた箇所がある。また、太陽暦採用以後の年号表記には、原則として元号を付さなかった。

（4）石河明善「書閑聖漫録後」、会沢正志斎『閑聖漫録』東壁楼ほか、一八六三（文久三）年、後記一丁表、原漢文

（5）「豊田天功奉呈書」一八五八（安政五）年八月一九日、『水戸藩史料』上編坤、吉川弘文館、一九一五年、二五八〜二五九頁

（6）「会沢正志斎建議案」一八五八（安政五）年八月二〇日頃、同右、二六〇頁。

（7）そもそも「激派」も、「激派諸生」などと呼ばれるように、本来は同じく弘道館で学ぶものたちであった。しかし彼

らは、会沢の恭順論を批判し、次第に弘道館それ自体から距離を置くようになっていき、いわゆる「天狗党」を形成するようになっていく。これに対して、会沢の主張に賛同し、弘道館に拠ったものたちが「有司諸生」となるのである。こうした弘道館を中心とした尊攘派の分裂については、鈴木暎一「弘道館諸生の動向」(『水戸市史』中巻(五)、水戸市、一九九〇年)を参照されたい。

(8)「会沢正志斎上書」一八六〇(万延元)年二月四日、『水戸藩史料』上編坤、六八九頁

(9)鈴木暎一「長岡屯集」、『水戸市史』中巻(四)、水戸市、一九八二年、一〇六三頁

(10)前掲「会沢正志斎上書」。「御家」が「孤立」や「天下の笑物」になることを恐れる会沢にとって、「尊王攘夷」とは、あくまで「御当家」維持のためのイデオロギーであったとも言える。この事実は、水戸学を無条件でナショナリズムと連続させて把握するのではなく、むしろ水戸藩というローカルな自己言及的語りとして検討すべきことを示している。

(11)前掲鈴木「長岡屯集」、一〇七四頁。なお、残りの二人は、側用人の久木久敬や桑原信毅(治兵衛)といった政治要路の人々であった。

(12)会沢正志斎『閑聖漫録』、序一丁表～裏、原漢文

(13)徳川斉昭「弘道館記」一八三八(天保九)年、日本思想大系五三『水戸学』岩波書店、一九七三年、二三一頁

(14)『水戸藩史料』下編全、吉川弘文館、一九一五年、二一五頁。一方、鎮派諸生の一人であった内藤耻叟は、「時務策」に接し、「同志の徒、始めて時勢の已むを得ざるを知り、相ひ与に咨嗟嘆息す」といった様子で、攘夷論のなすあたわざることを悟ったと、のちに回顧している(内藤耻叟『碧海漫渉』介昭書院、一八八一年、乙巻七丁裏、原漢文)。

(15)『正志斎稽古雑録』には序跋がなく、この書をこの時期に世に問う意図が必ずしも明らではない。同年春の序をもつ青山延光の『雪夜清話』が、同じく水戸の東壁楼より刊行されていることを考えると、この時期、水戸藩内において、

鎮派による一定の出版活動が可能になる状況が現れたとも考えられるが、この点については他日を期したい。

(16)『明治天皇紀』第七、一八九〇年一〇月二七日条、吉川弘文館、一九七二年、六六五頁。なお、『読売新聞』(「新論の草稿を献納す」一八九〇年一〇月三一日朝刊、二頁)には、皇后が「是非にとの御望みにより」求めたため稿本が献上されたと、それが皇后側からの要請であったことが記されている。また『朝野新聞』にも、翌月一日の雑報欄において、「皇后宮陛下の御所望により献納」したと報じられている。

(17)三浦周行「栗田寛先生」、『現代史観』古今書院、一九二二年、四六三頁

(18)『明治天皇紀』第七、一八九〇年一〇月二八日条、六六九頁

(19)同右、一八九〇年一〇月二六日条、六六二頁

(20)「藤田、戸田、会沢三氏の門人遺族懇親会を開く」、『読売新聞』一八九〇年一一月一五日朝刊、三頁。なお「黒沢彦」の詳細は不明だが、一九一一年に東小沢村村長を務めた黒沢彦三なる人物が、同村大字下土水内にいたことは確認できる(久慈郡自治記念会編『久慈郡自治記念誌』久慈郡自治記念会、一九二六年、六五頁)。

(21)『久慈郡自治記念誌』、六四頁。村役場は「会沢氏宅」に置かれたが、市町村制施行時(一八八九年)の村長は、会沢姓ではなく、士族出身の安島泰孚であった(同前、七〇頁)。そののち、一八九六(明治二九)年には、やはり士族出身の会沢正夫が村長を務めているが、残念ながら会沢正志斎との直接的な関係については未詳である。

(22)『明治天皇紀』第七、一八九一年四月八日条、七八七頁

(23)「戸田安島会沢三氏の祭典」、『読売新聞』一八九一年七月一九日朝刊、三頁。ただし、同月二四日の同紙には、旧藩主徳川篤敬《あつよし》の多忙のために、祭典が延引されたことが伝えられている(「贈位者の祭典延引」、『読売新聞』一八九一年七月二四日朝刊、二頁)。

(24) 寺門謹「題辞」一八九一年、『会沢正志斎文稿』、三一頁、原漢文
(25) ただし、刊行年は不明ながら、「論政」(上下)および「論時」の三篇のみが幕末に版行されている。しかし、題簽には「下学邇言巻之二」と記しながら内題には「論政第四上」と記されているように、その巻次は極めて乱れており、会沢が許可を与えて版行されたとは考えにくい。あるいは『新論』同様、地下出版の形で流出した可能性も否定できない。
(26) 内藤耻叟「跋」一八九二年、『下学邇言』、跋一丁裏、原漢文
(27) 野口勝一『水戸贈位諸賢略伝』野史台、一八九二年、四八～四九頁。なお「時務策」の慶喜献呈については疑義がある(瀬谷義彦「時務策解説」、『水戸学』、五〇五頁)。
(28) 「時務策」、『水戸学』、三六七頁
(29) 芳賀登『近代水戸学研究史』教育出版センター、一九九六年、三一〇～三一一頁
(30) 菊池謙二郎「講演・教育勅語と弘道館記」一九〇八年、同『水戸学論藪』(一九四三年)、国書刊行会、一九九七年復刻、六五頁
(31) 同右、五一頁
(32) 同右、六一頁
(33) 「ナゼ和服が礼服にならぬか　女は許され男は悪いのが解らぬ　いま東湖の建議案」、『読売新聞』一九二五年二月八日朝刊、二頁。
(34) 吉田俊純『後期水戸学研究序説——明治維新史の再検討』(本邦書籍、一九八六年)、同『水戸学と明治維新』(吉川弘文館、二〇〇三年)、また芳賀登『近代水戸学研究史』(一九～二二頁)および中村安宏「佐藤一斎と後期水戸学——『弘道館記』の成立過程」(『日本思想史学』二七号、一九九五年)を参照のこと。とくに中村論文は、東湖と一括にされがち

な斉昭についても、これを個別に検討すべきことを指摘しており、傾聴に値する。
(35)「弘道館記」、『水戸学』、二三〇頁
(36)会沢正志斎『退食間話』一八四二（天保一三）年成稿、『水戸学』、二三七頁
(37)藤田東湖『弘道館記述義』一八四七（弘化四）年成稿、『水戸学』、二六〇～二六一頁
(38)前掲註(30)菊池「講演・教育勅語と弘道館記」、五一頁
(39)雨谷毅「自序」、『尊王民本主義』二鶴堂小倉出版部、一九二一年、一～六頁
(40)同右本文、三頁
(41)菊池謙二郎「水戸学の意義」一九一七年、『水戸学論藪』、一頁
(42)『尊王民本主義』、九頁
(43)同右、六頁
(44)同右、五頁
(45)わずかに、有馬秀雄『水戸魂の科学性』（霞ケ関書房、一九四一年）に、「尊皇民本」という表現がみられる程度である。
(46)同右、四九～五〇頁
(47)雨谷毅「水戸学の新研究発刊について」、同『水戸学の新研究』水戸学研究会、一九二七年、四頁
(48)石川諒一「水藩幕末の紛擾に処せる会沢伯民の苦衷（十二）」『大日』七二号、一九三四年二月
(49)同右
(50)西村文則『水戸学再認識』象文閣、一九三六年、一八二頁
(51)この「新しい国体論」と「水戸学＝伝統的国体論」との対立に関しては、昆野伸幸『近代日本の国体論』（ぺりかん社、

二〇〇八年、一八二頁以下）を参照されたい。

(52) 深作安文『水戸学要義』目黒書店、一九四〇年、一四〇頁

(53) 深作安文「小序」、同右、三頁

(54) 高須芳次郎「序」、『藤田東湖集』水戸学大系刊行会、一九四〇年、二頁

(55) 高須芳次郎「解題」、『会沢正志斎集』水戸学大系刊行会、一九四一年、一頁

(56) 同右、六頁

(57) たとえば一九四三年には、東湖会が、その機関誌である『日本評論』（同年二月号）で会沢を特集している。しかしそれは「会沢正志斎・新論研究」と題されていることからもわかるように、あくまで『新論』が注目されたのである。

(58) 瀬谷義彦『会沢正志斎』文教書院、一九四二年、五四〜七〇頁

(59) 会沢正志斎『新論』序、『水戸学』、五一頁

(60) 『丸山真男集』、二巻、二五五頁

(61) 中野剛志『日本思想史新論』筑摩新書、二〇一二年、五五頁

(62) Louis Althusser 'Idéologie et appareils idéologiques d'Etat' (1970) *POSITIONS*. Edition Sociales 1976. p. 100.

(63) 寺門謹「会沢先生行実」、『下学邇言』、附録六丁表、原漢文

(64) 前掲寺門「題辞」、三一頁

【附記】本研究はJSPS科研費16K02190の助成を受けたものである。

【史料紹介】
茨城大学図書館所蔵古文書にみる幕末維新期の水戸藩

木戸　之都子

はじめに

本稿は、二〇一三年十一月十六日に茨城大学で開催した人文学部第九回地域史シンポジウム「明治維新と茨城の歴史」での個別報告「史料紹介　茨城大学図書館所蔵古文書にみる幕末維新期の水戸藩」をもとに、茨城大学図書館所蔵の古文書・古記録の紹介を通じて、地域の歴史資料の活用の可能性を提示することを課題として、加筆、改稿したものである。同図書館が所蔵している茨城県内の主な歴史資料は表1の通りである。

本稿では、その中から主に文政期（異国船打払令）・嘉永期（日米和親条約締結）・安政期（日米修好通商条約締結）の異国船来航関連史料に焦点を定め、幕末期の水戸藩領などに来航した異国船に対する藩庁・藩士・町人・村人の反応の実際を明らかにしつつ、当時の農民・町人たちの情報伝達について考察したい。

表1　茨城大学図書館所蔵の主な貴重資料（郷土資料）

文書名	点数	整理状況	備考
徳川斉昭書簡	一巻	軸装。画像を茨城大学図書館ＨＰで公開。	佐藤一斎宛。
青山家文書（水戸藩家中青山延寿日記）	全三一冊	簡易な目録作成済み。天保14～明治9年。	水戸藩士・学者青山延寿が記した日記。山川菊栄氏より寄贈。
菅文庫	約四〇〇部、一〇、〇〇〇点	目録刊行済み。原本全文データをＨＰで一部公開。	水戸出身の史学者・国学者菅政友旧蔵書。
稲葉家文書	約九、〇〇〇点	目録全五巻刊行済み、目録をＨＰに公開。	下総国豊田郡加養村（現下妻市）村方文書。
佐藤家文書	全三九冊	史料集全九冊刊行済み。史料集の全文データをＨＰに公開。	延宝5年（一六七七）～慶応2年（一八六六）までの水戸下町御用留。町方の記録。
栗橋家文書	一〇〇点	目録をＨＰで公開。	水戸下町の町方記録。人別改帳。日記など。
大高氏記録	全七六冊	簡易目録をＨＰに公開。	写本。原本は東京大学史料編纂所所蔵。主に幕末の記録として貴重。
中崎家文書Ⅰ・Ⅱ	約一三、〇〇〇点	整理中。目録全二冊刊行済み。ＨＰに公開。	常陸国那珂郡中岡村（現茨城県那珂市鹿島）の庄屋を務めた中崎家から寄贈された近世・近代の村方史料。
鶴田家文書Ⅰ・Ⅱ	約一、〇〇〇点	約四〇〇点の整理が済み、目録一冊刊行、ＨＰに公開。	常陸国那珂郡上河内村（現水戸市上河内町）の庄屋を務めた鶴田家から寄贈された近世・近代の村方史料。文禄検地帳。
石神組御用留	全一〇分冊	補修・整理済。東海村教育委員会と共同で史料集刊行済み。	水戸藩の石神郡奉行所の文化6年（一八〇九）の一年分の公用記録。

		史料集と原本の画像をＨＰに公開。	
羽部家文書	一一二点	目録刊行済み、ＨＰに公開。	久慈郡太田村。在郷商人。
軍司家文書	二〇〇点	整理済。仮目録作成済み。	水戸上町の町方記録。
黒澤家文書	約二、〇〇〇点	目録作成済み。ＨＰに公開。	購入した黒澤止幾子の遺品、和歌や俳諧の書など。
小沼家文書	約二、〇〇〇点	整理中。目録未刊行	鹿島郡大洋村の村方史料。
富士講・不二道関係資料	約一〇〇点	整理済み。目録ＨＰに公開。	永井路子氏からの寄贈。
秋山氏寄贈史料	約一〇〇〇点	簡易目録作成済み。	水戸藩関係の史料

一　文政期イギリス船の大津浜上陸事件

文政七年（一八二四）甲申五月、英捕鯨船員が常陸国北部大津浜に上陸した。その際の記録として、筆談役の会沢正志斎が取り調べた際に書き留めたものがある。

〔史料1〕会沢伯民（正志斎）著「庚申諳夷大津上陸記事（附）「辨妄」」（菅文庫所収、写本、一冊、請求記号：九・1・三七）[1]

辨妄

今度渡り来り候事、交易のために来るとも云又漁猟のために来るとも云巷説粉々なれ共、皆信するに足らす、惣而西洋の諸国犬羊の性とハいへとも、古より通商を事とし万里の波濤を凌き殊方異域を経歴し聞見も広きに随ひ、自然に志気も広大になり四海万国を併呑するを以て業とす、是を助るに耶蘇の邪教を以て通商を名として至る所の国と親み近つきて、窃に　虚実察し怠惰虚弱なるをハ兵を挙て是を襲ひ、又其虚の乗すへき事なきをハ邪教を以民心を誑し其国を奪ふの術を施す（以下略）

（裏表紙）「右諳夷記事一巻、会沢先生也所筆、以岡崎氏蔵本写之、（朱書）「寅三月記」」

会沢は、異国船来航の目的は捕鯨と乗組員に病人が出たためと判断して、食料を与えて帰した幕府の措置に反発し、「新論」を著したことで知られる。本史料から、会沢の強硬な攘夷論は、自らの取調べの経験に基づいた主張であったことが読み取れる。

裏表紙の奥書から、菅政友による筆写本と思われる[2]。この事件については『通航一覧』に詳しい[3]。

史料2は「鶴田家文書[4]」に含まれる書付である。

〔史料2〕「イギリス船被下候品々」（鶴田家文書Ⅱ「仮目録一八五」）

イギリス船被下候品々

一　梅　壱籠
一　夏大こん　同
一　さつまいも　同
一　りんご　同

一　にわとり　　　拾羽
一　酒五升
一　飯水
一　びわ　　　壱籠
一　ひょうな　　同
公儀
　御代官　　古山善吉
通事役　　足立左内
　　　　　吉雄忠次郎
御普請方元締役格
　　　　　　河久保忠五郎
　　　　　手代弐人
　　惣人数三拾人程

この史料は、品目や、関わった代官・通事役の名前から、文政七年（一八二四）六月のイギリス船上陸事件のことと思われる。『通航一覧』の「常陸国狼藉始末」の中に、このとき幕府が異人に与えた食糧について、次の記述があるので比較してみる。

〔史料3〕「常陸国狼藉始末」（『通航一覧』巻二百六十一　厄利亞国部十）

林檎三百五十入り
枇杷四升
大根五十本一把にして十把
さつま芋三十二本入り
雉十羽
ひよう一籠
酒五升入り一樽

史料3は、水戸藩より派遣された藩士柳橋藤蔵が大津浜異人上陸事件について記した書状の一部である。史料2と史料3の間に、若干記述の違いはあるが、少なくとも大津浜の異人上陸事件について、鶴田家の当主が近隣の百姓や商人らから何らかの情報を得ていたことは確かで、近隣農民の異人上陸に対する関心の高さがわかる。なお、ひような（ひよう・莧菜）はインド原産の一年草薬草の一種である。(5)

史料4は、作成者は不明だが、唐の商人とのやり取りのほか、唐人の容姿・服装・食事を観察して記された図入りの書付である。

〔史料4〕「唐船之容躰書」（鶴田家文書Ⅱ「仮目録一八三二」）（年代不明）

唐人蘇州之商人ニ而日本なれハ申もの陳□と申者より承り申候、群衆をなし日本も□乗□あらくハ相分り申候、

唐人□出之噺知れ不申文字通用申候、（以下略）

「鶴田家文書」には、この他に、イギリス人の容体書と異国船の櫂の大きさの書付（「鶴田家文書Ⅱ」仮目録三六七）や、アルファベットを練習したと思われる書付（同仮目録三五〇）が残っている。近隣の農村では沿岸にやってくる異国船の乗組員と、密かに身振り手振りで品物や食料をやり取りしていたことがうかがわれる。

二　嘉永六年ペリー来航以降の情勢と水戸藩ならびに町人の対応

嘉永六年（一八五三）六月三日のペリー来航に関する記事を、水戸藩士と町人の日記から抜き出してみる。

〔史料5〕「青山延寿日記」(6)　嘉永六年六月

六月六日　晴　登館、是日三日浦賀観音崎へ伊吉利国船四艘被□候由、江戸中騒敷有之候事、
六月七日　晴　休日　是日上墓、新屋敷等へ至ル、
六月八日　休日
六月九日　休日
六月十日　登館　不番、江戸邸より早参り御役人等□浦賀候由、夷船之義ニ付候由沙汰候事、
六月十六日　十二日浦賀出帆候由、江南より来状有之候事、非常手当之義者精々心掛候様被　仰出候、

史料5の水戸下級藩士青山延寿の六月六日の日記によると、「三日、浦賀観音崎へ伊吉利国船四艘参候由、江戸中騒敷有之候事」とあり、アメリカ船をイギリス船とした記載の間違いがあるが、騒然とした江戸の様子を伝えている。

町方の日記「大高氏記録」(7)にも、嘉永六年六月六日の日記には同三日のペリー来航に関して次の記載がある。「当月三日、異国船浦賀へ七八艘見へ候よし」。六月十日の日記には「六月十日、今日江戸表よりはや参ル、異国船之事之よし」の記述があり、情報が刻々と伝わっているのがわかる。早飛脚がくるほどであるから江戸も水戸も騒然としていたのだろう。しかも次の十一日の日記ではさらに情報が詳しくなって、「当月三日、アメリカ船四艘浦賀江願之筋有之候よし、観音崎と申所江乗込居候由」と六日のときは七八艘とあったのを正確な数の四艘に改められている。江戸藩邸からの早飛脚が国元に情報をもたらし、大高家へもその情報が伝わっているが、大高家は町年寄であったため、江戸藩邸から水戸表に伝えられた情報をいち早く入手できたと思われる。そして、十六日の日記には、「朝より快晴四ツ時よほど雨降、直ニやむ、快晴暑気つよし　当十二日異国船退散いたし候趣ニ而御人数等御登せも先ツ御見合ニ成ル」とあり、十二日に異国船はひとまず退散した様子が記されている。水戸から藩士が江戸へ上ることになっていたのが沙汰止みになったこともわかる。

このように水戸藩士の日記と町人の日記を比べてみても、情報が届くのにほとんど時間差がない。史料6は、添田養博へ江戸から届いた詳細な情報が大高家にも伝わったことがわかる(嘉永六年六月十二日の日記)。傍線部はアメリカ船の一艘が神奈川沖へ乗り込み、深さを測量までしていった様子が記されている。

〔史料6〕「大高氏記録一」嘉永六年六月十二日(請求記号：L289.1：1：137)

扨御地之事故どの様ニか評判も仕候半、寝ても起きても居られぬ者も可有之候、去ル四日暁霧深咫尺も見分り兼候故にや一ノ関二ノ関とハ見付不申、三ノ関浦賀猿嶋と申所迄乗込申候を見付申候、西亜メリカ船長サ八拾間計横五十間計千人乗一艘外ニ二十六間ノ船三艘三百人位乗沖へ三艘見申候、都合七艘之処、願之筋有之書簡持参致候所、重役奉行之外渡不申候趣ニ而、此方番船等ハ更ニ近くへハ寄付不申、鉄砲打放乗廻し浅深等を計居申候、就夫早速浦賀へ松平大和守是ハ是迄浦賀海防被仰付居候外ニ松平飛騨守会津松平肥後守井伊掃部頭相詰申候、六日之暁十六間小舟ノ方一艘神奈川沖江乗込、浅深相計申候、未夕神奈川ニ居申候就夫六日之夜五ツ時御老中若年寄諸役人急登城有之候、扨表向別紙之通扉被　仰出候（以下略、傍線＝引用者）

その他、嘉永七年正月十六日の日記にも、「黒船又々九艘程浦賀へ参り」と、頻繁に日記に記されている。こうして江戸からの書状が情報源となり、国元に伝わっていたと思われる。

ところで、ペリー浦賀来航についての川柳・狂歌が「大高氏記録一」の嘉永六年の項に記されている。江戸で流行っていたものが伝わってきたのだろう。当時、江戸ではアメリカ船来航は一大事件であったことがうかがえる。

〔史料7〕「大高氏記録一」の日記（嘉永六年六月十六日）

アメリカ船一条ニ付川柳
はかないと草葉の陰て猿か言
太閤朝鮮征今ハ先より船を被向候ニ付
水無月や小さき井戸が役にたち
アメリカが来ても日本は筒がなし

異舟来て水戸なる人はただ一人
アメリカのとろけて返る暑さかな

〔史料8〕「大高氏記録一」の日記（嘉永六年六月十六日）

当世評判記（抜粋）
器用に見えるが極あぶなひ芸であたりはずれがあります
西洋流のなまぎき
鉄砲に市川小団次
アメリカ船に中村哥六

三　安政期水戸藩の異国船への関わりと幕末の不安な社会情勢

安政年間は那珂川の洪水や江戸の大地震といった天災のほか、政治事件として安政の大獄があったが、この時期も頻繁に異国船が来航していた。安政二年（一八五五）四月十六日、異国船が那珂湊沖に現れると、この情報は当日のうちに大高家に伝わっている。(8)

〔史料9〕青山延寿日記「安政二年正月乙卯日録」（「青山家文書」第十三巻）

十六日　朝より快晴

六十五度
御田楽アリ
今日朝四ツ半過より、辰巳沖来又戻る様子ニ候処、北沖え走、今夕迄東沖ニ而乗回シ居申候様子申上候、
長サ弐十間、ワキ六間、大筒、片かわ十弐丁ツヽ、廿四丁、ヘサキ四丁、トモ四丁、
〆三十六丁
トモトヘサキえ十弐本ツヽ、抜身の鑓を立、人数三百人余、何レも交易を好候由、
異国船壱艘、当十六日朝五ツ半時より、南方之沖ニ相見申候、湊之陸より壱里半位沖ニ御座候、今朝四ツ過退散
いたし候よし、

青山延寿は同日の日記で、「亜米利加軍艦、大洗海上壱里程之所ニ滞船ニ付、湊より早来ル、夜ニ相成、御先手壱番手谷弥次郎、加藤伝九郎湊へ出陣、福原小之介、湊へ詰ル」と記しており、船は移動（退散）したので事なきを得たが、海岸防備に出陣したことがうかがえる。

異国船が頻繁に来航すると、水戸藩は軍用金調達として有力商人などへ献金を命じた。大高家も例外ではなく、嘉永五年には水戸町方与力の生井秀三郎宛に次の文書が提出されおり、献金がかなり負担となっていたことが読みとれる。

〔史料10〕「大高氏記録二七」嘉永五年御用留
此度異国船渡来ニ付、何分尽丹精、御軍用向江献金も仕度奉存候得共、五七ケ年已来、存外指上金仕懐合差支之

折柄ニハ候得共、非常之御用途ニ付、乍少分金弐百両献納御取受之上、右御用途江御差加ニも相成候ハヽ、本意至極ニ奉存候、此段申出候、以上、

寅　　　　　　　　　　　　　　　　　　　大高六右衛門

正月廿七日　生井秀三郎殿指出

次に記されている当節の書付は、嘉永期のものに比べてより幕府への風刺が鋭くなっている。

〔史料11〕「大高氏記録二」日記（安政二年四月二十一日）

当節のもの書付

有さうでないものハ　　武家方の貸具足　海防掛りの御了簡

なささうで有物ハ　　権門方の音物（権門勢家）　下田の交易

永続さうなものハ　　武家方の困窮　異国船の渡来

当りさうて当らぬ者ハ　　大筒の的　回向院の開帳

安政六年（一八五九）五月になると、外国との交易により、金銀の改鋳が行われたため、木綿が高騰、物不足、インフレとなり、商人にとってもナショナルな危機意識や社会不安が広がっている状況が、次の史料から読み取れる。

〔史料12〕「大高氏記録二六」常輪御用留（安政六年五月）

外国交易御開ニ付而ハ、彼国之金銀其儘通用可致候、尤金ハ金、銀ハ銀と量目を以取遣いたし候筈ニ候条、此度
吹立被　仰付候新小判、壱分判弐朱銀目方之割合ニ応シ、無差支可為通用候、
右之趣御料私領寺社領共ニ不洩様、早々可触知もの也、
　五月
右之通相触候間可存其趣候、

同じく安政六年五月には、外国へ売り渡してはならないものとして以下の触れが出ている。

〔史料13〕「大高氏記録二六」常輪御用留（安政六年五月）

一、官服之類
一、御法度之儀認候書籍、幷雲上明鑑、其外官位高等記候書類
一、兵学書幷板本ニ無之写本之類
一、城郭陳列之図
一、甲冑刀剣、幷都而附属之小道具
一、銅
右之品々相対ニ而、外国之もの共売渡之儀不相成、若心得違ニ而売渡之もの有之候ハ丶、其当人ハ勿論、五人
組迄可被処罪科候、
右之趣、御料、私領、寺社領共、不洩様可触知もの也、

右之通相触候間可存其趣候、

五月

四　その他の異国船関連史料

菅文庫には外国応接関係史料が多数あり、かつて故河内八郎が「菅文庫にみる異国船関係史料（菅文庫国書目録　日本史〔外国関係〕）」において紹介している(9)。

また、菅政友が明治期に収集した刊本・写本、主に幕末・維新期の外国応接史料には、水戸藩とは直接関係ないが、水戸藩士だった菅政友が収集した幕末〜維新期の、日本と諸外国との接触に関する記録類がある。おそらく明治政府のもとで太政官修史局・修史館に職を置いたときに蒐集したものであると思われるが、菅政友の問題関心の広さがわかる史料なので一部、簡単に紹介しておく。

①「モウル上書」（一冊、写本、文化九年）＝請求記号「菅文庫　国　七・２・六〇二」

文化九年（一八一二）六月、クナシリ島で捕えられたロシア軍人ゴロヴニンの乗員水夫モウルより、但馬守（荒尾、松前奉行）らを通じて提出された書状。

②「無人島応接」（一冊、写本、嘉永二年）＝請求記号「七・２・五八三」

無人島（小笠原諸島）におけるイギリス人との応接一〇件の記録。

③「嘉永癸丑露西亜応接日記」（一冊、写本、嘉永六年）＝請求記号「七・２・五八〇」

嘉永六年（一八五三）七月及び一二月、ロシア使節プチャーチンの長崎来航と、同地での交渉にかかる、応接掛川路左衛門尉聖謨の記録。次の④と⑤も関連する。『大日本古文書　幕末外国関係文書』三及び四に日付順に収録されている。

④「下港露使応接筆記　丑年」（一冊、写本、嘉永六年）＝請求記号「七・２・五七九」

菅文庫目録に「寛政五年」とあるのは誤りで、嘉永六年のこと。この年一〇月〜一二月までのロシア人プチャーチンなどから差し出された書翰約二四通が収められている。

⑤「下港魯使応接筆記　寅年」（一冊、写本、嘉永七年）＝請求記号「七・２・五七八」

二月二三日、ロシア人到来に関する井上・川路以下六名の応接報告。

⑥「英吉利人応接書」（一冊、写本、嘉永元年）＝請求記号「四・２・五七五」

安政元年閏七月、長崎に来航した英国使節スターリングと長崎奉行水野筑後守忠徳らとの応接記録など。

⑦「異国船の義ニ付書付」（一冊、写本、安政元年一二月〜同二年三月）＝請求記号「七・２・五八六」

琉球、鬼界島、長崎高鉾島等へ来航の異国船（仏、清等）の報知、異国人口上書等九件、琉球関係は薩摩藩役人によるもの。

⑧「薩英応接対語筆記」（一冊、写本、文久三年）＝請求記号「七・２・五七四」

生麦事件処理関係。薩英応接、文久三年九月（一〇月カ）朔日、薩摩応接掛重野厚之允より英国公使（ニール）宛書翰。一〇月四日、於英国公使館（横浜）薩英応接、対話書など。

⑨「柯太談判書　庚午」（一冊、写本　明治三年、外務省）＝請求記号「七・２・五八二」

明治二年一二月末より同三年一月まで計八回の、樺太函泊における外務省官吏とロシア軍人との応接記録。

なお、「菅文庫」には異国船関連史料だけでなく、海防論も含まれる。徳川斉昭が著した海防論「水府公献策」や、斉昭が安政元年九月に豊田天功に命じて編纂させた「北島志」（千島・樺太の状況を記した書）、会沢正志斎の「新論」、木村謙次の「海防下策」などがある。[10]

おわりに

異国船来航は海防や攘夷、商品流通など、武士・領民にとって直接的に生活にかかわる事件であった。とくに安政期の異国船来航以降、世情が不安定となり、加えてインフレが続く。外国交易のため、金銀改鋳や交易禁止の品の御触れが出され、異国との取引が混乱し、社会情勢も不安定になる。この幕末の異国船来航が明治維新への引き金の一つとなったことも想像に難くない。

ところで、異国船情報の収集ルートとしては、「大高氏記録」「鶴田家文書」を見る限り、学者・文化人との交流、触・達などの公的手段、水戸藩家中や藩庁からの情報、親類・縁者・使用人などからの噂など、商品流通ルートによる商人や運送業者からの情報、かわら板などの出版物、武芸者・修験者などの遍歴者からの情報があったと思われるが、本図書館所蔵の「中﨑家文書」「鶴田家文書」[11]の御用留からはそれらの関連史料がまだ確認されていないため、さらに調査を進める必要がある。

註

（1）本図書館所蔵の菅文庫は、幕末・明治時代の水戸出身の史学者・国文学者である菅政友（文政七年〔一八二四〕～明治三〇年〔一八九七〕）の旧蔵書で、漢籍・国書、各種写本類など、約四千部、一万冊の一大集書である。和漢の古刊行本はもとより、水戸彰考館・修史館、帝国大学と続いた学問研究に加えて、神官の経歴から収集された各種の写本類などからなる。所蔵経緯は、昭和二十六年、茨城大学期成会が菅家から購入し、本館へ寄贈した。

（2）菅政友（かん・まさすけ）は幕末・明治期の歴史家である。文政七年水戸藩の一医家に生まれた。会沢正志斎、豊田天功、藤田東湖らの門下で、安政五年（一八五八）彰考館館員となり、『大日本史』の編纂に従事し、明治維新後は神官となり、その後、修史館に勤務した。のち帝国大学で修史事業に携わり、明治二三年（一八九〇）、職を辞して水戸に隠棲、明治三〇年に、七四歳で没した。主な論著は『菅政友全集』（国書刊行会、一九〇七年）に収められている。

（3）『通航一覧』（巻二百六十一　厄利亞国部十）（狼藉始末　常陸国大津浜）全八巻（国書刊行会、一九一二年～一九一三年）。

（4）「鶴田家文書」は、常陸国那珂郡上河内村（現水戸市上河内町）で代々庄屋として、永く村政を担当した鶴田家の史料群である。約四〇〇点のうち、とくに文禄三年（一五九四）の「太閤検地帳」（「常陸国那賀郡内上河内村御検地帳」）は、常陸地域での貴重な史料である。また人別帳（延宝九年～明治三年）は近世村落の人口動態を知るうえで参考となる。なお、本図書館は「鶴田家文書目録」（茨城大学附属図書館郷土史料目録7「中﨑家文書（2）・諸家文書目録」所収）を二〇〇二年に刊行したが、その後教育学部から本図書館へ移管された「鶴田家文書Ⅱ」の目録は仮目録のみで未刊行である。

（5）出典：「日本国語大辞典」第二版（小学館　二〇〇一年）によると、第一一巻「ひょうな【莧菜】：植物ひゆ（莧）の異名＝ヒユ科の一年草。インド原産で、古くから栽培されており、現在でも、ときに蔬菜（（そさい）＝野菜・青物）として畑で栽培される」。

（6）水戸藩士・青山延寿が書き綴った天保十四年（一八四三）～明治九年（一八七六）までの日記。全三一冊　原本。山川菊栄氏より寄贈。青山延寿（文政三年〔一八二〇〕～明治三九年〔一九〇六〕）は水戸藩士で儒学者・史学者。藩校である弘道館の教授頭取代理、彰考館権総裁を務めた。山川菊栄の祖父。

（7）「大高氏記録」とは水戸城下上町馬口労町（現水戸市末広町）の町年寄大高織衛門（当主は代々大高織衛門を襲名）が、江戸後期の水戸藩の出来事を記した日記や御用留などの町方の記録である。全七六冊。原本は東京大学史料編纂所に所蔵されており、茨城大学図書館で所蔵されているのは旧制水戸高等学校からの引継本・写本（第六三冊目が欠本）である。これは明治期に当時の太政官修史館（東京大学史料編纂所の前身）へ大高家から寄贈される前に筆写されたものと思われる。正確に筆写されている上、写本であるためか、読みやすいものとなっている。内容は嘉永五年～明治元年までの日記一五冊と文政年間以降の御用留類三六冊、その他幕末の出来事の手控えなどの記録二四冊である。なお、日記には毎日の寒暖計の測定記録なども記載されていて、当時の気象状況の検討にも有益な史料である。

（8）青山延寿日記「安政二年正月　乙卯日録」（「青山家文書」第一三巻）。

（9）『昭和五六年度特定研究「茨城大学附属図書館蔵菅文庫の総合調査」報告書』（一九八一年、茨城大学教育学部国語研究室）。

（10）「水府公献策」（菅文庫　国　請求記号：九・1・四六）（写本　上下　一冊）

「北島志」（同　請求記号：八・2・三）（刊本　四冊　明治三年）

「新論」（同　請求記号：九・1・四六）（刊本　巻下　一冊　安政四年）

「海防下策」（同　請求記号：九・1・六七）（写本　菅氏写　天保一二年）

（11）「中﨑家文書」「鶴田家文書」。茨城大学図書館蔵。

参考文献：『通航一覧』全八巻（国書刊行会　一九一二～一九一三年）

『馬口労町物語』（水戸市新荘公民館、二〇〇一年）

『茨城大学附属図書館蔵菅文庫の総合調査』報告書（昭和五十六年度特定研究）

第二編　由緒意識とその行動

近世後期在郷商人の由緒的結合と活動

―水戸藩領の土地証文解析と郷士格取得の経緯を通して―

皆川昌三

はじめに

本稿では、在郷町水戸藩領久慈郡太田村の羽部《はぶ》次（治）兵衛家に残された近世後期の土地証文（以下、羽部家証文）[1]と、純農村である隣接那珂郡中岡村の居村庄屋中崎家に残された同時期の土地証文（以下、中崎家証文）[2]とを対比させ、在郷商人発給証文の特異性を明らかにすると共に、羽部家証文の個別分析を通して土地売買証文を介在して行われる佐竹旧臣を由緒とする著姓在郷商人の経済活動と連帯、更には郷士格取得の経緯の中から太田村の構造的特性を考察する。

羽部家証文は、安永九年（一七八〇）から明治六年（一八七三）迄の約百年間に発給された一一八状である。本家羽部庄左衛門家から「女分家」し、婿を著姓在郷商人立川家から迎え羽部治兵衛家が創設され、本家の資産運用を担った時期からみて[3]、一部の散逸はあるにしても、金融活動を開始した当初からの証文が揃っていると考えられる。中崎家証文は元禄七年（一六九四）からの一七七状であるが、嘉永期（一八四八〜）以降の売買証文はない。これには土地売買証文・質物証文から地主経営証文である田畠小作約定書に変わっていった経緯がある。

近世の地方文書である土地証文、あるいは土地移動の村控帳を素材として分析論考された地域社会研究には、既に多くの成果がある。中でも土地売買証文・質地証文および関連文書を分析した先行研究は多いが、大きくは以下の三類型に整理されるだろう。

第一類型として、分析視角を「証文様式」に置く研究がある。この視角は更に文書学的分析を主軸とした研究(4)と、様式の変遷過程を分析の主軸に置く研究に分けられる。(5)

第二類型として、分析視角を「土地慣行」に置く研究がある。質地請戻し請求権、(6)すなわち「無年季質地請戻し慣行」は如何なる歴史的背景の下に存在したのかに着目した研究であり、法制史と社会史の両面からのアプローチがなされている。(7)

第三類型としては、分析視角を「土地移動」という現象に置く研究がある。土地移動を記している文書類に関して、その分析素材を村方控の帳簿類を主軸に置くことにより、土地を巡る村内農民の動向、すなわち農民層の困窮・分解と地主制形成のプロセスが明らかに出来る。(8)また地主方証文を分析の主軸に置くことにより、その地主の土地集積の過程や範囲、資産の運用、豪農への成長プロセスを明らかにすることが出来、多くの研究がなされている。(9)

しかし、これら「地域」を掲げた研究に対しては、そこに住む人々の具体的イメージが描きにくく、地域社会を構成する村々の中に分け入ってその経済構造や社会関係を具体的に明らかにした上で地域社会が論じられることが少なかったとし、地域社会の運営主体たる庄屋層を扱った研究においても、彼ら一人一人の経営内容や人間関係、意識の有り様まで踏み込んだ地域論の成果は乏しいとの批判もある。(10)

これらの先行研究に学びつつ、本稿では、第三類型の分析視角を「土地移動」という現象に置くが、従来の土地証文研究にみられる土地集積の過程解明、豪農への成長プロセスに置く事はなく、個々の証文内容が語る村落内の地縁・血縁的利益共同体構造、中心となる在郷商人間の互恵的金融連環、更には献金により郷士格を取得し身分上昇を計りながら、由緒家としての既得権益の維持目的が窺える諸事項を通して、歴史的背景を持つ在郷町太田村の姿を動的に描くことを目的としている。

分析を進めるにあたって、太田村（現茨城県常陸太田市）の概要について記しておきたい。当村は茨城県の北東部、阿武隈高地の南端に位置し、中心地は久慈山地の続きである舌状台地に展開している。戦国大名佐竹氏が鎌倉期より四百年にわたり領国経営の拠点を置いた歴史的場所である。慶長七年（一六〇二）、秋田久保田への転封・減封に伴い下級武士の多くが土着・帰農した。慶長十四年徳川頼房が入封、水戸藩が成立し、太田は水戸藩領の郷町に位置付けられた。水戸から磐城棚倉に抜ける棚倉道中が南北に縦貫し、沿岸部から下野・笠間に至る諸街道が東西に走る結節点として物資の集積地となり、二七の市が立ち宿場や問屋が集中していた。藩統治の上からも重視された太田村は蔵入地を経て、宝暦四年（一七五四）付家老中山氏の知行地に組み込まれ一円支配となり、陣屋が置かれている(11)。元禄郷帳による元禄十五年（一七〇二）の村高は二四六四・五二〇石(12)、宝暦十三年（一七六三）の戸数五七七戸、人口二二七七人の記録があり(13)、久慈郡一五五ヶ村中第一の大村である。大正期に至る迄、佐竹旧臣家を由緒とする著姓家(14)が政治的・経済的へゲモニーを握り続けた。

一　証文構成の基礎分析

1　在郷商人羽部家と居村庄屋中崎家の土地売買証文の比較、その特性

その特性は次の三点に要約できる。

第一点は、羽部家証文においては「屋敷地」「屋敷地・家・蔵」の地目を対象とする売買が全体の七三・〇%を占め、田畠の売買は一〇件二〇・〇%に止まり、一方、中崎家証文においては「田・畠・山」が八〇・〇%を占め、屋敷地、屋敷地・家・蔵の地目は合わせてもわずか二件にすぎないことである。更に羽部家証文には一状のみの「質物奉公証文」が中崎家証文には一六状含まれている。両家証文の売買対象物件の違いを端的に示す数値であり、中崎家証文からは村請制の下での年貢皆済、村落の秩序維持のため、年貢未進の零細高持百姓に対応した居村庄屋の実質的金銭融資である事が見てとれる。

第二点は、羽部家証文には「同一人」が数度にわたって発給した証文が多く含まれていることである。すなわち、一物件(地目)に対し、公的証文である「永代売渡証文」に私証文(裏証文)と言える約款記載の「添証文」を添え一対とする特異な発給形態から始まり、解釈上〝営業資金の追加借入〟と考えられる証文を数度にわたって発給し、約款上の返済期限内決済が出来ず、結果として「売切」として物件を手放してゆく過程である。証文上で使用される文言は「継(次)金」である。中崎家証文には一状の発給事例もなく、管見の範囲ではあるが、他に類例を見ない「継金証文」の存在である(次項にて分析)。

第三点は、単位当たり売買価格にみる羽部家証文の異常性がある。屋敷地、屋敷地・家・蔵の売買が主を占める羽部家証文と、田畠の売買が主である中崎家証文の「単位当たり売買価格」比較から、在郷商人の土地売買の特異性を見出すことが出来る。

	(羽部家証文)	(中崎家証文)
①一件当たり平均売買価格	七二・九両	二・〇六両
②反当たり　平均売買価格	六一・一両	二・〇〇両

最高売買価格	九七八・三両	二〇・〇〇両
③一石当たり平均売買価格	五九・七両	二・四〇両
最高売買価格	九八六・八両	二八・六〇両

中崎家証文の売買価格は、同時期の土地売買証文に見られる永代売渡価格とほぼ同位水準にある。しかし羽部家証文に見る売買価格は、屋敷地、屋敷地・家・蔵の地目売買が主であることを考慮に入れても、通常の土地売渡証文・質地証文に見られる売買・質入価格とは比較にならない高額な単位当たり価格である。証文上は「年貢指詰」として土地（屋敷地）売渡しの常套的文言で形式を整えてはいるが、実態は、羽部家と在郷商人間の「営業活動資金の融資と調達」の証文と解釈することが妥当であろう。土地の価格評価は二次的なものとなり、「信用貸借」の性格を持つことになる。この点に関しては、後述の三節1項「土地高額売買の実態とその背景」で具体的分析を行う。

2　在郷商人間で取り交わされた特殊証文「継金証文」の考察

特記すべき点は、羽部家証文にみる「継金《つぎきん》」の文言である。「継金」は、永代売渡証文を本証文とし、同一人が新たに土地・屋敷等の物件を担保として買取人に差し出すことなく、追加の融資を受ける際に証文に使用される文言であり、必ず利足が付加されている。利足率は買取主（羽部治兵衛家）と売主との属人的関係により設定され、一律性はない。以下、幕領・私領において発給された「増金証文」「買増証文」「売上証文」の解釈を対比させ、羽部家証文にみる「継金」「継金証文」の持つ意味を明確にする。

まず鎌田正忠氏による忍藩（現埼玉県行田市）の事例からみてみよう。[15]

①増金証文（天保七年十二月）

増金借用申一札之事

②買増証文（嘉永元年十二月）

証文一札之事

右者、先年ヨリ惣質地之内御買増被下、則書面之金子慥ニ受取申候処、実正也、（以下略）

右記証文は、年季あるいは無年季にて請戻条項が入っている。但し新たな物件の質入れは無い。

次いで大島真理夫氏による甲斐国巨摩郡河原部村（現山梨県韮崎市）の事例(16)。大島氏は、名主・長百姓を勤め醸造・製糸・金融・地主経営を行った小林家の文書研究を通じ、無年季質地請戻しが行われる社会的条件を分析した論考の中で、以下の証文分析をしている。

③売上・買増証文

売上証文之事

一麦田壱反拾七歩
一下田廿歩
一麦田五畝廿歩
一麦田壱畝廿弐歩
一上田六畝歩

右者、去辰年売渡申候地所、今般買増とし而、甲金三両慥ニ受取申候、然上者、右地所ニ付、永々御支配被成候共、又者御払地ニ被成候共、決而一言之儀申間敷候、依之売上証文如件、

弘化三午年三月　売主嘉左衛門㊞

証人和兵衛㊞
同人　義兵衛㊞
同村　七左衛門殿

河原部村では、本証文による借入と、その後の二回にわたる増金により、最終的に「途茂帰リ地へ者不相成申」として流地として土地移動がなされている。氏は「このように、年季売買された土地について代金の返済が出来ない場合に、満期後あるいは満期前に追加的な代金を受け取り、最終的に流地を確認するということが「売上」ないし「買増」である」と定義付けている。

しかし、羽部家の「継金証文」の前提となる本証文である「永代売渡証文」には、年季・請戻・利足の表記は無い。借入期間・利足率等の約款は「添証文」に記載される。次に「継金」「継金証文」の定義付けを項を改めて示す。

3「継金」および「継金証文」の定義付け―同一人への複数回に亙る証文発給の実態―

本項では、「売人―八右衛門（萩八）」と「買人―羽部治兵衛」との間に交された約三十年間に亙る〔「本証文」＋「添証文」〕→「継金証文」→「売切証文」に至る一連の証文発給の経緯を通して、取引の継続性と「継金」の持つ意味を明らかにする。現存証文と散逸したと推定される証文（前後の証文から推定）を含め、時系列に整理しておく[17]。

（年代）	（証文名）	（金額）	（理由）	（勘定）
①寛政元（一七八九）酉十二月	「永代売渡申手形之事」	拾両	永代高抜	
②同年同月（散逸）	「売添証文」		歩合約款記	
③寛政二（一七九〇）戌十二月（散逸）	「永代売渡証文」	拾両		

④同年同月（散逸）　「売添証文」　歩合約款記

⑤文化二（一八〇五）丑九月　「借用申継金之事」　拾五両　又候指継金　年季五年

⑥文化五（一八〇八）辰三月　「借用申継金之事」　拾五両　又々此度継金　年季三年

⑦文化十五（一八一八）寅三月　「売切申証文之事」　四拾両　継金　＊不残指添売切

最後の証文⑦で取引が終了したことは、証文の端裏書「屋敷売切　萩八」の記載と売人の連署人「親類請人」それぞれの署名捺印があることで、明らかである。但し、証文③と⑤の間隔が十五年、継金証文⑥と売切証文⑦との間が十年と開き、かつ証文⑦の内容がそれまでの証文の合計金額と一致しないため、この間に何らかの証文が発給されていると推測される。

いずれにしても、この発給プロセスは「御上納指詰」の理由をもって発給した永代売証文を発端として、その後二十九年に亙り営業資金の融資を受けるため、「継金証文」を次々と発給し、最終的には通常の請人の他に「親類請人」を立て、「屋敷並造作付家不残指添売切」とし「売切証文」を発給した。都合一三〇両二分二朱、銀一両二分六厘の借入金を残し、七畝三歩の屋敷地並造作の所有権は羽部家に移転した。売切られた地所は太田村の中心部の「東中」にあり、売人（借用人）八右衛門は端裏書に「萩八」とある。「借用申継金之事」の借入理由に、「又候継金」の他に、仕入代金と考えられる「買用金」とあることから有力な在郷商人の一人であろう。

ここに採りあげた実質七状の発給過程で使用されている「継金」の解釈は、在郷商人の資金繰りのための借入、今で言えば手形の書換えであり、金融用語で云えば「繋《つなぎ》資《し》金《きん》」と定義付けることが出来る。営業を継続させることを前提とした双方の合意の下での、在郷町ならではの資金の調達・融資の方法であると云える。但し羽部家にとり、一三〇両強の貸付残に対する七畝三歩の屋敷地、家・蔵の所有権移転は、経営的には合わないものである。継金↓売切のプロセスは、結果として羽部家資産の圧迫に繋がってゆく。

二　羽部家の資産蓄積と身分上昇（郷士格取得）の動き

1　資産蓄積のプロセス―本家と分家の役割分担―

二〇〇四年二月、羽部本家・羽部庄左衛門氏宅を訪問し、ご当主の羽部春房氏より、文書所持家であった分家の羽部治（次）兵衛家の成り立ち、本家・分家の役割、幕末の水戸藩政争における両家の係わり等々を伺う機会を得ることが出来た。

羽部家家譜は、太田村に土着帰農し有力在郷商人に成長し、更には困窮する藩財政への献金により郷士資格を得てゆき、著姓家と云われる佐竹旧臣群の一典型を物語っている。

羽部家祖先―遠祖―重興　甲州武田家に仕える。―某

春忠　佐竹常陸介義重、右京大夫義宣二代に仕える。慶長五年佐竹氏が出羽国秋田郡久保田移封により致仕し、慶長七年より太田に居住。

春光　この代から「庄左衛門」を名乗り襲名とする。

春房　母武弓氏、享保三年六月二十五日生。寛政元三月三日没。七十三歳、煙草商で財を為す。羽部家中興の祖と呼ばれ、紅花の導入栽培に尽力し有力在郷商人の地位を確立する。

祐九郎英行　幼名喜代重、成人後庄左衛門襲名。安永九年、郷士並となり籾三〇俵賜。天明五年、郷士格。天明七年、本郷士・物成一〇〇石。

女　喜代重姉、立川傳次郎三男を婿養子として分家を創設。羽部治兵衛を名乗る（嫡男が幼少のため「女分家」とし、婿を太田六姓の一家「立川家」（醸造業）から迎え本家庄左衛門家の資産運営をさせたと考えられる。春房氏談）。

英昌　庄左衛門襲名はこの代で止。―英廉＝廉蔵、安政五年御山横目を務める。―英温

靖　明治三十四年一月～同四十年一月迄、町長を務める。―春房　平成二十六年死去。

英廉（廉蔵）は斉昭の蟄居・謹慎に対し、立川・小川等六姓の郷士の先頭に立ち、冤罪を晴らすべく奔走する。献金郷士であったが、この功により「義民郷士」となっている。最後は川越藩に預けられ、牢にて食を断ち自ら命を絶っている。

中興の祖と云われる春房の「貧窮者救助金寄付願」および、「紅花」の導入・栽培を進める春房に対する藩の評価を、次の二資料にみる[18]。

①「安永六年久慈郡太田村羽部庄左衛門貧窮者救助金寄付願」

乍恐書附を以奉願上候事

私儀太田村ニ而数代之御百姓仕、（中略）弐拾弐歳ニ罷成節、元手金壱両弐分ニ而煙草小商ヲ相始度之処、（中略）当年迄私儀六拾歳ニ罷成、年数参拾九ケ年之売高大図金弐万参千九百五拾両余ニ御座候、（中略）当時ニ而ハ乍恐身分不相応ニモ渡世相成申候而、実　御国恩之程難有仕合ニ奉存候、依而右之金弐百四拾両江外参百六拾両相加

へ都合六百ニ仕、此度御上ニ指上申度奉願上申候旨、趣恐辱相奉申上候、

金六百両　　　　　　　　太田村

安永六年酉十一月　　　　願上人　羽部庄左衛門

安永六年(一七七七)に三十九年間の「身分不相応な渡世」である煙草小売(煙草問屋)で二万三九五〇両余の商いをさせてもらった「御恩」として、藩に対し六〇〇両の献金を「指上申度」としている。この巨額な商いによる財の蓄積が、「最上紅花」の導入・栽培という新たな換金作物商品分野への大胆な投資へと繋がってゆく。

② 「天明二(一七八二)年寅年御用留」

(前略)太田村羽部庄左衛門義、別段成生質之ものに付、先達倅を郷士並被仰付候程之者ニ御座候間、紅花是非御国産ニ仕立、京大坂之大金御国へ引入申度大願立ル、安永五六年之頃より存立ニ而自身奥州羽州江罷下、紅花所を相廻、所々ニ逗留作り方仕方等得と承り習、段々手作ニも致、太田近辺村々江相進メ為作付(後略)

春房は、高い相場で取引がなされていた「紅花」栽培の太田村への導入を計画し、羽州村山に数度にわたり出向き、栽培方法、製品化、京への販売ルートを開拓し、太田村を最上紅花より高い品質評価を得た「水戸紅花」の一大産地に作り上げてゆく。

しかし、藩会所を設置し専売品として組織的取組をするまでには至らず、寛政九年(一七九七)七月に至り、藩の認識は「近来紅花作増過仕ニ随い、村々田方悉く手余ニ罷成、(中略)五三年已前より御扱ニより、十五才已上六十才迄之百姓、壱人ニ付壱畝拾五歩、或ハ弐畝歩ニ限り作り方被仰付[19]」と変化し、天保六年(一八三五)八月付で「近来夫食ニ不相成作物多分仕付、夫食乏敷相成候相聞へ、(中略)紅花ハ一円指止[20]」とあるように、紅花栽培の急速な拡大は、

田方悉く手余を生じさせ、年齢による紅花栽培の作付制限が施行され、次いで「一円指止」が決定された。更には紅花相場の急落により太田紅花は一気に衰退し、羽部本家の家産の傾きが始まる。

羽部家が紅花栽培を導入した時期に分家独立した治兵衛家は、その後の本家衰退のあおりを受けることなく羽部分家として資産を蓄え、太田村屈指の在郷商人として成長を遂げてゆく。治兵衛家の資産の蓄積、身分の上昇過程を証文の「宛名」の変遷から検証する。

①安永九年（一七八〇）～天明六年（一七八六）「治（次）兵衛殿」（初代）
②天明七年（一七八七）～天保七年（一八三六）「羽部治兵衛殿」
③天保九年（一八三八）～十一年（一八四〇）「羽部治兵衛様　御支配人様」
④天保十二年（一八四一）～十五年（一八四四）「羽部専十郎様　上」（二代）
⑤弘化二年（一八四五）～嘉永四年（一八五一）「長　羽部専十郎様」→「長　羽部本助様」→「羽部専十郎様　御取次衆中様」→「御長　羽部専十郎様」→「羽部専十郎様　御内」
⑥元治二年（一八六五）～明治六年（一八七三）「羽部専十郎様　御取次様中」→「羽部専十郎様　御内」→「羽部喜之助様　御取次様中」（三代）

安永九年の「治兵衛殿」から始まった証文の宛名は、約五十年後の天保九年～十一年の証文では「御支配人様」となる。嘉永二年には羽部本助が「村長」を、嘉永五年・七年には羽部専十郎が「長」「村長」を務めている。治兵衛家の在郷商人としての業容を記した史料が現存しないため、金融部門以外の「商」の領域・規模を知ることは出来ない。しかし「宛名」の変遷は業容の拡大を充分に証明している。

更に、弘化三年「太田村反別絵図」(21)をみると、羽部家は、町場中心地に位置する屋敷地・家・蔵の面積二反三畝、町場内に有する抱屋敷地二六ヶ所を所持しており、天保九年時の業容が組織的運営を必要とする経営規模に迄拡大していたことが窺える。なお既に文化年間には、二代羽部専十郎が「物成詰七十五石」を給わる郷士に取り立てられている。

2「帯刀権」をめぐる本家郷士羽部祐九郎と郡奉行の争論

前記、安永六年(一七七七)羽部庄左衛門の「貧窮者救助金寄付願」[22]の奥書には「倅共之義ハ、乍恐御役所様より村方へ之御心添之御儀ヲ以、永々無恙御百姓相勤り候様、御仁恵之御了簡之程、偏ニ奉願上候、依如件」とあり、「本百姓取続」を強く願う春房の謙虚さを窺うことができる。しかし本家の家督を継いだ羽部祐九郎は、当時、本郷士・物成一〇〇石という太田村最高の位置にいる郷士の立場をもって、「郷士次男以下の帯刀権の是非」に関し、藩庁に対し争論を挑む。

それより三十年程前、寛延元年(一七四八)七月の御郡奉行共の伺書[23]には「郷士の義ハ郷村ニ住居仕候ニ付、手代不足之節ハ御普請立会、(中略)古法之通、御郡方於役所神文取置候」とあり、郷士としての有るべき役割の明示、倫理規範を列記した「郷士神文之面―起請文之事」の差出しが義務付けられ、年次を追い、次々に「禁止事項・罰文」が通達されていた。

享和三年(一八〇三)十月には、「郷士共不心得有之節、早速呵押込其次第追而申出候義、不苦候」[24]と処罰の事後通告を可とする郡奉行への一層の権限が付与され、郷士への統制が強化される。その後、文化四年(一八〇七)~六年の三年に亙る郡奉行との争論があり、そして藤田次郎左衛門(幽谷。当時「彰考館」総裁であり、浜田組郡奉行も兼務)を中心とする彰考館系郡奉行の金郷士批判の中、羽部庄左衛門は「閉戸」を沙汰されるが、その過程を、「石神組巳御用留」(25)の状八通に見る。

当時の郡制は十組(郡)制が採られ、太田村は大里組に属していた。書状は、大里組郡奉行入江忠八郎と羽部祐九郎間の争論を、入江忠八郎が他九郡奉行に発信したものである。御用留の詳細な記録から、郡奉行間共通の危機感、即ち身分制への侵犯と認識されていたことを窺い知ることが出来る。羽部祐九郎にとり対峙する争論相手は入江忠八郎であるが、地方行政の全てを担う十組(郡)・十人の郡奉行の思想的包囲網の中で争論が展開されたことになる。

各状の発信年月、差出人、宛名、および要旨のみを以下に記す。

①文化四年(一八〇七)十月　羽部祐九郎 ↓ 大里組郡奉行　入江忠八郎

「先輩より次男以下の帯刀の儀可との申送りあり、御目付方も不苦旨御指図あり」

②文化四年十一月　羽部祐九郎 ↓ 入江忠八郎

「御徒歩目付福田市郎左衛門へ内意伺い候所、帯刀の件不苦之事御指図あり」

「水戸藩御規式帳」(万延元年〔一八六〇〕十二月改)によれば、この時期の目付は五人、下僚である徒歩目付は四六人が任命されている。徒歩目付は内意を伺う役職格ではない。

③文化五年(一八〇八)正月　入江忠八郎 ↓ 他九郡郡奉行

「郷士一統次男已下帯刀為致候儀不相成、都而百姓同様之取扱御座候所、何れも御法之儀不弁ニ付、(中略)次男・三男已下帯刀、是古例之通不相成段屹ト相達候様可仕候」

④文化五年七月　入江忠八郎 ↓ 他九郡郡奉行

「御目付方へ内意承候段申出、何方へ承候ニも不及儀ニ御座候所、支配役所を疑心致、帯刀為致度旨強而申出、甚不束之至也」

⑤文化五年十二月十四日　　　　　　入江忠八郎　↓　太田村郷士　羽部祐九郎

「支配役所を致蔑、帯刀為致度強而申出候始末、不調法之至ニ付閉戸申付候者也、御奉行赤林八郎左衛門殿於御宅、日数廿日ニ而、正月五日御免被遊候」

⑥文化六年（一八〇九）正月二十日　　　入江忠八郎郡　↓　他九郡郡奉行

「以廻状致啓達候、太田村羽部祐九郎三男帯刀之儀付、閉戸之次第相廻御順覧之事」

⑦文化六年二月　　　　　　　郷士一統（代表　横須賀喜内）↓（郡奉行）

「郷士一統二男以下帯刀の件御免願書

（前略）我々共一統郷宅ニ罷有、猟師支配而已ニ而為指御奉公筋も無御座候得共、御武役御手当数ニも相加リ居候得者、（中略）家来へも帯刀為致候身分ニ御座候処、同居たり共、二男以下帯刀不相成候様罷成候而者、家来帯刀為仕候所へも甚相当不仕、（後略）」

横須賀喜内は萱谷村（現那珂市萱谷）住郷士。金権郷士初例取立家、五〇〇両献金、一二五石取。

⑧文化六年三月

「願書指戻

（前略）甚不心得至極ニ付、御郡奉行共、郷士共二男以下帯刀ハ不罷成御法ニ有之、御旧冬御示も御座候処、（中略）郷士共より願出申候処、件之通祐九郎御示無間も願出候段ハ甚不心得至極ニ御座候間、其旨相達願書指戻シ申候得共、此段御心得ニ申上候」

羽部祐九郎が挑んだ争論は、郷士を諸士以下と位置付け、郡奉行所の支配下に置き、その職分を「猟師支配而已」に限定し、「次男以下の身分を都而百姓同様の取扱」とする「古例之通」を堅持する身分思想に阻まれ、「支配役所を疑心致、帯刀為致度旨強而申出、甚不束之至也」の下、「閉戸廿日の沙汰」が下され、郷士一統の願書は指し戻された。しかし郷士の海防出役が必要とされた現実において、郷士一統の「願書」内容は筋論であり、藩庁側の強引な幕引きが感じられる。太田村郷士の中で羽部本家―祐九郎英行・廉蔵のラジカルな行動は異質であり、分家羽部治兵衛家の動きとは異なる有り様であった。推測するに分家成立時の役割分担からみて、両家承知の上の行動であり、後に、水戸藩政争における本家の天狗派、分家の諸生派支持の行動とも符合するものであると考える。同時に、これら行動が羽部家を由緒家在郷商人中核の存在として、揺るぎない地位を創り上げていったであろうことは、嘉永二年（一八四九）以降の村長への継続的就任からも窺うことが出来る。

年代的には約四十年下るが、旧臣・由緒家の身分上昇志向（武士化志向）の動きに関しては、結城藩水野氏の城下における町衆である「十人衆」「十八人衆」の争論が有る。由緒を基に名主職を独占し、結城城下の社会的・経済的地位を占有していた十人衆にとり、占有体制が崩れてゆく危機感の中、「既得権益の維持、擁護」を行動の基底に置き、その手段として松平大和守家の権威を背景に「武士化」という身分上昇運動に取り組んだ一面があると言えるだろう。しかし、幕藩領主の基本権とも言える領主権内にある「平百姓」と云う人別帳身分付の壁に敗北した。水戸藩が財政窮乏対策の一環として一定額の「上金」（献金）に対し、「郷士格」の名誉を与えると云う負目政策の中で、「帯刀権」に縛りを設け、武士身分とはいえ諸士以下の原則を崩さず、「次男已下（略）都而百姓同様之取扱」に固執したのも、身分制度の崩壊即ち体制の崩壊に繋がるという危機感に依るものであると考える。しかし、これら一部旧臣家の動きをもって「江戸後期～末期における復古の社会潮流を示す事例[26]」として普遍性を持たせた大友氏の見解には、疑問を呈すものである。

3　羽部家資産の推移―由緒家の凋落―

本家羽部庄左衛門は、文化六年（一八〇九）永代売証文を発給し、五年間の借用期間をもって分家治兵衛より三五〇両の金子調達を行った（表1、順位3）。売渡証文にみる屋敷地は二反三畝一五歩、反当たり一四九両に該当する。借用期限の切れた文化十一年より三十七年後の弘化三年（一八四六）の「太田村反別絵図」にみる羽部廉蔵（本家）屋敷地は、約九畝一〇歩に過ぎない。この間、一反四畝強の屋敷地が失われた。水戸藩政争の中に踏み込み資産を費やしていった羽部本家の家産の傾きを窺い知ることが出来る。

一方、嘉永三年（一八五〇）再改「久慈郡太田村反別絵図」に分家羽部本助名義の抱地二六ヶ所が記され、その総計面積は一町七反七畝二七歩となる。羽部本助の常店・居宅地二反三畝一九歩を加えた二町一畝一六歩は全て町場内屋敷地であり、最大の商業地所有者である。抱地総面積は分析対象とした証文の売買屋敷地累計の六一・〇%に該当する。一部証文の散逸はあるにしても「永代売買証文」による土地取引の四〇・〇%しか売主は買い戻せなかったことを示唆している。全証文の売買地所の内六〇・〇%が羽部家に移動したことは、借手側の返済能力を超す調達金額がその要因であり、貸手側の羽部家にとっては、結果として採算に合わない経済取引であったと言えるだろう。なお、屋敷地地目は土地としての生産性は無く、債務不履行により抵当物件の六〇・〇%が移動したことは、資金が固定化したことをも意味している。その結果、資金の流動性は失われ、羽部治兵衛家の「商」を中核とする全事業の活力を失わせてゆく要因になったであろうことは充分推測出来る。

明治期に入ってからの羽部家の「商」としての動きを追ってみる。明治十四年（一八八一）七月から翌十五年六月期の太田村地方納税者(27)一〇円以上二六人の中に羽部家の名前は無く、明治十七年「一ヶ年商金五千円以上ノ商人姓名表(28)」七人の中で醸造業を除く四人の小売業者には、羽部家から融資を受けた亀屋・肴問屋・紙屋の三家が名を載せている。明治三十一年「常陸国久慈郡・太田町商工人名(29)」に陶器・荒物商として奥州屋・羽部友七の名を見ることが出来る。しかし大正八年の久慈郡第四区において直接国税三円以上の納税者姓名には、羽部本家で町長を勤めた羽部靖氏がおり二八円を納めているが、著姓家の中では最も低額であり、分家羽部治兵衛家の名は見ることが出来ない(30)。

三　著姓在郷商人の由緒的結合と村政支配

羽部家家譜および証文からは、佐竹旧臣であることを由緒とした著姓在郷商人間の強い利益共同体意識と由緒家による村政支配が見てとれる。本節ではこの点について検証する。

1　土地高額売買の実態とその背景

売渡代金五〇両以上の高額売渡人、換言すれば営業資金調達金額五〇両以上の上位一七人の売渡地目、売渡代金、売渡事由(借入)、反当たり換算売渡額をみてゆく(表1)。

本表は羽部家土地売買証文の特徴を集約していると共に、太田村の構造的特徴をも明らかにする内容を含んでいる。以下、二点に要約する。

第一点、反当たり換算売渡金額の異常といえる高額取引。

同一人による数度にわたる証文が発給され、売渡累計額の高額なことである。原証文といえる「永代売渡証文」「借入証文」を基本証文として「継金」を繰り返して行く。売渡地目においては屋敷地の売買が一四件を占めている。更に売渡・借入事由には、在郷商人らしい「商用金」「買用金」「商売元手金」の理由が記されている。

表1　同一人50両超の売渡実態

目録NO	順位	年代		売主・借主	村方役職・農間渡世・屋号	証文	売渡地目	売渡代金（両）	売渡反別				売渡／借入事由	反当売渡額（両）
									町	反	畝	歩		
56	1	天保5／正	1834	武弓惣次衛門	庄屋家柄→郷士	3	屋敷・瓦葺家	455		2	7	3	年貢相詰	167.9
82	2	嘉永4／5	1851	忠三郎	★会津屋忠次郎	1	田畠・屋敷	400		4	7	29	年貢相詰	83.4
40	3	文化6／2	1809	羽部庄左衛門	煙草→紅花→郷士	2	屋敷地	350		2	3	15	年貢相詰	149.0
79	4	嘉永元／5	1848	猿田仙衛門	庄屋家柄→郷士	2	屋敷地	250		1	5	20	年貢相詰	160.0
55	5	天保3／6	1832	須藤庄之衛門	★没落	1	屋敷地	240			5	25	年貢相詰	411.4
72	6	弘化3／10	1846	米屋丈衛門	（米屋）★嘉衛門	2	屋敷地・田畠	220	1	2	3	21	年貢・商用金	17.8
60	7	天保7／7	1836	伊衛門	★菊地姓－郷士	1	屋敷地	180			7	5	（不記）	251.2
31	8	寛政11／12	1799	（宮田）雲八	★駿河屋－万卸	5	屋敷地家共	172		1	9	5	年貢差詰	89.7
58	9	天保5／12	1834	馬場村瀬兵衛	馬場村の荒廃進む	3	田畠（下田）	＊150		2	7	2	年貢相詰	13.3
46	10	文化9／12	1812	勘兵衛	屋号－太田屋	3	屋敷地	130			3	24	年貫・商用金	342.0
48	11	文化15／3	1818	八右衛門		4	屋敷地	115	－	－	－	－	買用金	－
29	12	寛政11／7	1799	武右衛門		3	屋敷・家・蔵共	100	－	－	－	－	年貢相詰	－
3	13	天明2／11	1782	武兵衛		1	屋敷地家蔵	100			6	9	年貢差詰	158.7
54	14	天保3／6	1832	吉衛門		1	田畠（中田）	100		3	4	21	年貢差詰	28.8
73	15	弘化4／10	1847	紙屋清次郎	★立花姓－紙屋	3	屋敷地	80			3	25	年貢相詰	208.7
22	16	寛政8／8	1796	平衛門		1	田畠（上田）	75		3	7	3	年貢差詰	20.2
87	17	嘉永7／4	1854	平右衛門		1	屋敷地	50			2	8	年貢差詰	377.6

★聞き取りによる　＊　俵籾〆三拾七俵

【羽部一族村方役人】

嘉永2（1849）　村長：羽部本助　　7（1854）　村長：羽部専十郎　組頭：羽部治兵衛

5（1852）　長　：羽部専十郎（次兵衛家－分家－献金郷士）　安政5（1858）　御山横目：羽部廉蔵（庄左衛門家－本家－義民郷士）

順位一位の武弓家は、本家庄左衛門家の母方の姻戚筋であると共に太田六姓の一家であり、庄屋を歴任し、「万卸」で財をなし、献金により郷士となってゆく家柄である。その売渡証文は二反七畝二歩の屋敷地・瓦葺家に対し三状の発給がなされ、売渡累計額四五五両、反当たり売渡額は一六七・九両である。順位五位の須藤庄之衛門の場合、僅か五畝二五歩の屋敷地で二四〇両を調達しており、反当たり売渡額は四一一・四両となる。「年貢相詰・差詰」の売却理由は、双方承知の上での土地売買証文作成上の常套的文言であろう。

第二点、上位に位置付される「売人」の太田村における政治的・社会的地位。

（売　人）　　　　　　　　　　（奥印の押印者である庄屋・長）

①武弓惣次衛門（庄屋・郷士）　　　　　小澤弥一衛門（郷士）

②（会津屋）忠三郎（有力在郷商人）　（長）羽部本助（分家・郷士）

③羽部庄左衛門（本家・郷士）　　　　立川儀左衛門（郷士）

④猿田仙衛門　（庄屋・郷士）　　　（長）羽部本助

上位四位までの売渡額に出てくる売人と奥印を押す庄屋・長の人数は七人であるが、内六人が太田六姓に属する由緒家と羽部家である。「久慈郡太田村反別絵図」(31)に記載されている村役人の構成をみてゆく。

弘化三年（一八四六）十月調べ時点の庄屋・年寄・同格与頭二人・与頭四人、計八人の村役人は、小澤・武弓・立川・猿田・小川の「太田六姓」の内の五姓によって占められ、嘉永三年（一八五〇）三月絵図再改時の村長・年寄・同格与頭は、羽部・武弓・立川の姻族三家に占有されている。なお、この時期において小澤・武弓・立川・猿田・羽部家は献金により既に「郷士」身分に取り立てられている。

なお、一七位までの売人の中に、文化元年（一八〇四）の水戸藩「分限者番付表」(32)に名を載せている田久（武弓）・米屋・会津屋の名を見ることが出来る。この分限者番付は領内で一九六人が載り、太田村は、水戸城下町、港町である那珂湊に次いで一二人が記載されている。羽部家証文には、これら分限者一二人の中の一一人が売人・借用人として名前を列ねている。その殆どが本証文である永代売証文の発給後に継金証文を発給し資金調達を行うことに特徴がある。羽部次兵衛家の土地取引の背景には、著姓有力在郷商人の商業活動を支える金融機関の役割を担う実態があったと考えられる。

2　利足率設定における姻族由緒家への配慮

羽部家の土地売買証文は永代売証文であり、質地証文とは記載内容の構成が基本的に異なる。永代売証文と一対の関係にある添証文は質地証文との類似性を持っているが、根本的な相違点は、質地証文には記載されない「利足」の設定と記載があることである。なお、姻族である由緒家に対する配慮と有力在郷商人に対するキメ細かい利足率対応を見ることが出来る（表2）。

「添証文」「継金証文」に記載されている利足率は以下の四通りに分類される。

①一ヶ月金二〇両に対し一分　（年一割半）　年換算利足率一五・〇％
②一ヶ月金三〇両に対し一分　（年一割）　一〇・〇％
③年八分　八・〇％
④年六分　六・〇％

羽部家証文の利足率分析の前提として、天保期水戸藩の施行「利足政策」、近郊庄屋証文に見る利足実態はどうであったかを資料にみる。

表2　約定利足

目録No	年代		売人 借用人	売渡地目 借用事由	売渡借用（両）	借用期限（年）	利率	
							年払（%）	半期換算
19	寛政4/11	1792	藤次郎	屋敷地	10	3	15.0	
20	寛政7/9	1795	猶　七	田畑屋敷家蔵	15	1	15.0	10.0
26	寛攻9/11	1797	金五郎	屋敷地・家共	7	3	15.0	10.0
28	寛政10/12	1798	武右衛門	屋敷・家・蔵	70	3	15.0	10.0
29	寛政11/7	1799	武右衛門	屋敷・家・蔵	30	2		15.0
36	文化3/4	1806	次衛門	屋敷・家共	20	2	15.0	10.0
39	文化5/3	1808	八右衛門		105	3	15.0	10.0
40	文化6/2	1809	羽部庄左衛門	屋敷地9筆	200	5	6.0	
42-2	文化6/5	1809	三郎兵	屋敷家蔵道具	35	5	15.0	10.0
49	文政3/正	1820	阿つまや惣衛門	商売元手金	30	3		10.0
56	天保5/正	1834	武弓惣次衛門	屋敷地・瓦葺家土蔵四棟	250 *1	10	6.0	
59	天保5/12	1834	馬場村・瀬兵衛		150	1	10.0	
64	天保12/5	1841	伊勢屋傳重	屋敷・家1棟	25	*2		12.0
66	天保12/11	1841	駿河屋喜兵衛	屋敷・家1棟	30	1	10.0	
67	天保12/12	1841	米屋丈衛門	屋敷・田畑・酒蔵・長屋6軒	170	1		8.0
72	弘化3/10	1846	米屋丈衛門	商用金	*3 50	7ヶ月		8.0
50-5	嘉永6/9	1853	羽部専十郎	屋敷地・家1棟	50		8.0	
86	嘉永7/4	1854	立川平右衛門	屋敷地・家1棟	50	7		10.0

「添証文之事」（目録：19, 20, 36, 40, 40－2, 56, 59, 64, 67, 86),「借用申継金之事」（目録：28, 29, 39),「借用申金子引受手形之事」（目録49, 66, 72),「返り証文之事」（目録：50－5）.
＊1：1年の利足未払限度　＊2：期限未記　＊3：親子二代での支払要請

藩　戸　水

史料』[33]の「金穀棄損の断行」の項には、

天保十一子年（一八四〇）秋公（斉昭）被仰付候は、（中略）是迄利合金十二両へ月一分の利、又は十五両二十両へ一分の利を加へ返済致候処、此上他借致候共、右之通高利取候儀屹と御禁、以来三十両へ月一分の利を加へ返済可致旨御達に相成、勿論御家中之外町家等に而、口入之分は御構無之、但利合は三十両へ月一分の利を以返済致候様に相成、（後略）

とあり、ここに記されている利足率は、年利二〇・〇％、二五・〇％の高利である。斉昭はこの高金利を厳禁し、義公（光圀）の定めた年利率一〇・〇％の上限率に戻している。貧富格差の拡大による土地移動が本百姓制崩壊への重大な懸念となり、文政・天保期の利足統制へと繋がってゆく。

次に、水戸藩の金利政策の変遷を踏まえ、羽部家証文の金利約款の特徴を見ていく。

文政三年（一八二〇）までの金利約款は年払一五・〇％、半期払一〇・〇％が基準利足率である。天保五年からは年払一〇・〇％、半期払八・〇％の利率に引き下げられている。

しかし実態金利が二〇・〇～二五・〇％であったとの記述からすれば、羽部家証文にみる利足率は「高利貸資本による経営」には値しないであろう。中崎家証文の中に、一状のみ利足約款が記載されている享和二年（一八〇二）の「借用仕金子之事」証文がある。「利足之儀ハ年弐割月勘定ヲ以利足相加江」と記されている。那珂郡下江戸村庄屋の那珂家に残る証文にみられる年利は二割（貸付期間は殆どが半年以内の短期）であり、一件当たりの貸金の平均は五両二分から七両二分余である[34]。庄屋証文における貸付利足率は両家とも年率二〇・〇％である。

羽部家証文の中に年利足率一五・〇％を超える約定利足証文は一状もなく、年二季払いの返済には一〇・〇％の利足率にするなど、きめ細かい約定が設定されている。更に二〇〇両貸付の羽部庄左衛門、二五〇両貸付の武弓惣次衛門に対する貸付利足率は年利六・〇％の低利である。高額融資先に対する優遇金利ではなく、治兵衛家の本家にあたる庄左衛門家と、その姻戚関係にある武弓家という本家筋に対する配慮の中で設定された金利であろう。担保価値・融資額・利足率の関係で見るならば、経済合理性に合わない土地取引であると言うことが出来る。この不合理性を許容していた背景には、血縁によって結ばれ、かつ佐竹旧臣家であることを由緒基盤とする特権的在郷商人の間の、共同体維持のための互恵的精神があったと推測する。

3　由緒家の村政支配と既得権益の維持

水戸藩六代藩主治保の明和三年（一七六六）から文化二年（一八〇五）の約四十年に亙る治政期に、太田村は水戸藩領の中で独自の商業的発展を迎えている。この牽引力となった家に、紅花を導入し太田村を一大産地に造り上げた羽部家と、明和五年に開始された太田鋳銭事業を司った六姓家の一家小澤家がある。従来の万卸業を中心とした有力仲介商業に加え、これまでにない「生産」という新たな事業分野への展開が図られた大きな転換期を迎えた時代である。富商小林家を含め、明和五年から安永にかけて、この有力三家は上級郷士（金郷士）に取り立てられてゆく。私見として、この過程の分岐点となった時代区分を明和期とし、それ以前を、前記の万卸業を中心とし、在郷町太田を牽引した著姓在郷商人時代の第一期―生成期とし、明和期以降を羽部家・小林家を中核として「生産」分野に進出し太田村に新たな産業の導入が計られた第二期―発展期として位置付ける。

本家羽部庄左衛門家は、太田六姓と言われる著姓有力在郷商人群第一期（生成期）の万卸商人である武弓家、醸造業を営む立川家との姻戚関係を結び、在郷町商人第二期（発展期）二三姓の中核家として成長してゆく。分家治兵衛家も二代専十（重）郎の代に七五石を給わる郷士となり、三代本助の代には太田村の中心地に二六ヶ所の抱屋敷地を所有し、最有力の在郷商人に成長してゆく。

ここに云う「太田六姓」「太田十三姓」とは如何なる理由に依って称される姓氏なのかを、吉原赳『太田盛衰記』[35]より引用する。


太田邑に小川、猿田、武弓、赤須、小澤、立川のものを指て今六姓と唱ふ、この姓氏なるもの佐竹侯の藩士此国に止たる子孫にして著姓なるもの也き、宝暦中、中山侯（水戸藩附家老中山氏）御用金の事調進被達る時、（中略）六姓当時役儀を蒙るといえども、及び後年他姓に不復して六姓に限らば六姓をして才覚調金すべし。（中略）以後六姓に役儀勤るもの、如に成行けりと近里老農の話也。此村は佐竹侯の藩士残党のもの多く農民に成て子孫に及ぶ、一切の名誉職は六姓で壟断してゐた時代もあったが更には羽部、高野、沼田、清水、川崎、石橋、小林などを加へて太田十三姓と云はれている。（後略）

江戸時代、明暦期（一六五五～五八）から慶応期（一八六五～六八）に至る村方役人の上席である庄屋（長・村長）・年寄は、太田六姓と云われる六家と、弘化期（一八四四～四八）以降新たに加わる羽部家に占有されている（表3）。更に廃藩置県以降、昭和二年（一九二七）迄の戸長・区長・町長九人の中で、六姓と羽部家以外の姓氏は一人のみである。約二百七十年にわたり、太田村の村政・町政が七家に依って占有化されていた事実は、単に政治的ヘゲモニーの掌握だけに止まらず、経済的ヘゲモニーの掌握、換言すれば太田村社会構造全体のヘゲモニーを掌握していたと言えるであろう。この権益の維持・擁護の手段が、郷士格取得への積極的献金につながっていったと考えられる。

明和期（一七六四～七二）から文政期（一八一八～三〇）にかけて、藩財政の窮乏の中で献金による郷士取立が相次いでゆく。

「続水戸紀年・哀公（水戸藩八代藩主斉脩）」文政十年正月の項には「追々金ヲ上テ郷士ニナルモノ少カラズ、（中略）

表３　村方役人

役職	太田六姓																				羽部		
	小川					猿田		武弓			立川						小澤		赤須				
年代	庄屋	年寄	戸長	副戸長	町長	庄屋	町長	庄屋	年寄	町長	庄屋	年寄	同格與頭	戸長	副戸長	町長	庄屋	年寄	庄屋	年寄	庄屋	年寄	町長
明暦	●																						
万治・寛文中	●																						
寛文中	●																						
延宝																			●				
天和・貞享中																			●				
元禄																			●				
宝永中								●															
宝永５																		○	●				
正徳・享保												○							●				
元文年中									○		●												
寛保中								●										○					
寛延中																	●	○					
宝暦																	●	○					
明和６												○					●						
天明７～		○									●												
寛政４	●											○											
文化												○					●				治兵衛家		
文政８												○					●						
天保15									○								●						
弘化３													○				●						
嘉永２									○				○								●		
嘉永７												○									●		
安政５		○																			●		庄左衛門家
慶応						●			○														
明治５				○										●									
６														●									
22			●												○								
34																							●
40										●													
大正６							●																
９																							
13																●							

『常陸太田市史＝通史編上』，『太田盛衰記』より整表．

スヘテ千両ニ五十石ノツモリナリ」[36]の記述がある。瀬谷義彦氏は「常陸太田地方の郷士について」の中で、「五百両献金で二十五石、七百両が五十石、千五百両が七十石とする「寛政以来之御見合」に従っての献金郷士」と記している。[37]

万延元年（一八六〇）十二月改「水戸藩御規式帳」[38]の北扱之分には、太田村の郷士一八人が名を列ねており、内一五人が太田十三姓に属している。前記「続水戸紀年」と瀬谷氏の記述を合わせ献金額と石高との関係を整理すると、二五石五〇〇両の倍数で計算されていると見るのが妥当であろう。以下「御規式帳」から太田村著姓家の郷士取立を二五石五〇〇両として、その献金額を見てゆく。

羽部両家合わせて三五〇〇両の献金（計一七五石）、武弓家五〇〇両（二五石）、猿田家五〇〇両（二五石）、小澤一族（二家）一〇〇〇両（計五〇石）、小林一族（五家）一万一〇〇〇両（計五五〇石）、五著姓家のみで一万六五〇〇両の献金がなされたことになる。しかし佐竹旧臣家である由緒の下に太田村を政治的・経済的に支配した著姓在郷商人には、「復古＝由緒復興」的思考や「身分上昇」志向の帰着点としての武士身分「郷士格」を取得するための手段としての献金であるとの行為意識は、希薄であったと推察する。

彼ら著姓在郷商人は、既に百七十年余も続く幕藩体制下における身分制社会の人別原則の現実を見据え、本百姓の立場に順応した上で、

①変化する環境の中で、武士身分という優位かつ形式的立場を得ることにより、太田村の政治的・経済的ヘゲモニーを握り続け、既得権益の維持・継続を計ること、

②五〇〇両の支出で、物成二五石（二五両）の永代収入を得ること、これは商人的視点で見るならば、年利換算率五%、五〇〇両の投資となり、投資回収二十年の計算となる。

これら思惑の中で、宝暦期（一七五一～六四）の「御用金の調達の事後年に至る迄役儀六姓に限らば六姓をして才覚調金すべし」を先例とし、有力在郷商人の理財感覚と、財政窮乏の水戸藩における太田村の経済的存在感、そして、それを支えているのは自分たちであるとの自負心の下で、彼らは変化する時流への対応として郷士格を取得し「武士化」していったと考える。

おわりに

佐竹旧臣家を由緒とする著姓在郷商人群は太田村の政治・経済一体のヘゲモニーを掌握し、「郷士」という武士身分を獲得して以降(39)、その軸足を商業的な場から政治的・社会的場に移してゆく。結果、有力在郷商人による「万卸」を中心とした商い業態から、彼らの融資を受けた中小在郷商人による業種別に分化した「小売商」に主役が移行していった。慶応二年（一八六六）水戸藩政争において主導権を握った諸生派藩庁は、天狗党追討の功による褒賞の範囲を広めた(40)。郷士となっている著姓家もこの褒賞対象者であり、分家羽部専十郎・喜之介父子もその中に含まれたが、天狗派に協力した百石取郷士羽部本家羽部廉蔵だけは除外された。

「三ッ組御杯下置」とした太田村の受賞者一〇三人の内、八二人が「屋号」を称している商家であり(41)、本家屋号を持つ商人五五家、分家として同屋号を持つ商人二七家、合わせて八二家となっている。これら褒賞を受けた屋号を持つ商人群八二家の勢力を見るとき、在郷町としての太田村の商業構造が第三期とも云うべき新たな時代に入ったと見ることが出来る。近代に入って、明治五年（一八七二）茨城県は殖産興業政策を進めるため開産掛を設け、資金貸付・為替取扱を業務とする銀行類似会社である開産会社の設立を推進した。本店を水戸に置き、第二支社は県令渡辺清の要請に基づき太田に置かれた[42]。既に太田村には商業都市としての流通機能と合わせ、茨城県北部地域の金融を担わせえる経済都市としての土壌があったからである。「郷町」太田村は、明治二十二年の町村制施行に先んじ、明治十四年旧水戸藩領四七七ヶ村の中で唯一「町」を称した[43]。佐竹旧臣家であることを由緒として太田村のヘゲモニーを握り続けた六姓家・十三姓家という由緒的呼称は、明治期に入り、日本資本主義経済発展の基幹産業の一つである電気事業への進出を計り、地場資本による「茨城電気株式会社」を設立し、「電気王」と称された前島平を筆頭とする出資者、即ち「株主」である「太田七人組[44]」と称される新時代を象徴する実業者グループにその座を譲った。

羽部一族は、煙草商、紅花の生産導入・販売という資本家的農業経営により財をなし、本家・分家とも上級郷士格を得、水戸藩政争に巻込まれてゆく中では、相対する立場をとりながらも、由緒在郷商人の中核となったが、蓄積した財を自家の繁栄のみに費やすことなく、その資金を高利貸資本的運用ではなく、在郷商人の営業の継続を優先し、長期低利融資という形で商業資本形成へ転化させ、従来の「万卸業態」中心の商業構造を、結果として業種別に分化した「小売業態」構造へと誘い、その小売商業者群の商人資本的蓄積が地場資本として、近代における町場の商工業資本の形成[45]に寄与し、太田村を新たな発展段階へと導いていった。

地縁・血縁のネットワークの下、金融基盤・経済基盤を歴史的に構築してきたと云える佐竹旧臣家を出自とする著姓在郷商人の由緒的結合とその活動には、近世の身分制社会における排他的結合とは異なる一面があったと評価したい。更には、近代における国家主導、財閥主導と云われる日本資本主義の創設・発展には、日本の伝統的社会の基盤を形成してきた「家」「村」を構成した村人間の信頼関係の高さ[46]、幕領・私領に存在した郷町の商人資本的蓄積から転化した地場資本の下支え、産業資本への転化、という重層的構図があってこそ成立しえたとの再評価が必要と云えるのではないだろうか。

註

（1）「羽部家文書」茨城大学図書館所蔵『茨城大学附属図書館郷土史料目録七』（茨城大学附属図書館、二〇〇二年）。
（2）「中崎家文書」（同右）。
（3）『羽部家家譜』（羽部本家所蔵）、および羽部春房氏（平成二十六年死去）談。
（4）永尾正剛「近世田畑売買証文の考察」（『古文書研究』一七・一八合併号、一九八一年）。
（5）楠本美智子「田畠証文にみる近世農村」（『福岡県地域史研究』一四号、一九九六年）。
（6）永原慶二「地租改正と農民的土地所持権」（宇野弘蔵編『地租改正の研究下』東京大学出版会、一九五八年）、白川部達夫「近世後期の分付記載について」（『古文書研究』二三号、一九八四年）、同「近世質地請戻し慣行と百姓高請地所持」（『歴史学研究』五五二号、一九八六年）、神谷智「近世初中期における質地証文と百姓高請地所持」（『歴史学研究』六五五号、一九九四年）。
（7）大島真理夫「近世後期農村社会のモラルエコノミーについて」（『歴史学研究』六八五号、一九九六年）。岩田浩太郎「豪農経営と地域編成」（『歴史学研究』七五五号、二〇〇一年）。
（8）長野ひろ子「水戸藩の農村研究」（『茨城県史研究』二九号、一九七四年）、斉藤茂「近世後期の質地と村落構造」（『茨城県史研究』三九号、一九七八年）、神立孝一「近世後期における土地金融の一考察」（『山梨県史研究』三号、一九九五年）。
（9）渡辺信夫「紅花生産と一地方地主」（『日本歴史』九〇号、一九五五年）、巽俊夫「土呂村の有力商人の資産運営」（『岡崎市史研究』二〇号、一九九九年）、眞井孝雄「近世後期長尾名村における土地集積について」（『香川史学』二七号、二〇〇〇年）。

(10)　渡辺尚志編『近世地域社会論』（岩田書院、一九九九年）。
(11)(12)(13)　『茨城県地名大辞典』（角川書店、一九八三年）。『茨城県の地名』（日本歴史地名体系、平凡社、一九八二年）。『常陸太田市史＝通史編上』（常陸太田市、一九八三年）。
(14)　吉原赳『太田盛衰記』（常陸書房、一九三五年）。
(15)　鎌田正忠『日本農地証文の研究』（巌松堂書店、一九四四年）七五一～七五二頁。傍点は引用者。
(16)　大島前掲註(7)。
(17)　「太田村羽部家文書」のうち、参照した証文は以下の通りである。①「永代売渡申手形之事」（文書番号15）、⑤「借用申継金之事」（文書番号35）、⑥「借用申継金之事」（文書番号39）、⑦「売切申証文之事」（文書番号48）。なお、②～④については散逸したと考えられる。
(18)　『茨城県史料＝近世社会経済編Ⅳ』（茨城県、一九九三年）五四九頁、二二七頁。
(19)　前掲註(18)二二八頁。
(20)　『茨城県史料＝近世政治編Ⅰ』（茨城県、一九七〇年）一九二頁。
(21)　「久慈郡太田村反別絵図」（羽部家蔵）。
(22)　前掲註(18)。
(23)　前掲註(20)一五二頁。
(24)　前掲註(20)一五六頁。
(25)　原本は茨城大学図書館蔵。『水戸藩郡奉行所文化六年石神組御用留』（東海村教育委員会、二〇〇九年）所収の以下史料を参照。「入江忠八郎廻状」（一七五一一）、「羽部祐九郎書上」（一七五一二）、「羽部祐九郎書上」（一七五一三）、「入江忠八郎伺書」（一七六一―一）、「入江忠八郎伺書」（一七六一―二）、「赤林八郎左衛門達書」（一七七）、「小原忠次郎廻状」（二八三―一）、「郡奉行等申状案」（二八三―二）、「郡奉行答申状」（二八四―一）、「横須賀喜内願書二月」（二八四―二）。「水戸藩御規式帳」（前掲註(20)）九〇頁。

(26) 大友真一氏は「幕末期における結城氏由緒の復興―川越藩松平大和守家と結城氏旧臣町人の動向―」（『日本史研究』四九〇号、二〇〇三年）において、

当時町人（百姓）身分として領主から規定されていた結城氏旧臣が、自家の古い由緒を再認識して武士身分としての行動を取り始めた事実は、幕末期における近世身分制の動揺を示している。松平大和守家は〝十人之者如何様零落致候とも苗字帯刀等之儀者連綿と致来、郷士之様成者と抑心得居候〟との主張をしたが水野家では十人衆・十八人衆を「平百姓」と規定し苗字・帯刀を禁じていた。結城町は当時結城藩水野氏支配下の他領地であり、そこで町人身分として支配を受けている者を、由緒を理由に郷士に位置付けるというのは領主権の侵害であり、近世国家においては逸脱した行為である。結城藩は自領民を旧主結城氏の旧臣として扱うことを否定し、十人衆の内で名主を勤める者を罷免し他の者を任じた。江戸後期以降、十人衆以外の者の名主就任例が見られ、十人衆の名主独占は崩れつつあったが、この罷免により、十人衆の結城町名主体制は一旦終わった。結城氏由緒をテコとした旧臣町人の動向も、江戸後期～末期における復古の社会潮流を示す一事例である。

と述べている。

(27) 『常陸太田市史＝通史編下巻』（常陸太田市、一九八三年）一六七頁、第一三表。

(28) 『茨城県史料＝近世産業編Ⅱ』（茨城県、一九七三年）三七〇頁。

(29) 渋谷隆一編『明治期日本全国資産家・地主資料集成Ⅱ』（柏書房、一九八四年）。

(30)　福田昌健編『茨城県納税名鑑』（茨城県納税銘鑑発行所、一九二一年）茨城県立歴史館所蔵。
(31)　常陸太田市役所蔵。
(32)　『水戸市史＝中巻二』（水戸市、一九七六年）五二六頁。
(33)　『水戸藩史料＝別記上』（吉川弘文館、一九七〇年）六六三頁。
(34)　長野ひろ子『幕藩制国家の経済構造』（吉川弘文館、一九八七年）二六〇頁。
(35)　吉原前掲註(14)。
(36)　前掲註(20)六四二頁。
(37)　瀬谷義彦『水戸藩の郷士・常陸太田地方』（ふるさと文庫、一九九三年）。
(38)　前掲註(25)「水戸藩御規式張」。
(39)　前掲註(20)、瀬谷義彦「水戸藩における郷士制度の史的考察」（『水戸藩郷校の史的研究』山川出版社、一九七六年）。
(40)(41)　瀬谷前掲註(37)。
(42)　『常陸太田市史＝通史編下巻』二八頁、一六一～一六二頁。先崎千尋『前島平と七人組』（茨城新聞社、二〇一四年）。
(43)　『茨城県史＝市町村編Ⅰ』（茨城県、一九七二年）一六三頁。
(44)　前掲註(42)。
(45)　松本四郎『町場の近代史』（岩田書院、二〇〇一年）。
(46)　坂根嘉弘『日本伝統社会と経済発展』（農山漁村文化協会、二〇一一年）。

【編集者追記】　本章の筆者皆川昌三は、本年一月に逝去した。享年七十五。皆川は民間企業を定年退職後、かねてより関心のあった歴史学を専門的に学びなおそうとの意思で茨城大学大学院へと入学し、真摯な研鑽を積み重ねてきた。大学院修了後は、茨城大学図書館収蔵の史料整理や一橋家文書中の貴重史料を翻刻する作業等に従事し、研究を継続した。本章は修士論文の一部を大幅に書き替えたものである。脱稿後の皆川は本書の刊行を楽しみにしていたが、それができなかったことはかえすがえすも心残りであったろう。本書を墓前に添えて、ご冥福を祈りたい。なお、本章の校正と原典照合には、主に門馬健があたり佐々木寛司がその補正と最終チェックをおこなった。

秋田藩佐竹家中 長瀬氏系図の成立と旧領常陸
―幕末・明治期の由緒探求と同苗間交流―

天野　真志

はじめに

秋田県秋田市立中央図書館には、佐竹旧臣長瀬氏に伝来した「長瀬家文書」が所蔵されている。長瀬家は、およそ一〇〇石前後を領する秋田藩の中堅家臣であり、享保期から幕末期にかけ、藩の勘定奉行や留守居などを歴任した。かつて、長瀬家には一点の系図が伝来していた[1]。それは、高麗国初代国王東明王こと鄒牟の後胤「頭霧唎耶陸王」を始祖とする系図で、欽明天皇二六年（五六五）に投化して以降山城国に居住し、「長背王」の名を賜るところから始まる。その後、七代廣足の時に孝謙天皇から「長背連」の姓を賜り、一七代兼武期より「長瀬」の氏を名乗り始めるとともに佐竹氏の祖源義光に仕えたという。

長瀬氏系図は、「長背王」から四八代直清に至る、一〇〇〇年以上の歴史を持つ壮大な由緒として描かれる。始祖とされる「頭霧唎耶陸王」は『日本書紀』に登場し、系図と同様の来歴が確認できる[2]。また、その姿が「貌美ニシテ体大」であったために「長背王」の名を賜ったとの記録もあり[3]、長瀬氏系図がこれらを引用して作成されたことが推測される。

ところで、この系図は、佐竹氏の旧領地常陸国に関する記述が多い。系図によると、一九代兼春の時、佐竹昌義に従って常陸国茨城郡入野村に至り、その後三〇代経武の時に久慈郡瀬谷荘に移住する。その後、長瀬氏は三七代光直が慶長七年(一六〇二)に秋田へ移るまでの間、常陸国に住み続けたという。また、その過程で分流が近郷に派生し、久慈郡近辺に長瀬一族が広がったとされている。

しかし、佐竹氏の秋田移封に随従した家臣団の多くは、常陸時代の由緒を喪失したはずである。元禄期に秋田藩は、家中一統に対して系図改めを実施し、秋田移封以前の由緒を剝奪し、「家臣に対して新たに由緒・格式を附与することで、近世大名として新たな家臣団編成を断行した」とされる(4)。にも拘わらず長瀬氏系図では、常陸時代の来歴が詳細に位置づけられるに留まらず、常陸以前の由緒にまで及んでいる。その意味で長瀬氏系図は、秋田藩によって実施された家中の由緒統制とは別の思惑を内包して成立したことを示唆する。近世佐竹家中の由緒に関する研究蓄積は決して豊富ではないが、藩の思惑を超えて成立した長瀬氏系図の分析は、近世期における佐竹家中と常陸国との関係を把握する好例である。同時に、祖先の来歴を調査して由緒の再構成を試みる思潮は、「由緒の時代(5)」と呼ばれる近世社会の歴史意識を捉える一助ともなろう。

以上を踏まえ、本稿では長瀬氏の由緒形成の経過を通して、記憶の形成経緯を検討する。特に、近年の系図研究・由緒論を踏まえつつ(6)、長瀬氏系図の成立過程や地域的特性の検討を通して、旧領地常陸国に対する佐竹家中の歴史意識を描いてみたい。

一　佐竹家中長瀬氏の由緒

系図1　長瀬氏系図

長瀬氏

- 光直 左近　天英公羽州迁封ノ時常州ヨリ来
  - 直忠 徳右衛門
    - 直次 徳右衛門
      - 宗直 徳右衛門
        - 直綱 小弥太　早世
          - 内直 徳右衛門　実ハ直綱弟ナリ
        - 内直 卯之助　宇平太　徳右衛門
        - 質直 儀助
      - 直治 新左衛門　直次采地ヲ分テ仕シム
        - 質直 儀介　実ハ宗直三男
  - 女子 矢野長左衛門廉重妻

（A288-590-11、秋田県公文書館所蔵）

1 「長瀬家録」と由緒

慶長七年、佐竹義宣は常陸国五六万石から出羽国秋田への移封が命じられる。その後寛文四年（一六六四）にようやく領知高二〇万五八〇〇石が確定した秋田藩佐竹家は、(7)近世大名としての編成を進めていく。その一環として、秋田藩では寛文期以降家臣団の再編成を実施し、家中一統に幕紋改および系図の提出を命じることで、家臣団の由緒を統制する。(8)

藩から系図の提出が命じられた当時、長瀬家当主は秋田移封より六代目の直達であった。(9)直達は命に応じて系図を作成し、秋田移封時以降の系図を提出する（系図1）。

系図の作成と同時期、長瀬家では「長瀬家録」と題する家譜が成立する。同書は、「宝永四丁亥歳（一七〇七）二月二十一日　長瀬徳右衛門直内記之」との奥書があり、直達による編纂が確認される。(10)

「長瀬家録」には、直達が自家の由緒を調査した形跡が存在する。

一、光直家君以前之世系不知、従　公儀先年諸士幕之紋御尋之節、長瀬ハ小野氏之二男たる由にて、其節ハ小野右衛門殿日向之桔梗を幕に御うちし時故、二男幕に被書上候、其後小野殿へ御たゝし候所に、答にハ、当家之系図無之、但九代已前より覚書有之、それにハ長瀬のわかれ見ゑず候、但長瀬・関之両氏ハ指立たる家之由とまで挨拶之由小野氏元禄年中御文書御改之時小野岡ニ改候

右ハ宗直家君之御代也

一、幕之紋御尋之時、長瀬ハ棚谷氏之二男之由御聞伝、彼家之紋三枝松を被書上候ハんと被成し所に、茅根靫負道安江戸より申越さるゝにハ、左近殿ハ棚谷之二男にて長瀬へ養子に御越候、長瀬氏ハ棚谷氏之二男にてハ無之、小野殿之二男之由前々より承と申越さるゝ故、段々御たゝし候所に左様之伝之故、右之通幕之紋御書上候由（ハ棚谷棚谷主水之祖なり）

（略）

一、常陸之水戸にて四ヶ之御番帳之写に、長瀬左近・同大内蔵之丞と有之候事

一、宗直家君の御記候幕之紋の末に、直忠家君之御忌日丙寅正月と計有之、年号不知候事(11)

宝永期の時点では、すでに光直の子直忠の没年が不明となっているように、この段階で長瀬家では、常陸時代はおろか、秋田移封後の由緒すら正確に伝わっていなかった。この状況を解消するため、直達は聞き取り調査を実施する。特に、光直の出自を求めて諸家を訪ね、光直が棚谷氏の二男であることを確定させている。こうした調査を踏まえ、直達は藩に提出すべき系図を完成させる。

系図完成にむけた調査とあわせ、直達は常陸時代の由緒探索も実施している。「長瀬家録」には、「佐竹譜代記録」(12)や「康応記録」(13)といった佐竹氏関連の記録を、藩が管理する文書所より調査し、それらに記載された「長瀬伊賀守」なる人物が、常陸国入野に居住していたことを見いだしている(14)。

直達期の由緒調査は、藩による修史事業に触発されるかたちで実施される。そこでは、藩が求めた慶長期以降の系譜に留まらず、旧領地である常陸時代の由緒についても関心がおよび、文書所などで調査を進めた形跡も確認される(15)。「長瀬家録」では光直以前の来歴を確定するには至らなかったが、ここでは家録の編纂過程において、常陸時代も含

めた由緒を探求した志向性を指摘しておきたい。直達が実施した由緒調査は、結果として常陸時代の由緒に迫る手がかりを長瀬家に蓄積することになった。

2 長瀬直温の由緒探求

直達が「長瀬家録」を編纂して一〇〇年以上が経過し、長瀬家の由緒探求は大きな進展を迎える。その中核的な役割を担ったのが、直達より五代を経た長瀬直温である。

直温は、文政四年（一八二一）に生まれ、通称を隼之助（のち兵部）、号を欅堂とし、明治六年（一八七三）に没した。彼が晩年に作成した勤功書によると[16]、天保一四年（一八四三）に御側小姓として出仕した後、副役・留守居・勘定奉行などを歴任する。特に幕末期、直温は主に京都留守居として過ごし、幕末政局における秋田藩の外交担当として活動する[17]。

直温は職務の関係で諸方を往来し、その過程で得た様々な情報を「欅堂劄記」として編んでいる[18]。同書には、直温が由緒に関して調査していたことが分かる。例えば、「欅堂劄記」一巻は、佐竹家の記録である「御当家伝聞記」から自家の情報を抽出し、佐竹氏三世昌義の常陸下向に随従した長瀬氏が「入野二男鎌田ニ養ルト在」ことを見いだす。また、康応元年（一三八九）一二世義宣が没した際、「御普代ノ上中下一家宿老」の一人として「長瀬伊賀守」が殉死していることを記録する[19]。

直温による調査はその後も続き、在府中にも長瀬氏に関する由緒探索を実施していたことが「欅堂劄記後編」から確認できる。

○江戸御記録之内、雑書と云題号之中ニ、慶長七壬寅当国へ御下、同九年、十年に御知行被下置候覚之内ニ

百石　　　長瀬左近

七十五石　　長瀬徳右衛門
三十石　　長瀬内匠
御扶持　　長瀬三四郎

内匠は主典家ニ可有之、三四郎は内匠嫡子ニ有之哉、又は今楢山之住長瀬重助家ニ可有哉、右重助之家ハ主典分流之容子ニも相聞、篤と追々御尋可申候、光之字之通り字と承伝候、さすれは主典より之血統かと被考申候(20)

ここで直温は、江戸屋敷にある「江戸御記録之内」より佐竹氏とともに秋田へ向かった長瀬氏を見いだし、左近光直とは別に同苗が秋田に随従した事実を突き止めている。このように長瀬家では、元禄期の直達を端緒として失われた自家の由緒探求を進めていた。特に直達期は、藩の修史事業に触発されるかたちで由緒に対する関心が喚起され、最終的に「長瀬家録」として光直以降の由緒が確定されていった。同時に直達は、常陸時代の由緒探求も志向し、佐竹家に蓄積された歴史情報を用いた祖先調査も実施していた。

一方、問題になるのは直温が常陸国に関心を寄せる契機である。直達期とは違い、直温の関心は藩内の政策とは別の要因が想定され、しかもその志向性は秋田移封以前が主な対象となっている。そこで、次章以下では、長瀬家の由緒をめぐる関心について、直温期の動向を中心に検討する。

二　常陸国長瀬氏との交流と系図作成

1　同苗との接触と常陸国長瀬氏

嘉永四年（一八五一）四月、江戸で御側小姓を終えた直温は帰国の途につく。その途中直温は、下総国松戸駅にて

「当駅本陣長瀬某」を招き対面する。直温はこの人物を「分流」と呼んでいるが、彼を呼び出した理由は、「水戸より御国替之節分流弐軒有之、其内壱軒ハ御旧国へ御残ニ付、若此辺流浪ニ而致居候や」と、常陸国に残留した分流に対する関心に基づくものであった。この問い合わせに対して「長瀬某」は、「元禄之大火ニ而武器・古書付等数多焼失」したことを告げる。(21) 結局直温は、松戸駅長瀬家が分流である確証を得ることはできなかった。しかしこの経緯は、直温期における長瀬家の由緒調査が、古記録に基づく来歴調査から、分流の所在把握を含めた包括的な由緒探求へと拡大していることを表している。

この後、長瀬家の由緒探求は、大きく進展する。その契機となったのが、安政二年（一八五五）に直温父直福の参府であった。一連の経緯について、直温の息子直清は、晩年に纏めた「静舎合細嚢」(22)で触れている。

直清の回想によると、安政二年春、直福が江戸に向かう途中、彼の荷札を見て「頻に落涙」し旅館を訪ねる人物がいた。その人物は、常陸国久慈郡田中内(23)に住む長瀬太惣治と名乗る人物で、安政五年に直温が直清を連れ江戸詰の任務に着いた際、この太惣治に面会し「其系譜を糺し、互ニ因みを結ひ玉ふ」ことになったという。ここでは、同じく長瀬氏を名乗る太惣治の求めに応じて「因みを結」んだことが端的に記されており、具体的な経緯は明らかでない。ただ、系譜を検討した上で関係を持ったとされるように、由緒を軸に関係を構築したことは想像できる。

このとき直温が「因みを結」ぶ際に認めたと思われる覚書の控えが長瀬家文書に残されている。

覚

拙者家之義は、　佐竹公江州在陣之節より之家臣ニ而、往古家中と申唱候、同所吉野郡長瀬村ニ居住致候より、長瀬を氏と称し罷在候由申伝候

（中略）

一、水戸より秋田へ遷封之折柄、分家二軒有之、其内長瀬大蔵之丞中祖左近光直同様　義宣公供奉致罷越候節、其内追而引移候積ニ而、一軒は水戸ニ相残り、其後音信不通と罷成居候、左近之一子徳右衛門直忠も、親同様供奉致候、其後直之一字通り字と相成申候、大内蔵之丞家ニ而は光之字相用候、有故家断絶致候、其分家長瀬三左衛門、当時右門迄代々勤仕罷在申候

一、水戸在城之節、三百石宛之分家二軒有之由、書類ニ相見得申候、中祖長瀬伊賀守代々相分レ候歟ニも被考申候

一、家系分明ニおゐては、一覚も致度候、先年父平右衛門直福水戸通行、江戸表へ罷登候節、田中内村百姓之内、長瀬を唱候者四、五人有之由ニ而、行逢候節家系も遺候、此者共元家来筋之者ニも可有之哉ニ奉存候、紋処桔梗丸を付候由、拙者家ニ而桐之紋相用候所、中古訳柄有之、桔梗・桐と相交、于今相用居申候

一、指小旗は上下浅黄中付を相用申候、幕は五布懸、桔梗を相用申候

一、家系旧記類分明ニ候は、先祖之遺志を相継、国許親平右衛門へも申達、同姓相名乗、永代親敷書通も致、江戸勤番往返之砌、態々も其　御国許相廻り、対面ニも致、永く本末之誓をも取結度存候、以亦御返し迅速之挨拶有之様致度候事

当主父
物頭退役、後無役
長瀬平右衛門
勤仕在国
直福

嫡子
当時留守居ニ而江戸
長瀬隼之助
勤番
直温

当時近習　嫡孫
武芸稽古ニ而江戸勤番　長瀬左司馬
　直清
大蔵之丞分家
当時検地役
在国　長瀬右門
光純(24)

直温は、長瀬氏の由緒が大和国吉野郡長瀬村に始まる歴世の佐竹家中であること、「秋田へ遷封」の際、二家存在した分流の内一家が水戸に残り、その後、音信不通となったことを記している。ここで直温は、佐竹氏移封によって行方知れずとなった分流と再び「御同姓相名乗」、すなわち一族として由緒を共有することを「先祖之遺志」と位置づけ、その可能性を太物治との対面に活路を見いだしている。この覚書を踏まえると、先の直清による回想で太物治家と「因みを結」んだとするのは、ここにある「御同姓」を共有し本末関係を結んだことを意味する。

もっとも、両家が関係を取り結ぶためには、直温が強調するように「家系旧記類」に基づいた関係が証明される必要があった。松戸駅長瀬氏との関係についても「古書付・由緒書」を重視しているように、直温の歴史意識において過去の記録に根拠を求める思潮は一環している。そのため、直温が常陸国長瀬氏と「御同姓」を共有するためには、双方の由緒を確認しうる古記録の存在が不可欠であった。一族として由緒を共有するため、直温の調査は地域を横断し、さらなる展開をみせていく。

2　由緒調査と系図作成

直温家は、元来源姓を名乗っていた。しかし、太物治家が提出した系図は、「桓武天皇後胤鎮守府将軍常陸大掾国香五男良文義澄」より始まる平姓であった(25)。系図の照合を始めた両家の由緒探求は、早くも大きな課題に直面する。この難局を打破すべく、直温は新たな行動に出る。万延元年（一八六〇）七月、江戸留守居として在府中の直温は、秋田藩江戸屋敷に所在する私塾気吹舎を訪ねる。当該期の気吹舎は、平田篤胤没後以来二代当主銕胤と三代延胤が経営していたが、彼らは秋田藩士としての側面も併せ持っていた(26)。

気吹舎を訪れた直温は、太物治家との由緒の齟齬について延胤に相談を持ちかける(27)。すなわち、長瀬家は創始より代々佐竹家に仕えた家柄であるが、秋田移封以降の記録は詳細である反面、「昌義君に従ひ奉りて大和の国吉野の郡長瀬の郷より常陸の国に移りて、慶長の頃まで前後五百年ばかりの間」の記録に関してはほとんど残されていない。さらに近年、常陸国に「予か家より派たる家々」と系譜を照合したところ、「其家にてハ平の朝臣の姓氏にて、千葉の一族」と記されているのに、「予が家にハ本より源の朝臣」とあり、由緒が一致しないことを訴える。

これに対し延胤は、直温に「今井舎人源の武智良」という人物を紹介し、伝来する関連文書を貸し渡して系図を編纂させる。ちなみに、「今井舎人源の武智良」とは、鈴木真年の名で知られる系図家であり、安政六年（一八五九）に入門した気吹舎門人である(28)。七日ほど経過し、真年は直温に一つの系図をもたらす。

其遠つ祖は畏くも　大朝廷にしも仕へ奉られたるが、何なる故かありけむ、其よしハ詳ならねど、　義光君の御時より此　御家に附属ひて大和、常陸、ここの秋田と八百年の今に至るまで世々仕へ奉り来ぬる事も詳にしられて、最も尊く悦ばしき事なりと云ハるゝを、予も共に悦びつゝ、後に姓氏録を見れば、右京諸蕃の下に長背の連ハ高麗国の主鄒牟王、またの名ハ朱蒙の後にて、　欽明天皇の大御世に衆を率ゐて投下けり、此人其背長かりしかば、名を長背王と賜へるよし見え、また続日本紀に、天平宝字二年六月、散位大属正六位上狛の連広足散位正八井下狛の浄成等の四人に長背の連の姓を賜ふと云こともあり、又日本書紀通証十四の巻三韓の条に、東国通鑑を引て高句麗の始祖高朱蒙立て、高を以姓とす、元年ハ漢の建昭二年新羅の始祖二十一年とすと見えたり、然ればば朱蒙王の元年は我が　崇神天皇の六十一年に当れば、其遠祖はいと〱古き事なりけり、されば遠祖長背王帰化して山城の国畝原奈良山村の地を賜ハり、後に大和吉野の郡に移り住居られつる故に、其地を長背の郷と称へ来れるなるべし、さて按ふに、頭露唎耶陸王より十六代の間は　大朝廷に仕へ奉られしに、　義光君は刑部丞に任し給ひ、　義業君は左衛門尉に任し給ひ、兼春ぬしハ瀧口武者所になりて、其　御手に属ひ居られつゝ、竟に主従となりて、常陸の国に下向せられしなるべし、されど中ごろ棚谷氏より継がれたれば、今ハ朱蒙王の血統なれねど、八百年の今に至るまで君臣ともに替る事なく、たゞ一世の如く仕へ奉り来られつるハ、いとも尊く彼の西戎国などにかゝる例やあるべき、かくて此事ども直温ぬしに申せば、甚く悦ばれて、やがて清書して永く後の世に伝ふべければ、いかで此系図の成りつる由縁書てよと請ハるゝまゝに、延胤も共に悦び思ひつゝ、詞の拙きは省ず、かく一言を添るになむ、時ハ万延元年といふ年の七月、平の平田延胤(29)

鈴木真年は、「高麗国の主鄒牟王」に始まる長背王を始祖とする冒頭の長瀬氏系図を直温にもたらした。『新選姓氏録』や『日本書紀』などを引用して成立した壮大な長瀬氏系図は、直温と太惣治両家に残された由緒を吸収し、姓の不一致を解消するために構築された新たな由緒であった。欽明天皇より下賜されたとする「長背連」の姓は、由緒の齟齬に悩む直温に活路を与えるだけでなく、佐竹氏始祖源義光より「八百年の今に至るまで君臣ともに替る事なく、たゞ一世の如く仕」えてきたことを論証し、直温の歴史意識に大きな転換をもたらすものとなった。

延胤の仲介により新たな系図を得た直温は、太惣治家との由緒共有に向けて大きな根拠を獲得する。八月に入り直温は、太物治にあらためて由緒の照合を依頼し、「古系図手ニ入候ニ付、其許顕然相分候儀分明致候儘申達候、先年平右衛門へ被差越候家系、全以後年之作ニ相違無之候、愈御同意ニも候はゝ、永久同姓之名乗可致候事」と、真年が編纂した系図に基づき、由緒の再編を提案する。(30)

長背王に始まる系図の創出は、長瀬家の由緒に大きな転換をもたらすことになる。新たな系図を得た直温は、それまで保持していた源姓長瀬氏の由緒を刷新し、同時に太物治に対しても平姓長瀬氏の由緒を「後年之作」であるとして「長背」への改姓を求める。(31)対する太物治家は、直温がもたらした系図を受容し、「長背」姓を共有する直温家の分流として自らを再定義するに至る。

長瀬氏系図の創出により、直温の由緒探求は大きく前進する。新たな系図を得た直温は、太物治家の由緒を吸収するかたちで失われた常陸時代の由緒を補完し、さらなる由緒の充実を目指すことが可能となった。

3　常陸国長瀬家との由緒統合

直達期より長瀬家は、かつて常陸国桜川郡入野を拠点とした長瀬伊賀守の存在を把握していた。伊賀守は新たな長瀬氏系図にも位置づけられており、入野は同家の由緒を構成する上で不可欠な場所として認識されていた。

実は太物治が直温やその父直福と接触した時期、両家の間で入野に関する情報交換が行われ、太物治家から次の情報が示されていた。

　　常州国茨城郡
　　　牧野備後守殿領分
　　　　桜川郡山口庄入野村

永瀬五郎次
同　清左衛門
同　庄兵衛
同　孫衛門
同　喜平

右五軒之者菩提所は羽黒村天台宗月山寺と申、鎮守は塩竈明神、祭主は天台宗祈願所明浄院と申、祭日九月十九日、但シ墓所弐ヶ所有、古代之墓、近代之墓其次第を相尋候に、不相分事ニ御座候、古代之屋敷跡も有之哉否相尋候に、屋敷跡等決而無御座候と申事、五郎次口上に、先年私共之後方に屋敷御座候を引而屋敷立家作致シと申候者之咄ニ御座候、其屋敷を尋候に、是と拾而云事も難成様子ニ御座候

一、半道程之所に門毛村と申有、　鎮守若宮八幡宮、神前之旨札に、永瀬石見ト有之と申事、神職田村丹後之咄シニ御座候事故、拝見致シ候事も御座候哉と承り候得は、神職に承り候計り之事に御座候と申事

一、古書記録等一切無御座、先代より之言伝も無御座、何レより此地来り候歟何之先祖に御座候哉、御答江にハ相成兼申候と申事

一、長瀬伊賀守入野村住スと記録に有之候、其御屋敷跡之談伝に而も御座候哉と承り候に、其氏は一向承知不仕候と之事ニ御座候

右水戸久慈郡瀬谷庄大和田村よりハ道程拾五里、相尋候得共更ニ相分リ不申、只掛合之已を御答申上候(32)

右によると、かつて長瀬伊賀守の本拠地であった入野村に、長瀬を名乗る家が存在することが伝えられている。ただし、伊賀守との関係は定かではなく、「古書記録等」はおろか「先代より之言伝」さえも残されておらず、近隣の

門毛村に所在する若宮八幡宮に「永瀬石見」の名前が確認できる程度であった。

結果的に、この時は入野村との関係を構築するには至らなかったが、直温は常陸国において新たな由緒を獲得する。入野村諸家の紹介と同時期、太惣治家は、「御城下御本家」である水戸藩士長瀬三之衛門なる人物を直温に紹介する。[33]三之衛門は諱を好謙とし、慶長期の佐竹義宣移封時に常州大橋に移住した水戸藩士の系譜を継ぐ人物である。[34]

太惣治家に伝来した由緒によると、慶長七年の佐竹氏移封の際、長瀬家は長男が水戸徳川家に仕官し、二男は秋田に移り、三男が「民間ニ住」むことになった。[35]慶長期に分家が二家存在する由緒は直温家と共通するが、太惣治家の由緒では長男の系譜が好謙家にあたり、二男の系譜に相当するのが秋田へ移った家であった。しかし直温は、新たな系図を軸に自家を本家と位置づけ、その分流として常陸国長瀬一族との関係構築を目指していく。

直温の要請に対し好謙は、主君徳川斉昭が謹慎中のため、即時の面会は辞退するも、「此後両三年之内ニも出府被致候ハヽ、其折此方より罷登り対談致候様ニも可致」と、直温との接触を求める。好謙は、「同苗」の直温に少なからず関心を抱き、将来的に「名乗合申度」ことを伝える。[36]

両家の対面は元治元年（一八六四）に京都で実現する。文久二年（一八六二）より京都留守居を務める直温は、同じく上京中の好謙と連絡を重ね、対面の上「慶長度以来数百年御文通打絶候所、再興御取結」ぶことを果たす。[37]以降好謙は、直温家を宗家と位置づけ、自らの由緒を長瀬氏系図に収斂させ、直温との交流を深めていく。

安政期に開始された長瀬氏の由緒探求は、気吹舎を介してもたらされた新たな由緒のもとに進展を遂げる。彼等は由緒を改編し、長背王にまでさかのぼる悠久の歴史を共有することで、双方の失われた由緒を補完していく。その意味で長瀬氏系図の成立は、長瀬一族が常陸国との関わりを再構成するために産み出された、新たな歴史意識の創出といえよう。

三　長瀬氏系図の広域的展開

長瀬氏系図の獲得を契機に、直温の由緒探求は大きく進展する。直温は新たな系図を軸に多方面に接触を求め、この壮大な由緒に応じた本末関係の構築を進めていく。

万延元年（一八六〇）九月以降、直温は江戸留守居という自らの職掌を活用し、各地の留守居等に対して同苗の所在調査を依頼する。その結果、直温は肥後国熊本藩に長瀬氏が存在することを突き止め、熊本藩の江戸留守居清田新兵衛に「御同唱之者」との接触を試みる[38]。

直温が突きとめたのは、熊本藩士長瀬助十郎という人物で、諱を幸室、後に五十槻と改めた[39]。幸室は、「拙家等も初代筑後国上妻郡長瀬村より肥後国江移住仕、当家江仕候以前之事は審相分不申候、何れ上妻郡之内ニは先祖之遺蹟も可有之よしと多年心懸罷在候処、遠遼之境ニ先祖之由緒御座候とは努々不存寄、不思議ニ今般御問合ニ預、積年本懐相達大慶不少、雀躍仕候」と直温の申し出を歓迎し、「御家許御家系ニ引合、自然相分候ハは、無此上喜ニ御座候間、猶委細ニ御知らせ被下度」ことを依頼して伝来の系図を送付する[40]。

しかし、系図2に明らかなように、元来幸室家は藤原姓を名乗り、菊池氏を祖とする家系であった。ここでも常陸国諸家同様に由緒の不一致が発生した。にもかかわらず幸室は、「来状之趣ニテハ何様御分家之様ニ相見へ大慶之様子ニ御座候」と、自家が直温家の分家であると認定し、長瀬氏系図に編入される意思を伝える[41]。

文久元年（一八六一）、直温と幸室は江戸にて対面を果たす。幸室の養子兵右衛門が伝えたところによると、面会時に幸室は直温と「御先祖之由緒等得と御談合」し、「御同姓に紛れ無御座候ニ付、永御同姓の御交」を結んだという[42]。

系図2　菊池家略系

大夫将監則隆十一代　菊池肥後守

○武房　弘安八乙酉三月廿六日卒

隆盛　菊池真生四郎早世

時隆　菊池三郎蔵人
実同姓片角次郎隆施弟
隆盛死後武本・武経兄弟欲奪
亡父武房家督而及争論遂
訴、被令対決、兄弟共不利
亡滅、於是而賜於武房遺
跡時隆也

武時　略之

道武　堀川三郎

武本　甲斐六郎
於鎌倉死

△

武成　長瀬七郎
長瀬左衛門尉興新遺跡
相続、住筑後国上妻郡至
監物興道迄家系紛失

武経　嶋崎左馬介
於鎌倉と武本打果死

長瀬助十郎
藤原幸室

（「長瀬家文書」長-1035より作成）

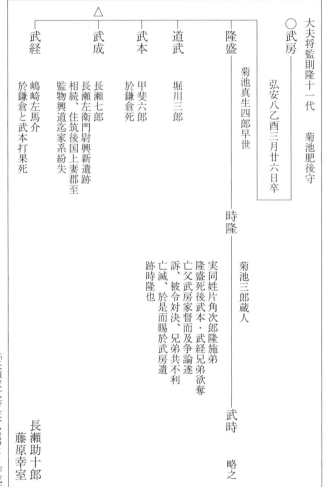

常陸国の長瀬家とは違い、幸室家は直温家と関わり得る来歴を保有していないはずである。にも関わらず幸室は、それまでの由緒を改編し、長背連の姓を共有する直温家の分流に加わることを表明する。長瀬氏系図は、常陸国という特定地域を越え、失われた由緒を求める同苗家を取り込む効力を有していた。この過程で直温は、「皇国学ニ志厚」い長瀬真幸を父に持つ幸室と「元祖長背王之祭」の方法について相談し、「御祖祭」の執行について協議するなど、幸室との交流を進めていく(43)。

ところで、幸室は直温と由緒を共有するにあたり、その証として肥後国の刀鍛冶延寿宣勝に槍を作らせ、直温に贈っている。両家が本末関係を構築する過程で発生した贈答行為として注目されるが、この過程で再び気吹舎平田家が関与する。文久元年四月、平田延胤は、直温の求めにより次の覚書を認めている。

此槍ハ肥後国熊本の殿人なる長瀬幸室ちふ人より直温主に贈れる也、其は先に直温ぬし家系撰み正されたる時に同じ長背連の姓氏を知られて肥後国に問やられたるに、彼人も甚悦ひ、今度江戸に勤する序とて直温主がり訪来て、初対面のしるしにとて其国に名称る延樹宣勝ちふ鍛冶に作らしめて、突貫たる様鉄まで添て贈れるハ、最も雄々しく頼もしき心ちぞする、己も初よりの由縁とて其席に列りつれば其由書てと家主の乞ハるゝに、否み難くて拙き業もて書付るになむ

文久元年辛酉四月　　　　平田延胤(44)

延胤の筆によるこの覚書には、直温の許に延寿宣勝作の槍が贈られた経緯が記されているが、この記述を延胤は、「家主」である直温に依頼されたという。ここでも気吹舎が同家の由緒形成に関与していることに留意したい。直温家の由緒を構成する上で、気吹舎はその歴史的根拠を付与する役割を果たしている。先の長瀬氏系図の成立に続き、気吹舎は当該期の秋田藩において由緒に関する歴史性を付与する役割として認知されていたと指摘することができる

だろう。

幸室を加えた同苗間交流は、各家相互への関係としても展開する。元治元年、直温は京都にて水戸藩士である好謙と対面した経過を幸室に報せる。この報を受けた幸室は、直温が「数百年音信不通之家筋」であった「水藩之御分家」に関心を示している[45]。やがて両家の間でも交流が始まったようで、元治元年九月、幸室は、「水藩三之右衛門方より今般初而書通有之、大慶奉存候、即返書仕出申候、乍慮外御次手之砌御届被下度奉願候」と、両家間でも書翰による交流が展開することになる[46]。

長瀬氏系図に基づく直温の由緒探求は、常陸国との関わりを超え、広範囲にわたる同苗間の繋がりを志向する活動へと進展する。ここでは、常陸国長瀬氏との共通点として、より古い由緒を自家のそれと関連させて統合を試みる幸室の姿が特徴的である。幸室は、動乱期に失われた由緒の復元を、直温がもたらした長瀬氏系図に求め、長背連の共有と直温家分流への編入を表明する。その意味で長瀬氏系図は、各地に点在する同苗諸家が潜在的に希求する自家の失われた由緒を補完する存在として受容されていった。直温家は、その歴史経過を証明する長瀬氏系図を保有する総本家として位置づけられ、直温家を中心とした由緒の再構成が広域的に実施されていた。

四　長瀬氏系図の確定

万延期（一八六〇～六一）に直温が長瀬氏系図を得ることにより、同家は宿願であった常陸国に留まらず、広域的に本末関係を再構成する。

しかし、一連の交流は、幕末期の政治変動に影響されていく。とりわけ好謙は、元治元年（一八六四）以降、水戸藩内で勃発した天狗党騒動に巻き込まれ、「国許争戦」により、「愚家屋敷内外戦地」となり、邸宅が焼失してしまう(47)。幸い一家は無事であったが、紛争の結果好謙は家財を失い、「御宗家様」である直温に対して「金四、五両拝借仕度」ことを嘆願するほど困窮を極めたという(48)。この後、好謙家と直温家との交流は途絶してしまう。

幸室も禁門の変後、熊本藩が「長防征伐之召命」により「九州二番之討手」を命じられたことで、交流は疎遠となっていく。不穏な政情のなか、幸室も「風流雅事等は暫畳置、唯々軍議等ニ取紛」れる日々が続き(49)、直温や好謙との交流関係も中断を余儀なくされる。

こうした問題は、直温も同様であった。京都留守居として秋田藩の外交を担う存在であった直温は、秋田藩主佐竹義堯の上京問題をめぐり、各地を奔走する日々を送る(50)。長瀬氏系図をめぐる由緒共有の活動は、幸室によるとあくまで「風流雅事」に関わるものであり、必ずしも当該期の政治活動を補完する広域的な情報網へと発展する性質のものではなかった。

廃藩置県を経た明治五年（一八七二）八月、隠居の身となった直温に、旧水戸藩士の好謙より便りが届く。好謙は、「御宗家」である直温が戊辰戦争という「未曾有之御危難御凌」となったことを喜ぶとともに、「文明開化」の影響で社会の急速な移り変わりに戸惑いつつ、宗家直温や太惣治、さらには旧熊本藩士の幸室も含む一族間の交流を再開する(51)。長瀬氏の交流関係は、明治の世になり「御宗家」直温家を中心に再開を果たす。この翌年に直温が没し、安政期に始まる長瀬氏の交流は次世代へと引き継がれ、新たな段階に向かう。

直温が没してから二六年が経過した明治三〇年三月、秋田市に居住していた直清のもとに、彼の祖父直福に宛てた書翰が到来する。その差出人は、常陸国茨城郡北那珂村大字入野在住の長瀬倉蔵なる人物であった。

以手紙啓上仕候、陳ハ先祖ハ貴家之御先祖より相分レ候事ニて、去る安政三、四年頃ハ御互ニ事流御往復等も有之、相方之安否も相伺申候処、其後打絶而御疎遠ニ打過、于今四拾余星霜を重ね申候、熟ら往昔を回想致候へハ、何となくなつかしき思有之候まゝ、今回書面ニて御動静御伺旁御詫まて申上候、又手文当方ハ実父孫右衛門明治七年死亡致、其後小生之代ト相成テ、今引続家業相営ミ罷在候、実父孫右衛門之在世之時分ハ書面之文通も致候、其際貴家よりハ長瀬平右衛門様之御名義ニて御遣シニ相成申候、定而右平右衛門様ニ於而ハ、最早御隠居ニ相成、御子息或ハ御孫様之御代ト相成申候事ニ被存候、乍併近頃御戸主之御名前も承知無之まゝ、平右衛門様之御名宛にて当事向差上申候、此手紙御落手御披見之上ハ、御地之状況幷ニ貴家之御様子委細御報道ニ預り度、猶又当地方罷出之節ハ、是非〳〵御立寄被成下度奉願上候

右御起居御窺迄如斯御座候、委細之儀ハ又々後便ニて可申述候、草々頓首[52]

倉蔵は、かつて安政二年（一八五五）に直温家が接触を試みた、入野村在住長瀬家の一人であった。倉蔵は、明治七年に没した父孫右衛門と直福との関係を知り、「何となくなつかしき思」から接触を求める。対する直清は、孫右衛門から返答がなかったために当該期の交流は成立しなかったことを告げるとともに、祖父直福が接触を試みたのは、孫右衛門家が「拙家分流」の可能性があるため、「同氏之契約」を結ぶことであったと説明する。[53]

この往復を契機に、長瀬氏系図は三〇年の時を経て入野との関係を構築する手がかりを得た。倉蔵との交流を通して、直清は祖父代より続く由緒探求を再開する。

書翰を往復するなかで倉蔵は、安政期当時に太物治家が紹介した入野村の諸家について、「長瀬ノ姓ヲ名乗ルモノハ都合五家有之候得共、拙家幷庄兵衛ヲ除キ、他ノ三家ハ其祖ヲ異ニスルモノニシテ、姓ヲ永瀬トセシハ余リ近代ノコトニシテ、今家祖ヲ取調ハル事ニ相成候テハ、取除クヘキモノニ御座候」と伝える。[54] さらに、倉蔵は伝来の系図を直清に送るが（系図3）、その系図は桓武平氏の流れを引く由緒であった。

倉蔵からの返答を受けた直清は、倉蔵の系図が「本末ノ由緒判明スヘキ様無之、甚タ遺憾ニ存候」と、自家の系図との不一致を認めている。しかし直清は、倉蔵家の系図が「桓武天皇ノ後胤、千葉ノ一族」である点など、かつて由緒の共有に成功した太物治家と類似している点に注目する。直清は、太物治家も元々名乗っていた「桓武天皇後胤」の由緒が、実は「平姓タルノ系図ハ後世ノ作為」であったため、それまで保持していた由緒から「拙家ノ古系」を採用した経過を説明する。その上で直清は、倉蔵家が「吾祖先ノ住スル入野ノ事ナレハ、必ス由緒アル儀ト思考」し、由緒の再検討を要請する。(55)

先述の通り、直清が主張する「拙家ノ古系」は、万延元年に成立した鈴木真年の手になる新たな由緒であった。しかし直清の主張では、むしろ倉蔵家に伝来する系図が「後世ノ作為」であるとして再考を求める。直清は、入野がかつて長瀬氏が居住した地域であるため、同地に縁家が存在することを確信している。この主張は、彼の父直温が太物治家と関係を結んだ時と同様の論法であることは重要である。直清は、父直温の歴史意識を継承し、長瀬氏系図を中核に据えた由緒共有を明治以降も続けていたことになる。そのなかで入野との関係は、長瀬氏系図に基づく歴史意識の形成において、残された最後の課題でもあった。

この後、倉蔵との交渉は一時途絶えるが、明治三七年に直清は再度交渉を試みる。一〇月、直清は倉蔵に対し、「御互ニ祖先ノ出ル所ヲ殊ニ（異カ）」することを改めて認める。その上で、「貴家御居住相成候入野ハ拙家長ク在住ノ地ニシテ由緒不少事」を再度強調し、さらに「先年家系ノ内抜書差進候通り、石見介為光茨城郡門毛村ニ住ス云々之事もアリ、貴家譜中長瀬石見友高ナル方ト、或ハ同人ニアラサルヤ」と、由緒共有に対する執念を見せる。(56)

入野の由緒めぐる直清の活動は、最終的に倉蔵が妥協するかたちで決着をみる。明治四三年七月、倉蔵は直清の来訪にともなう対談を受け、「今後ハ永く御同氏之御取引」を承諾し、「私宅之系図ハなき物と思へ、秋田市御貴君宅之

系図3　倉蔵家の系図

桓武天皇ヨリ六世
長瀬三木之佐時信ヨリ八代正嫡、

時胤
後白河院従五位下筑後佐、是則、長瀬始ノ太祖也、下総国尹場之城主平治、己卯歳九月七日卒ス、法名建謙、

宗胤
長願主税頭兵号、源朝臣頼朝侯ニ順ヒ、西国合戦粉骨ヲ尽シ、上総長柄地ニウイテ三貫地拝請、文治元乙巳二月二日、法名道雲、

朝光
従五位下筑後佐、弘安四巳ノ五月、蒙古ノ兵船対馬ニ附、惣大将宇都宮三河入道供奉シテ切リ破リ、備前長光太刀宦状副賜ル、弘安七甲申九月十八日卒ス、法名桂現、

光高
従五位上大学佐、学業達者、徳治元丙午歳十一月廿五日卒ス、法名光室、

高稟
従五位下上総佐、鷺山合戦新田義貞侯江順ヒ、足利大軍ヲ追払ヒ、建武四丁丑三月五日卒ス、法名花真、

高後
始メ大膳太輔、暦応元寅七月十一日、八幡城責伏、閏七月七日、義貞公一同黒丸城ニテ初陣、討死ス、

時高
従五位下筑後守、観応二年卯正月十七日、師冬甲州栖沢城ニテ討取、播州光明寺責落ス、文和二癸巳十二月十二日卒ス、法名青林、

高友
従五位下筑後守、延文五庚子四月十一日、竜泉寺城責落ス、赤坂城ニテ三十八才ニテ討死ス、法名白性、

友正
従五位下主水正、応永元申六月七日、武州川越一揆輩一戦ニ責伏、応永十癸未八月三日卒ス、法名秋生、

友安
従五位下筑後守、弓馬武略古今達者、下野太守宇都宮持綱侯熟望ニヨリ、尹幡城舎弟朝信ニテ譲リ、太守持綱侯旗下祖母井城主ト成、祖母井古城ノ砌ハ、長共号ス、実ハ永瀬本名ナリ、永享十二年庚申十月十三日、法名玄信、

信高
従五位下左衛門尉、上手春日山館ニテ名ヲ万天ニ上ル、明応六丁巳正月十四日卒ス、法名正挙、

高時
無官左衛門次郎、永正十二丙子、浅井備前守長政江加勢致シ、上坂合戦ニ討勝、褒美官状ニ及、天文十八甲亥朧月二十日卒ス、法名宗開、

基安
従五位下信濃守、強力武勇達者、天正八庚辰九月二十一日、結城治友長臣水野谷蟠竜為ニ、案支寺埜ニテ、三十八歳ニテ討死、法名仏実、

安高
従五位下信濃守、慶長二酉十月十三日、宇都宮太守居城引払ニ付、同祖母井引払、太守国綱侯一同

伊勢佐ハ神方江同居、同十二未二月五日卒ス、法名自廣、

友高
永瀬石見、遠路等幼名三木之佐具言、従五位下荒木田神主養子ト成、元和三丁巳六月、伊勢当家遺跡不和ト成リ、常陸国西那珂郡江流浪ス、同六年申、同入野村八幡社主養系ト成、改名ニテ伊織ト号ス、寛永九年申年八月八日入滅ス

高正
始メ茂太郎俊ニ伊織ト号ス、高六拾五石余所持、民下トナリ、正保元甲申歳八月八日、

正信
始メ伊織ト言、後不見、慶安元子歳二月五日、二十一歳ニテ卒ス、

（「長瀬家文書」長-598より作成）

御系図之分流と相成たき事」を直清に伝える(57)。

結果的に両家の由緒は、「元祖出所ニ於テ齟齬スルモノ」と認めざるを得なかったが、長瀬氏系図にある三〇代径武の二男為光を、倉蔵家の由緒と関わらせることで「御同氏本末ノ縁ヲ取結」ぶに至った。この関係を結ぶにあたり、倉蔵は直清に対して長瀬一族の「累系」関係を所望する。求めに応じて送られた別紙には、長瀬氏系図の下に集結した「分家」が記された。

分家住所名

周防国都濃郡下松町居留　大内蔵丞銘　実弟　長瀬通一

秋田市楢山当朝町　長瀬光茂

水戸

長瀬好徳

田中内村

長瀬太物治　跡

同　小左衛門　跡

同　杣次郎　跡

同　三之允　跡

熊本県士族

長瀬潔(58)

ここでは、直清の実弟や旧秋田藩内の分家に加え、これまで分流として位置づけられた各地の長瀬一族が名を連ねる。このなかに倉蔵家が加わることで、直清は長年の宿願であった入野の由緒を確定させることができた。長瀬氏系図は、常陸国諸家の由緒を吸収・統合することで完結し、失われた長瀬一族の記憶を新たな歴史として位置づける役割を果たしたのであった。

おわりに

明治二年（一八六九）、戊辰戦争の終結後、長瀬直清は気吹舎に入門する。彼の入門経緯は定かではないが、入門に際し直清は、誓詞帳に「長背直清　長瀬静雄」と署名する。(59)直清は、父直温が見いだした由緒を継承し、長背姓を顕示し続けた。

本稿では、佐竹氏の秋田移封以降喪失した家中の由緒が再構築される過程について、常陸国を中心とした由緒探求の志向性とその経過を検討した。秋田藩士長瀬家を中心に展開した由緒探求の活動と、その過程で求められた同苗諸家との交流は、慶長期に発生した佐竹家中と常陸国との分断以来、両者から潜在的に意識され、求められた歴史意識でもあった。(60)彼らが由緒に求めたものは、家の存続や家柄の顕示といったような、(61)現実社会における自己主張とは性格を異にしている。このことは、当該期の家や地域社会における復古的潮流を象徴する一事例とも捉えうるが、(62)その拠点が常陸国であることは、近世期以降における佐竹家中と常陸国との関わりを考える上で興味深い。

特に象徴的であるのは、長瀬氏という同苗関係がもたらす同族意識である。各自が本来保有した由緒は、必ずしも合致するものではなかった。しかし、彼等は齟齬を認めつつも、長瀬氏系図という新たな由緒を創出し共有することで、同族関係を構築する。同時期に各地で同様の現象が発生していることは紹介されているが、(63)長瀬氏の活動に見られる同族意識の共有は、一つには常陸国と佐竹家中との間で内在的に共有される親近性を指摘することができよう。直温や直清が「康応記録」などを典拠として入野村との由緒共有に執念を見せたことや、田中内村の太惣治家がそれまでの由緒を放棄してまで直温家との本末関係を結んだ事実は、彼等に共通する常陸国を軸に構成される同族意識の志向性が看取される。やがて、各家の欲求を満たすかたちで長瀬氏系図が編まれ、これを支持することで、直温家を本家とする同族集団が形成される。こうした佐竹家中と常陸国との相互関係については、今後さらなる検討を要するが、長瀬氏系図は常陸国に残された佐竹旧臣の記憶を喚起し、その志向性を共有する役割を果たしたといえよう。

さらに、一連の根拠を与えた存在が気吹舎平田家であった事実は、当該期の時代状況を考える上で注目される。気吹舎は、長瀬氏が由緒を共有する過程において、新たな系図を提示することで各地の同苗諸家との関係性を証明する役割を果たした。当該期の気吹舎は、思想集団として幕末社会に対する政治的影響性に注目が集まるが(64)、ここでは、当該期の気吹舎が求められた社会的役割を示す事例として留意したい(65)。

関連して、本稿では詳述できなかったが、肥後国の同苗幸室がこの長瀬氏系図に関心を抱き、由緒を共有するに至ったことは、今後の重要な検討課題である。幸室は、国学者の父真幸の影響もあってか長瀬氏系図の持つ壮大な歴史観に少なからぬ関心を示し、長背王の祭式を検討するに至る。本稿では、その存在を指摘するに留まるが、由緒と系図をめぐる国学の社会関係について、検討していく必要があるだろう。

註

（1）この系図については、『秋田市歴史叢書4　長瀬直達日記』（秋田市、二〇一〇年）に掲載されている。解説によると、長瀬家文書が秋田市に寄贈された時点で原本は存在せず、コピーが長瀬家文書とともに寄贈されたという（八頁）。

（2）『日本書紀』一九、欽明天皇二六年五月(『新編日本古典文学全集三　日本書紀二』小学館、一九九六年)四五四〜四五五頁。
（3）『神道大系　古典編六　新撰姓氏録』(神道大系編纂会、一九八一年)七五五〜七五六頁。
（4）根岸茂夫「元禄期秋田藩の修史事業」(『栃木史学』五、一九九一年)六七頁。
（5）久留島浩「村が「由緒」を語るとき」(久留島浩・吉田伸之編『近世の社会集団』山川出版社、一九九五年)。
（6）網野善彦「史料としての姓名・系図」(『週刊朝日百科別冊　歴史の読み方8　名前と系図・花押と印章』朝日新聞社、一九八九年)、飯沼賢治「系譜史料論」(『岩波講座日本通史』別巻三　史料論、岩波書店、一九九五年)、久野俊彦・時枝務編『偽文書学入門』(柏書房、二〇〇四年)、山本英二「日本中近世における由緒論の総括と展望」(歴史学研究会編『シリーズ歴史学の現在12　由緒の比較史』青木書店、二〇一〇年)など。
（7）渡辺英夫「秋田藩佐竹氏の表高二〇万石について」(『秋田大学教育文化学部研究紀要　人文科学・社会科学部門』六八、二〇一三年)。
（8）根岸前掲(4)論文。
（9）系図では内直とされているが、実際は直内、後に直達となる。直達については、『秋田市歴史叢書4　長瀬直達日記』(秋田市、二〇一〇年)参照。
（10）「長瀬家録」(「長瀬家文書」長-126　秋田市立中央図書館明徳館所蔵、以下「長瀬」と略す)。同書は、「長瀬氏家伝幷録」という同じく直達の筆になる記録が合綴されており、「長瀬氏家伝幷録」のみ前掲(1)『秋田市歴史叢書4　長瀬直達日記』一四七〜一五〇頁に収録されている。
（11）同右。

(12)「長瀬家録」には「佐竹御普代記」とあるが、「佐竹譜代記録」(「佐竹文庫」AS-288.3-1 秋田県公文書館所蔵)にある長瀬の項目に、「長瀬　外様也、伊野々長瀬次男　畑田江養ス」と、「長瀬家録」の引用と同文が掲載されている。

(13)「康応記録」(「佐竹文庫」AS-312-76)。

(14)文書所は、元禄一〇年(一六九七)八月に、修史事業の過程で城下に設置された藩の機関である(根岸前掲(4)論文、八四~八五頁)。

(15)「長瀬氏家伝幷録」には、享保八年に勘定奉行であった田崎治左衛門が写し取っていた「或古記」から得た情報として、佐竹義舜の代に長瀬伊賀守が小野崎筑後守・小田野頼存・小川右京進とともに軍評定衆とされていたことを記している(前掲(10)「長瀬家録」)。また、明確な時期は特定できないが、長瀬家文書には、永和四年(一三七八)五月一二日付で「長瀬彦六朝光」に対する足利義満の宛行状の写しが存在する(「長瀬」長-1013)。同文書を確認した時期や経緯は不明だが、同家が実施していた由緒調査の一環として指摘することは可能であろう。

(16)「覚」(「長瀬」長-657)。

(17)直温の政治活動については、天野真志「禁門の変と秋田藩」(『文化』七二―一・二、二〇〇八年)など参照。

(18)長瀬直温「櫄堂劄記」(「混架資料」7-562 秋田県公文書館所蔵)。後編含め、全一六冊で構成される同書は、奥書などの情報による限り、全巻を通して弘化から嘉永期にわたって蒐集した情報であると推定される。

(19)「櫄堂劄記」一一(「混架資料」7-562-2)。

(20)「櫄堂劄記後編」一一(「混架資料」7-562-12)。

(21)「櫄堂劄記」九(「混架資料」7-562-9)。

(22)長瀬直清「静舎合細嚢」一(「混架資料」7-561-1)。以下の引用は同史料による。

（23）宮崎報恩会版『新編常陸国誌』（常陸書院、一九六九年、二八六頁）では「田中中」と表記され、天保一三年に大橋村と合わさり、大和田村と称したとある。
（24）「長瀬」長–1003。
（25）「長瀬」長–1015。
（26）気吹舎の活動や運営に関しては、吉田麻子『知の共鳴』（ぺりかん社、二〇一二年）、中川和明『平田国学の史的研究』（名著刊行会、二〇一二年）、宮地正人『歴史のなかの『夜明け前』』（吉川弘文館、二〇一五年）等を参照。
（27）以下の顛末および引用については「平田篤胤関係資料」冊子–60（国立歴史民俗博物館所蔵）による。なお、同文の写しがかつては長瀬家にも伝来していたようで、前掲（1）『秋田市歴史叢書4　長瀬直達日記』に紹介されている。
（28）鈴木真年については、鈴木防人編『鈴木真年伝』（大空社、一九九一年）参照。
（29）前掲（27）。
（30）「長瀬」長–598。
（31）直温は、「檑堂劄記」のほぼ全巻に、「長瀬源直温」と自署しているが、七巻をみると、その「源」部分が墨塗りされている（「混架資料」7–562–7）。この巻のみに施された修正であるため、その具体的な時期や契機は断定できないが、「長背連」への改姓が、自著への影響を与えた可能性が推測される。
（32）「長瀬」長–1004。
（33）「長瀬」長–1008。
（34）『水府系纂』六〇中（茨城県立歴史館所蔵写真版による）、「長瀬」長–1007。
（35）前掲（25）。

（36）「長瀬」長―1009。
（37）元治元年四月一三日付長瀬直福・直清→長瀬三之右衛門書状写（「長瀬」長―1055）。
（38）万延元年九月二三日付清田新兵衛→長瀬直温書状（「長瀬」長―988）。
（39）松本寿三郎『熊本藩侍帳集成』（細川藩政史研究会、一九九六年、五五二頁）によると、長瀬助十郎家は一五〇石取りの熊本藩細川家中であることが分かる。なお、彼の父は熊本藩の国学者長瀬真幸であることが、「田盧歌集」（『肥後文献叢書』二、歴史図書社、一九七一年、八一四頁）の奥書などから確認できる。幸室については、熊本市立熊本博物館木山貴満氏のご教示による。
（40）万延元年（カ）一〇月付長瀬幸室→長瀬直温書状（「長瀬」長―984）。
（41）万延二年（カ）正月四日付清田新兵衛→長瀬直温書状（「長瀬」長―987）。
（42）文久二年四月一五日付長瀬兵右衛門→長瀬直温書状（「長瀬」長―989）。
（43）文久元年（カ）一二月七日付長瀬幸室→長瀬直温書状（「長瀬」長―1028）。
（44）「平田篤胤関係資料」冊子―52。
（45）元治元年六月四日付長瀬幸室→長瀬直温書状（「長瀬」長―1046）。
（46）元治元年九月一一日付長瀬幸室→長瀬直温書状（「長瀬」長―1045）。
（47）元治二年正月六日付長瀬好謙→長瀬直温書状（「長瀬」長―1058）。
（48）慶応元年（カ）一〇月三日付長瀬好謙→長瀬直温書状（「長瀬」長―1057）。
（49）前掲（46）。
（50）天野前掲（17）論文。

(51) 明治五年八月晦日付長瀬好謙→長瀬直温書状(「長瀬」長-770)。
(52) 明治三〇年三月二四日付長瀬倉蔵→長瀬直福書状(「長瀬」長-598)。
(53) 明治三〇年四月三〇日付長瀬直清→長瀬倉蔵書状扣(同右)。
(54) 明治三〇年四月一一日付長瀬倉蔵→長瀬直清書状(同右)。
(55) 明治三〇年四月付長瀬直清→長瀬倉蔵書状(同右)。
(56) 明治三七年一〇月二八日付長瀬直清→長瀬倉蔵書状扣(同右)。
(57) 明治四三年七月一二日付長瀬倉蔵→長瀬直清書状(同右)。
(58) 明治四三年七月三〇日付長瀬直清→長瀬倉蔵書状扣(同右)。
(59) 「誓詞帳」七(『新修平田篤胤全集』別巻、名著出版、一九八一年、二〇一頁)。
(60) 根岸前掲(4)論文、八一頁など。
(61) 例えば、山本英二「浪人・由緒・偽文書・苗字帯刀」(『関東近世史研究』二八、一九九〇年)、同「甲斐国「浪人」の意識と行動」(『歴史学研究』六一三、一九九〇年)など。
(62) 羽賀祥二『史蹟論』(名古屋大学出版会、一九九八年)一二頁。
(63) 例えば、『佐川町史』上(一九八二年、三七六〜三七八頁)には、天保期に土佐国佐川領を治める山内家中堀尾氏と、美濃国村役人堀尾氏との交流関係が紹介されている。
(64) 宮地正人「幕末平田国学と政治情報」(同『幕末維新期の社会的政治史研究』岩波書店、一九九九年)、天野真志「幕末平田国学と秋田藩」(『東北文化研究室紀要』五〇、二〇〇九年)など。
(65) 例えば慶応二年に秋田藩評定奉行の平元貞治が気吹舎を訪ね、「御曹司様」教育のため「仁孝明忠等之字義大意」の添削を平田銕胤に依頼するなど、学問的拠点として秋田藩江戸屋敷周辺で活用されていた（天野真志「王政復古前後における秋田藩と気吹舎」（平川新編『江戸時代の政治と地域社会一　藩政と幕末政局』清文堂出版、二〇一五年）一六一頁。

【附記】　本稿脱稿後、高橋修編『佐竹一族の中世』（高志書院、二〇一七年）が刊行された。同書収録の平岡崇「秋田移封―つき従った者たち―」では、本稿の前提となる佐竹家中の秋田移住に関わる経緯が論じられるなど重要な指摘が散見される。本稿では反映することはできなかったが、併せて参照されたい。

桐原 健真（きりはら けんしん） 1975年生
金城学院大学文学部教授
『東アジアにおける公益思想の変容―近世から近代へ―』
（共編著、日本経済評論社、2009年）
『吉田松陰―「日本」を発見した思想家―』（ちくま新書、2014年）
『松陰の本棚―幕末志士たちの読書ネットワーク―』（吉川弘文館、2016年）

木戸 之都子（きど しずこ） 1957年生
茨城大学人文社会科学部助手
「青山延寿研究―履歴と著作目録を中心に―」
（『茨城大学人文学部紀要人文コミュニケーション学科論集』 3号、2007年）
「水戸藩の衣類統制について」（石神組御用留研究会編『水戸藩郡奉行と地域の人々―『石神組御用留』の世界―』、茨城大学社会連携事業会、2009年）
「水戸藩人士の日記一覧」
（『茨城大学人文学部紀要人文コミュニケーション学科論集』13号、2012年）

皆川 昌三（みなかわ しょうぞう） 1941年生 2017年1月没
元東北イオン監査役 茨城大学大学院修了
「在郷商人の史的展開―水戸藩領久慈郡太田村『羽部家文書』の分析を通して―」
（茨城大学大学院人文科学研究科修士論文、2004年度）
「商人地主の土地金融実態―土地売買証文の検証を通して―」
（『茨城大学人文科学研究』 1号、2010年）

天野 真志（あまの まさし） 1981年生
国立歴史民俗博物館 特任准教授
『記憶が歴史資料になるとき』（蕃山房、2016年）
「王政復古前後における秋田藩と気吹舎」
（平川新編『江戸時代の政治と地域社会1 藩政と幕末政局』清文堂出版、2015年）
「国事周旋と言路」（『歴史』116号、2011年）

【執筆者一覧】掲載順

佐々木 寛司（ささき ひろし） 1949年生
茨城大学名誉教授
『近代日本の地域史的展開』（編、岩田書院、2014年）
『明治維新史論へのアプローチ―史学史・歴史理論の視点から―』（有志舎、2015年）
『地租改正と明治維新』（有志舎、2016年）

門馬 健（もんま たけし） 1983年生
福島県富岡町役場
「『世話集聞記』にみる会津藩の政治行動―文久政変に至るまで―」
（『国史談話会雑誌』48号、2008年）
「京都守護職の創設前史―会津藩主の幕政進出と水戸藩―」
（佐々木寛司編『近代日本の地域史的展開―政治・文化・経済―』岩田書院、2014年）
「旧警戒区域における民有地域資料の救出活動―富岡町の試み―」
（科学研究費補助金基盤研究「災害文化形成を担う地域歴史資料学の確立研究グループ」報告書『ふるさとの歴史と記憶をつなぐ―東日本大震災1400日　史料保全の「いま」と「これから」―』神戸大学、2015年）

飯塚 彬（いいづか あきら） 1986年生
法政大学大学院人文科学研究科史学専攻博士後期課程在籍中
「加波山事件と富松正安「思想」の一考察」（『法政史学』79号、2013年）
「加波山事件―富松正安と地域の視点を中心にして―」（高島千代・田﨑公司編著『自由民権〈激化〉の時代―運動・地域・語り―』日本経済評論社、2014年）
「早崎梗吉資料について」
（平勢隆郎・塩沢裕仁編『関野貞大陸調査と現在《いま》Ⅱ』東京大学東洋文化研究所、2014年）

林 真美（はやし まみ） 1987年生
埼玉県立歴史と民俗の博物館学芸員
「明治中期一知識人の歴史意識―旧水戸藩をめぐる明治維新イメージの形成過程―」
（茨城大学大学院人文科学研究科修士論文、2012年度）

清水 恵美子（しみず えみこ） 1962年生
茨城大学社会連携センター准教授
『岡倉天心の比較文化史的研究―ボストンでの活動と芸術思想―』（思文閣出版、2012年）
『五浦の岡倉天心と日本美術院』（岩田書院、2013年）
『洋々無限―岡倉天心・覚三と由三郎―』（里文出版、2017年）
平成24年度（第63回）芸術選奨文部科学大臣新人賞（評論等部門）

近世近代移行期の歴史意識・思想・由緒

2017年（平成29年）10月　第1刷　300部発行　　定価［本体5600円＋税］

編　者　近代茨城地域史研究会

発行所　有限会社岩田書院　代表：岩田　博　　http://www.iwata-shoin.co.jp

〒157-0062 東京都世田谷区南烏山4-25-6-103　電話03-3326-3757 FAX03-3326-6788

組版・印刷・製本：亜細亜印刷

ISBN978-4-86602-003-7 C3021 ￥5600E